自見庄三郎回顧録

Shozaburo JIMI

「郵政民営化」を止めた男

伊藤 隆［編］

中央公論新社

まえがき

私が高校三年生のとき、ジョン・F・ケネディ大統領が暗殺された。三年後の一九六六年、ケネディ大統領の右腕でスピーチライターでもあったセオドア・C・ソレンセン著の『ケネディの道』が出版され、夢中になって読んだことは忘れられない。

西欧には古代ローマ最大の英雄ジュリアス・シーザーが自ら書いた『ガリア戦記』がある。それをまねて、西欧の指導者たちは回顧録を書くようになったという。歴代のアメリカ大統領も、ニクソン、レーガン、クリントン、そしてオバマにいたるまで、分厚い回顧録を遺している。

私は政治家になろうと決心してから二年弱の準備期間があり、その間にたくさんの政治家の回顧録を読んだ。ニクソン大統領の回顧録には、大統領選挙の途中で降板させられた敵側、民主党副大統領候補の息子に宛てた親愛の情あふれる手紙が載っており、その中に「政治は苛酷なゲームだ」という言葉があった。向こう見ずな私は、それを読んで感銘を受けたが、志を捨てる気にはならなかった。今かえりみて、政治家は本当に苛酷すぎるほど苛酷な職業であったが、男子一生の仕事として、苛酷さと同じくらいの充実感と達成感を味わうことができたと言える。

本書では、私の見た政治、私の見た政界の人間模様を、伊藤隆先生に問われるまま、赤裸々に話した。近現代の日本政治の一端に携わった者として、一個人の歴史というだけでなく、私が生きた時代の、政治そのものの舞台裏を語ってもいる。不快に思われる箇所があるかもしれないが、これが現実であり、真実だと言いたい。西欧の指導者たちの回顧録に近づくことができたかどうかは心許ないが、一人でも多くのこれからの日本社会のリーダーとなる人に読んでいただき、歴史から学び、日本の政治が滞ることなく、正々堂々と前進するための一つの糧としていただければ、幸いである。

本書を、父・自見政雄と母・禮子、見えるところ、見えないところでつねに私を支えてくれた妻・礼子と家族、そしてすべての方々に、感謝を込めて捧げたい。

二〇二四年十月

自見庄三郎

自見庄三郎回顧録——「郵政民営化」を止めた男

目　次

付録

自見庄三郎回顧録

「郵政民営化」を止めた男

第一章

医師から政治家へ

初当選を果たし、支援者とともに喜ぶ（1983年12月）

生家について

伊藤隆　ご先祖のお話から順にうかがっていきます。奥様の礼子さんも同席してくださっているので、いろいろご発言くださるとありがたく存じます。

自見《じみ》さんのお父さん（自見政雄《まさお》）が福岡県小倉市（現・北九州市小倉《こくら》北区）で産婦人科医院（自見産婦人科医院）を開業されていて、息子さん三人が医者になり、娘さん三人は全員、医者の家に嫁がれた。だから、もともとが医者一族かと思っていたら、そういうわけではないのですね。

自見庄三郎　違うんですよ。医者になったのは父親の代からです。

自見家は、江戸から明治時代にかけて、大分県中津自見村《なかつじみ》という所の、十町歩ほどの小地主でした。中津と大阪とを船で貿易をしていたのですが、曽祖父は度胸があって、船頭を使わず、自分で船に乗った。羽振りがよかった頃は、千石船を持っていたという話です。曽祖父は僕と同じ名前で、自見庄三郎《しょうざぶろう》というんです。一〇〇年ぶりに三男が生まれたので、親父が喜んで曽祖父と同じ名前をつけた。自見庄三郎という小さな墓が今でもありますよ。
伊藤　「自見」という姓はその土地だけですか。
自見　自見村にはだいたい二、三〇軒の自見家があります。親父は九州帝国大学（現・九州大学）医学部を一九二九（昭和四）年に卒業していますが、卒業証書には〈大分県下毛《しもげ》郡大字自見字自見、自見政雄〉と自見が三つもあります。
伊藤　あまり聞いたことがない姓ですよね。
自見　聞かないですね。お釈迦《しゃか》様の言葉にあるんですよ。「自見《じけん》の心をもって人に接しなさい」、いつも自分を反省しておきなさいという意味です。
　大分県は非常に信心深い土地でして、自見村は有名な宇佐《うさ》神宮の神社領です。宇佐神宮は伊勢神宮の次に格上だと聞いています。有名な弓削道鏡《ゆげのどうきょう》（奈良時代の僧）が孝謙《こうけん》天皇（聖武《しょうむ》天皇の皇女。重祚《ちょうそ》して称徳《しょうとく》天皇）の寵愛《ちょうあい》を受けて、自分が天皇の地位を簒奪《さんだつ》しようと企てたときも、和気清麻呂《わけのきよまろ》が奈良から宇佐神宮へ派遣されて神託を聞きに行っています。更に言うと、中津の郷土誌『下毛郡史』によると自見家は宇佐神宮の宮司の家系で、宇佐神宮所有の広大な荘園の内、下毛郡小楠村大字自見（現在の大分県中津市東浜）というところの干拓を実施した。だから今でも、中津市のその周辺には自見川という川があったり、自見橋という橋がかかっていたりしますよ。
伊藤　お父さんが自見村から小倉へ出てきて医者になったのはどうしてですか。
自見　さっきも言いましたように、曽祖父の庄三郎は少々金持ちになったんですが、その息子のほうはお人よしで、すぐに保証人になるような人だったらしい。その上、今の日豊《にっぽう》本線が敷かれたとき（一八九五〔明治二十八〕年）に、若い者を連れて見に行って汽車の事故で死んでしまった。汽車が脱線して、見ていた祖父に落ちかかってきたというのですから、もらい事故もいいところです。まだ二十八歳。だから私の父親は、生まれたときには親父がいなくて、きょうだいもない。一人っ子なんですよ。自見家には、士族の自見家と農家の自見家があって、親父の母親、僕の祖母は、士族の自見家の出で、農家の自見家の祖父に嫁いできた。それで、祖父が亡くなったというので、母方の親戚がワーッと来たんですよ。農家の自見さんにはなんぼか資産はあったけども、身内が増えたものでなかなか貧乏しとった、という話を、親父は兄貴によくしていたようです。

いかにも明治時代らしい話なんですが、当時の田舎にはあまり世の中のことを教えてくれる人がいなかった。父親は旧制中津中学（現・大分県立中津南高校）を卒業しましてね。尋常小学校を出ても、旧制中学には一〇人に一人くらいしか行けんような時代です。旧制中学を出たら、「一年志願兵(1)」という制度があって陸軍へ行ったんです。そうしたら、陸軍は親父にとって、まさに情報の宝庫。当時の陸軍将校たちは支配階級の息子が多かったですから、大学に行かないと出世できないぞ、ということを思い知らせたわけです。現役士官に可愛がってもらったんでしょうね。家も没落しとったので、一念発起して蔵にこもって勉強して、当時できたばかりの旧制佐賀高等学校、佐高《さこう》（現・佐賀大学）に入ったんですよ。親父は佐高の二回生ぐらいです。熊本の五高（旧制第五高等学校、現・熊本大学）には通らなかった。あの辺で優秀なやつは五高に行く。で、次は佐高か福高《ふっこう》（旧制福岡高等学校。現・九州大学）あたりに行く。それで親父は佐高から九大の医学部へ進んだんです。

伊藤　医学部へ進んだ理由は何でしょうか。

自見　やっぱり医者がいいと思ったんでしょうね。医者って安定しているでしょう。母親一人ですし、戦前はそういう家の者は結構、金持ちと結婚しよった。貧富の差の非常に激しい時代です。僕の母親の家は炭鉱を経営していて、結構な金持ちでした。

伊藤　それが久良知《くらち》家。

自見　そう。久良知家を辿ると藤原氏までさかのぼります。江戸時代は大庄屋で、明治時代になって筑豊炭田開発の先駆者となったのです。その久良知の爺さん、寅次郎《とらじろう》は衆議院議員になっていたのですが、この男は将来性があると見込んで、娘をやったわけです。戦前は、地主や金持ちの娘を、陸軍士官学校などを出た人に嫁がせたんです。

伊藤　お嫁さんとなった久良知禮子《れいこ》さんが、あなたのお母さんになるわけですね。

自見　ええ。母方の娘婿には軍人が多いです。陸軍中将が三人もおりました。

大おばにあたるハルの旦那さんは、陸軍中将の大島駿《おおしまはやし》と言います。毒ガスを製造した広島県の大久野島《おおくの》にあった陸軍造兵廠《ぞうへいしょう》火工廠忠海《ただのうみ》兵器製造所の初代所長でした。戦後は公職追放になって、私の家で一緒に住んでいました。聞いた話では、大島さんは陸軍幼年学校一番、士官学校二番、東京帝国大学理学部を一番で卒業したそうです。陸軍から東大へ行ったのは、右人差し指の爪に黴菌《ばいきん》が入ってしまって、引き金を引けなくなったから、東大で兵器を造る軍人になれと命じられてね。戦争に行かないから、死ぬことのない軍人さんです。ハルおばさんは「私と結婚したときから、旦那さんは陸軍中将になることが決まっとった」と言っていましたよ。

どうして、ハルさんがそんな条件のいい人と結婚したかというと、父親の寅次郎が衆議院議員だったんですよ。炭鉱経営者として成功して、その後衆議院議員になったんです。そうしたら、山口県の厚狭《あさ》郡にある山田という旧家がハルさんを「養女に欲しい」と言ってきたんです。山田家は高杉晋作《たかすぎしんさく》とも周布政之助《すふまさのすけ》とも縁戚の家柄です。山田家は今の林芳正《はやしよしまさ》官房長官の父、林義郎《よしろう》元大蔵大臣の母方の実家です。ところが、寅次郎が三十六歳で死んでしまうと、山田家から養女にしたハルさんを「返す」と言ってきた。そうしたら山田家の当主の弟で陸軍次官（中将）だった人が、「それはあまりにむげない。俺が陸軍省から三国一の旦那さんを見つけてくるから、それと結婚させなさい」と言ってくれたそうで、それで大島駿と結ばれた。ハルさんはなかなか度胸のすわったおばさんでね、陸軍中将を一生尻に敷いていました。

伊藤　久良知家の政治志向、衆議院議員になったという血がまさに、あなたにもつながっているわけですね。

自見　そうですね。私の次女英子《はなこ》も参議院議員ですから、母方の血は娘にまで行っている。やっぱり生まれつきの政治家みたいな感じがします。

　父親も医者でしたが、戦前は、小倉の市会議員をしていました。政治が好きだった。やっぱりそういうのがあったんでしょうね。僕の一番上の兄貴の博介《ひろすけ》は親父の跡を継いで産婦人科医になりましたが、親戚で衆議院議員だった蔵内修治《くらうちしゅうじ》先生の後援会青年部長をやるくらい、政治が好きでした。蔵内先生は久良知寅次郎の従兄弟で明治時代の政友会の代議士、蔵内次郎作《じろさく》の息子です。ちなみにこの兄貴の奥さんは山口県から来ておりまして、安倍晋三《あべしんぞう》さんの親戚ですよ。山口に秋吉台があるでしょう。あそこの町にたった一人おるお医者さんのお嬢さんです。
伊藤　やっぱり山口っていうのは九州の一部なんだな。（笑）
自見　いや、彼らに言わせると、九州は山口県の一部ということになる。（笑）
親戚の話を続けると、久良知寅次郎のきょうだいの久良知治市《じいち》さんの娘タナおばさんは、内野《うちの》辰次郎《たつじろう》という陸軍中将、後に政友会の代議士を四期しましたが、その人の長男に嫁に行きました。それから寅次郎の長男、亥一郎《いいちろう》さんの嫁さんの兄が近衛師団長、陸軍中将で、戦後、戦犯として処刑された西村琢磨《にしむらたくま》です。
伊藤　久良知家の娘さんたちは、軍人に嫁いだ方が多いんですね。
自見　一代前、戦前の人たちはね。地主に嫁いだのもいますけど、軍人も地主も戦後はみな没落してしまった。医者になっていた人だけ続いたんです。まあ、親類が多いですから、選挙するときに有利なんですよ。どこへ行っても、みんな親戚ですから。
伊藤　久良知家はどこを地盤としていたのですか。
自見　福岡県の東半分と大分県の一部、昔で言う豊前国《ぶぜんのくに》です。それがそのまま福岡県旧四区になります。小倉も豊前小倉藩、中津も豊前だった。
伊藤　それじゃあ、あなたのお父さんが小倉に出てきたのは自然なことなのですね。
自見　豊前の人は、小倉に出てきて何かするんですよ。九州南部から来る交通の要地が北九州の小倉で、そこから東京や大阪に向かうし、福岡にも行ける。中津は福沢諭吉《ふくざわゆきち》先生が出た。福岡県、福岡市の経済界は中津の人が多いんです。西日本鉄道初代社長の村上巧児《むらかみこうじ》はやっぱり母方の親戚で、中津出身です。
　親戚に政治家が多いのはありがたい話で、財産です。親戚が一〇〇年ぐらい前からずうっと出馬していて、結果的に地盤を引き継いだ形になりますからね。それに、地元の人にとっても親戚の誰かが出てくれたほうが、何かとありがたい。地元の人意識ですね。こういう関係性は基本的に立憲政友会系です。政友会は百姓、地主の党ですよ。一方の立憲民政党は士族、高級官僚の党なんです。
伊藤　たしかに、全国的にそういう傾向はありますね。
自見　豊前は農業地帯ですから、奈良時代ぐらいからずっと地主が圧倒的な政治的勢力です。だから、みんな政友会です。蔵内修治先生の父親、蔵内次郎作さんは先ほども言いましたとおり政友会の代議士で、五期務めていました。伊藤博文《いとうひろぶみ》公に頼まれて政友会本部の建物を作って、政友会に寄付しています。東京の住まいは、現在の青山ツインタワーの場所にありました。資産は数千億円とも言われています。本宅は福岡県築上《ちくじょう》郡築上町深野にあって、これは現在、国の有形文化財になっています。大分県にある高崎山を所有していましたし、小倉から日田《ひた》までの鉄道、今の日田彦山線を敷設しています。日田彦山線は、城野－石原町－採銅所－香春《かわら》－添田間が残っています。
伊藤　なるほど、政治家になる環境は整っていたのですね。開業医は政界に出るときの社会的な地位として、かなりいいわけですか。
自見　いや、そうでもありません。医者は実は政治音痴が多いんです。職人ですから。たしかに社会的地位は高いですけれど、安定した収入を得られるようになったのは戦後になってからで、国民健康保険のおかげなんです。戦前はそうじゃなかった。おふくろは昭和十年から開業医の妻でしたからいろいろ聞きましたが、戦前の患者さんは治療代が払えなくて、代わりに米とかで払う。貧乏な人はそれも持ってこないからタダで診る。だから「医は仁術」だったんですよ。今は国民健康保険があって点数で一律ですから、東京のお医者さんも田舎のお医者さんも、もらうお金は一緒。田舎のほうが人件費が安いから、田舎のほうが相対的に豊かです。ある意味で、東京の開業医が一番貧乏です。

伊藤　先生のお父さんが一九四八（昭和二十三）年に亡くなってからはお母さんが産婦人科医院を経営されていたんでしょう。経営はうまくいっていましたか。

自見　まあ、場所がよかった。戦前からある繁華街のど真ん中で開業したんです。それで父親はものすごく土地、不動産が好きだったんです。百姓の息子だからかもしれません。戦前から借金して、小倉の街なか、小倉駅周辺の土地をいっぱい買っていました。借金はインフレで一〇〇分の一になって、ゼロになりましたが、土地の値段は一万倍ぐらいになったんです。不動産の価値がものすごく上がって、家賃収入が結構あって助かりました。

伊藤　それにしても、買っていたのが街なかの土地でよかった。

自見　そうです。農地だったら全部取られていました。だから、父親はものすごく運がよかったんですよ。

九州大学医学部入学

伊藤　ご自身のことをうかがいます。一九四五（昭和二十）年にお生まれになって、高校まではずっと小倉におられたということですか。

自見　そうです。兄三人と姉三人、七人きょうだいの末っ子です。一番上の姉が十五歳上、長兄の博介は十三歳上です。親父は終戦直前に、四十五歳を過ぎていたのに軍医として召集されて、そのときの無理がたたったのでしょう、僕が三歳のときに肺結核で亡くなりました。だから、僕は親父の記憶というものがほとんどありません。

僕は九大医学部に進学するにあたって、十八のときに博多に行きました。下宿しましたが、小倉と博多のあいだは、当時も電車で一時間二十分ぐらいでした。

成績は抜群だったが、やや病弱だった高校時代（「福岡県立小倉高校卒業アルバム」より。1961年3月）

親父も九大を出た医者ですし、一番上の兄博介は、久留米大学医学部出身の医者です。二番目の兄雅文《まさふみ》は九大医学部から外科医になりました。最後は大分県の国立中津病院（現・中津市民病院）の院長をしていました。ものすごい秀才、私よりずっと秀才で、この兄貴にはよう怒られました（笑）。僕も医者になることを全然悩まなかったですね。当然なるものと思っていました。小さな宇宙だったかもしれませんが、一寸《いっすん》の悩みもなかった。家内（礼子）を嫁にもらうときと一緒ですよ。僕はあまり悩まないんです。悩んでもしょうがないですよ。人生、決め打ちです。

伊藤　九大医学部に進学されたのは一九六四年でした。大学ではボート部に入って、活躍されていたとか。

自見　ええ。なぜボート部かというと、僕は子供の頃からずっと病弱だったのでね。だから、運動部のなかでも一番激しいところで体を鍛えなきゃいけないと思ったんです。僕は極端なところがあるんです。ただ、親からもらった体は少しはよかったみたいで、めきめき筋肉がつきました。ボート部をやっていなかったら、今頃生きていませんよ。政治家なんか絶対できなかった。ボート部はものすごくきついんですから。

伊藤　ボート部っていうのは、人間関係が非常に密接になるでしょう。

自見　ボートは一人でも漕ぐのをやめたら、進まなくなりますから。後ろで指示を出すコックスのことを「海の上の帝王、陸の乞食」と言うんです（笑）。命令は絶対。体育部ですからね。私は九大医学部の全体育部の総まとめ、体育総務もやりました。体育部で一番のボスです。ボート部のマネージャーもしました。

伊藤　そういう人間関係は政治家になっても続くものですか。

自見　それなりに続いていますね。ボート部だけじゃありません。九大医学部は一学年八六人が二クラスに分けられるのですが、明治以来、伝統的に「クラス総務」という級長、平たく言えばお世話係がクラスに一人、つまり学年で二人選任されます。母親から父親が学生時代に総務をしていたという話を聞いていたので、それまで生徒会もしたことはなかったのですが、大学に入ったらぜひ総務になりたいと思ってね。教養部の入学式翌日に先生が来て、「総務の選挙をします。その前に、総務になりたいやつ手を挙げて」と言うので、僕は手を挙げたんです。以来、卒業するまで六年間、ずっと総務でした。親父を真似て、級長さんとして自分の人生を築いていきたいと思っていました。そんなところは積極的なんです。普通は総務なんか誰もなりたがらないものです。

学園紛争の体験

伊藤　そのうちに学園紛争が起きますね。

自見　振り返ってみると、この紛争が僕の人生を決めたようです。六年生のときが一九七〇（昭和四十五）年ですが、その数年前、全国的に青年医師連合ができたんです。「インターン」制度[2]があったでしょう。日本国の医学部は、医学部を卒業したら一年間インターンを経験しなければ国家試験を受けることができなかったんです。戦後にＧＨＱ（連合国軍最高司令官総司令部）が持ち込んだ制度ですから、現場の実態にも合っていないし、予算的措置もない。もう無茶苦茶なものでした。

伊藤　東大の大学紛争の元ですね。

自見　ええ、まさに東大紛争は、「インターン制度廃止」を掲げて青年医師連合ができたことから始まっています。青年医師連合が声をあげたことでインターン制度を廃止に持ち込むことができたのですが、学園紛争は最後には自治会を全部プロの暴力共産主義者が乗っ取ったんです。きれいごとではなかった。最初のインターン闘争は純粋で、真面目な運動だった。ところが、途中からものすごく変質した。セクトが入ってきて、全共闘（全学共闘会議）も赤軍派も、革マル（日本革命的共産主義者同盟革命的マルクス主義派）も中核（革命的共産主義者同盟全国委員会）もいました。九大医学部の同級生にも革マルと中核に近いのがおったんです。次第に医学部が崩壊してきて、奴らはバリケード封鎖して無期限ストライキを実行すると言い出した。だから、教授が大学に来られない。来たら過激派の学生に捕まえられて、デモの先頭に吊される。〝洗濯物〟状態です。完全に治外法権の時代やった。僕は「それは違う」と主張したのだけれど、そんな意見は通らなかった。結局、一切の授業はストップ。暴力学生、三派全学連（中核派、社学同諸派、社青同解放派）が大学を完全に占拠して、医学部長室におるんですからね。革命状態でしたよ。

伊藤　医学部っていうのは共産党は強いのですか。

自見　九大自体が多かったでしょう。経済学部は向坂逸郎《さきさかいつろう》さんという社会主義協会の代表で宗家、イデオローグがいましたから、社会党か共産党じゃなきゃ教授になれないと言われていました。医学部も社会主義者や共産党が伝統的に多い学部なんです。やっぱり貧しい病人を診るでしょう。ヒポクラテスの時代から、医者は、自由人でも奴隷でも、同じように診なければならないと言われておりました。人間の体はみな同じです。金持ちでも貧乏人でも、白人でも黒人でも、体の構造が違うということはありません。これが医療の大原則です。だから、医者というのは平等主義になりやすくて、それで社会主義、共産主義がはびこりやすくなる。

伊藤　なるほど。それで医学部のストライキはどのくらい続いたのですか。

自見　そこですよ。バリケードの解除には僕が深く関わっているんです。七〇年の五月に大学が封鎖されてすぐ、僕は正常化委員会を立ち上げたんです。三〇人ぐらいが集まって、六年生の僕が委員長です。そうしたら、半年経った十一月に、正常化委員会の副委員長を、左派の暴力学生たちがリンチするという事件が起きたんです。それなのに、学部長は「大学の自治」を盾に警察は呼ばないという。しょうがないから、僕はリンチされた本人を連れて西日本新聞社に乗り込んだんです。

伊藤　記事になりましたか。

自見　一面に載りましたよ。それで暴力学生たちは世論の支持がなくなった。機動隊も介入してきた。十二月には授業も再開です。

伊藤　そういうときに、ボート部はどういう立ち位置だったのですか。

自見　ボート部は右翼ですよ。体育部ですからね。全部が全部とは限りませんけど、〝右翼反動自見一派〟でした。体育総務として「あいつはけしからん。国賊だ」と言って喧嘩しよった（笑）。だいたい、僕は右翼的な家に育ちましたから。

伊藤　左翼が強くなっていくなかで、そっちのほうにくっついていこうとは悩まなかったのです

父母と一緒に（1948年）

ね。

自見　悩みましたし、危機感は持っていましたけれど、思想的にその頃からもう右翼。ご先祖さんから右翼ですから。母親はキリスト教徒だったけれど、軍国主義だった。親に反抗的だったらしくて、大正時代に西南女学院[3]という全寮制の学校が小倉にできると、そこに入れられて、キリスト教の手ほどきを受けたわけです。小説やらが好きで、死ぬまでいっぱい本を買って読んで、短歌を作ったりしていましたよ。旦那が早くに死んだからかもしらんけど。ずっと文学少女やった。僕の三人の姉、富美子《ふみこ》、多喜子《たきこ》、真知子《まちこ》も西南女学院へ進んだから、キリスト教徒です。僕も子供の頃、九割ぐらいはキリスト教徒になろうと思って、一緒に教会に行っていました。

伊藤　話は元に戻りますが、大学正常化を目指して運動したことと、それから自民党の福岡県連学生部代表になったこととは関係ありますか。

自見　それはそうですよ、右翼反動ですからね。自由民主党は共産主義と相容れませんもの。先ほども出てきた蔵内修治さんが当選六回で自民党福岡県連会長をしていたんです。当時、北九州市長と福岡県知事は両方とも社会党、共産党の革新系でした。自民党がそれを取り返した一九六七年は蔵内先生が県連会長でしたから、総理総裁の佐藤栄作《さとうえいさく》さんから表彰されましたよ。蔵内先

生は一九七九年に一遍落選しましてね、そのときに私が後援会の青年部長をしたんです。(4)

伊藤　県連の学生部代表じゃなくて後援会のほうだったのですか。

自見　蔵内先生の後援会の青年部長と同時に自民党の県連の学生部代表もしていたんです。その辺はエエ加減なんですよ、自民党。共産党と違って党がピッピッとしとるというわけじゃない。

伊藤　その時代から山崎拓《やまさきたく》さんとの関係が生まれるわけですね。

自見　県連学生部代表の頃、山崎拓さんがちょうど福岡県議会議員でした。あの人は福岡県ではものすごく革命的な運動をしたんですよ。それまで保守の政治家というのは、有力者にお金をボンボンと持っていって選挙を通る。でも、山崎さんはそんなこと一切しない。金も持っていませんでしたけども、福岡県で初めてボランティア選挙を考えたんです。それで我々、青年の心をグッとつかんだんです。で、秘書をサラリーマン化したのも福岡県の国会議員では山崎拓だけ。昔は秘書には給料をやらなかったんですよ。

蔵内修治先生は、安倍晋三さんの父、安倍晋太郎《しんたろう》さんの同期生です。竹下登《たけしたのぼる》もそうです。当時は秘書には給料の代わりに、名刺を一枚やるんですよ。「これで利権でも何でも漁《あさ》ってこい。一割はおまえにやるけど、後は親父に入れろ」と。だから秘書が悪いことばかりする。エエ加減といえばエエ加減ですよね。それで土建屋に行って脅かして回ったり、談合したりして、みんな懐に入れるわけです。それで生活を立てよった。明治時代よりあった壮士や、その後の院外団(5)の流れが、福岡県では私の知る限り色濃く残っていたんですよね。自由民主党は長くそういう流れやったね。

ヨーロッパ旅行

伊藤　一九七〇（昭和四十五）年に大学を卒業されますね。

自見　七月に卒業して、九月の国家試験を通って臨床研修医になりました。昔は国家試験が春と秋の二回あったんです。学園紛争のせいで、我々の年だけ卒業が七月になったのです。

伊藤　大学を卒業したら大学院に入るんじゃないですか。

自見　いや、我々のときに初めて、それまでのインターン制度に代えて、臨床研修制度というものができたんです。佐藤栄作総理総裁の下、医学教育の課程で、戦後初めての法律改正がなされた。卒業したらすぐに国家試験を受けていい。臨床研修医になれば、なんぼか金を出すと。そして一年半、臨床研修医をやっているうちに、だんだんと大学が正常化されて大学院制度も再開しました。

伊藤　大学卒業後、ヨーロッパ五ヵ国を旅されたと年譜にありますが、一人旅だったのですか。誰かからお金をもらったのですか。

自見　いや、これは母親と二人で行ったんです。卒業して国家試験を受けてから発表まで、一ヵ月ぐらい時間があったんです。子供時分に大島陸軍中将と一緒に暮らしていたでしょう。大島は、ベルリンとパリに合計七年、大使館付でおったんです、第一次世界大戦のパリ講和会議（一九一九年）に西園寺《さいおんじ》公望《きんもち》さんの鞄持ちで随行して、その後もおりましたから、飯を食うときに時々、自分のよかった時代の話をする。「戦争に勝った国の大使館付武官ほどいいことはない」と言っていましたね（笑）。いいなあ、ロンドンやパリってそんな所かあ、行ってみたいなあと思っていました。そうしたら、金を出したら観光旅行ができる時代になったのです。「一緒にヨーロッパ旅行に行きましょう」と母親に無理を頼みましてね。JTBのパック旅行で「ルック」というのがあるでしょう。たしか七〇万円、当時、車一台買える金額でした。スペインの首都マドリード、トレドという宗教都市、それからジュネーブ、モンブラン、パリとロンドン、ローマをまわって帰ってきました。テムズ河畔のビッグ・ベンの国会議事堂は荘重でした。「西洋文化ってすごいなあ」と驚嘆しましたよ。頭の中で知っていても、それと実際に見るのとでは大違いですからね。おふくろはようあんなことしてくれたなと思います。旅行中は和服を着ていましたから、パリの街中でも人目を引いていましたよ。ものすごくいい勉強になりました。

大学院進学・結婚・訪中

伊藤　ヨーロッパから帰られると、国家試験に通っていたということですね。

自見　ええ。九大病院の内科で臨床研修医をする生活が始まりました。研修医をしながら、添田《そえだ》町立病院や精華女子短期大学講師などのアルバイトをする。政治家になるまでの一二年間は、疫学研究と並行して内科医として飯を食っていました。

九大の総合内科には一から三まであって、その第一内科に入りました。医局講座制が悪いということでね――。学園紛争の終わりかけで制度がガチャガチャでしたから、最後の三年か四年ぐらいになってようやくきちんと整った制度に乗っかりました。その頃は各大学がバラバラでしたね。

一年半経ってから、公衆衛生の大学院へ行ったのですが、それは第一内科の教授から「公衆衛生の大学院に行きなさい」と命じられたからです。医学部はものすごく封建的なところですから、自分では専門を勝手に選べないんですよ。山崎豊子《やまさきとよこ》の『白い巨塔』の世界ですからね。公衆衛生は基礎医学で、内科は典型的な臨床医学、患者さんを診る。だから教室も建物も全然違う。指導者も全然違うんです。基礎医学を四年間勉強したことは非常に役に立ちました。

伊藤　これは少し後になりますが、一九七五（昭和五十）年にフィリピン・サン・トマス大学病院に熱帯病の研究のために九大から派遣されていますね。

自見　恩師の倉恒匡徳《くらつねまさのり》さんという主任教授から派遣されたんです。熱帯医学研究会という九大を中心としたグループがあって、倉恒先生が部長でした。そのグループで何年かに一遍、フィリピンに研修に行くんです。狂犬病や熱帯病は、日本にはほぼありませんから、フィリピンの国立感染症病院でないと診ることができません。そこで狂犬病の患者も、コレラの患者さんも診ました。南方は衛生状態がよくないからね。

伊藤　奥様の礼子《れいこ》さんと結婚なさったのは大学院時代。お見合いだったそうですが。

自見　ええ、一九七二年四月に大学院に入って、五月に見合いをしました。遠い縁戚なんですよ。

自見礼子　いえ、縁戚と言っても、それは日本全国みんなが縁戚になるような遠い遠い縁戚です。

私も九州ですが、長崎県の佐世保の出身です。

伊藤　なるほど。九州といっても東と西で離れている。

自見　お義父《とう》さんは海軍軍医。航空母艦「飛龍《ひりゅう》」がミッドウェー海戦で沈んだときの軍医長です。山口《やまぐち》多聞《たもん》海軍中将の部下やった。船が沈むとき、艦長は船とともに死なないけん。軍医長や砲術長、航海長なんかも行動を共にせないけん。でも、山口多聞海軍中将は英雄で、「俺一人死ぬから、おまえたちは逃げてお国のために尽くせ」と命じた。だから義父は脱出して生き延びることができたんです。

伊藤　なるほど。

自見　また、義父の兄は田崎勇三《たさきゆうぞう》といって、癌研究会附属病院、現在のがん研有明病院の三代目院長になっています。義母のほうは、祖父、松村豊記《まつむらとよき》が日露戦争の日本海海戦の戦艦「朝日」の航海長です。平兼盛《かねもり》を祖とする、平安時代から三十五代続く武士・軍人の家系になります。嫁入り道具は揚羽蝶の家紋付きでしたよ。

伊藤　なるほど。ご結婚されて、子供さんに恵まれたわけですね。

自見　子供が生まれたら、男は太郎、女は花子と決めていました。いちばん日本人らしい名前ですからね。でも、実際は長女には慶子《けいこ》と付けました。中津藩の下級士族で馬医（獣医師）だった高祖父の自見嘉右衛門《かえもん》が、同じく下級士族だった福沢諭吉先生を慕って江戸へ行き、福沢先生の江戸私邸にて「米搗《こめつ》き書生」を務めていたという話を聞いていましたので、慶應義塾大学の「慶」を名前につけました。自見嘉右衛門はその後、親の不幸があって家督を継ぐために渋々地

3人の子に恵まれた。左から母・禮子、長男・庄太郎、次女・英子、長女・慶子。後列左から妻・礼子、庄三郎

元中津へ帰りました。次女は英子と書いて「はなこ」、英子から十歳離れて長男の庄太郎《しょうたろう》が産まれました。長男の名付け親は渡辺美智雄《わたなべみちお》先生なんです。庄太郎は形成外科医になりました。

伊藤　渡辺さんの話は後でうかがいます。その前年には、「福岡市青少年の船」友好訪中団の保健部員として訪中されたそうですが、この「福岡市青少年の船」とはいったいどういうものですか。

自見　そういうのがあったんですよ。学園紛争の暴力学生は毛沢東主義者、共産主義者なんです。彼らが学生大会とかで、「中国は天国だ」と言う。「中国は搾取《さくしゅ》がなくて、人間が平等に扱われて」と言う。そう言って、私たちをひどい目に遭わせたわけです。私の部下、正常化委員会の副委員長はリンチに遭って殺されかけた。だから、そいつらが言った通り、中国は本当に天国か、そんな天国はあるのか、まずは見てみないと信用できないと思って、当時の福岡市長だった進藤《しんとう》一馬《かずま》さんのところへ飛び込んで頼んだんです。

伊藤　玄洋社《げんようしゃ》の進藤一馬さんですか。

自見　そう。玄洋社の最後の社長でA級戦犯（容疑者）。自民党の元衆議院議員で、当時、福岡市長をしていました。僕は自民党の学生部代表でしたから、進藤さんと仲がよかったんですよ。可愛がってくれた。「青少年の船」は高等学校の生徒を三〇〇人近く連れていったんですが、[6]その人数なら医者は三人ぐらい要ります。進藤さんに「年寄りの医者を連れていくんじゃなくて、私のような若い医者を連れて行ってください。長い目で見て日中友好に役立つはずだ」と恥ずかしいようなことを言ったら、「自見君、連れていってやる。九大病院の院長の許可をもらってきなさい」と言ってくれた。大学院の学生でしたが、九大の病院長の許可をもらって、二週間だけ福岡市の非常勤臨時職員になったんです。

伊藤　どうでしたか、中国に行ってみて。

自見　いやあ、見ると聞くとは大違いでした。それはもう、ものすごく貧しかった。宣伝とえらく違うんだなと思いました。

「青少年の船」には日本からはテレビ局含めマスコミが一一社同行していました。全国で最初でしたからね。朝日、毎日、読売、産経……と、全国紙が毎日報道しました。今でも覚えていることがあります。現地では小さいグループに分かれて見学に行くんですよ。北京の町内会に行ったら、町内会長みたいな七十歳くらいのおじいさんがおったんです。「毛沢東先生は神様だ」と言うんです。「どうしてですか」と聞いたら、「昔は、我々は飢饉《ききん》が起きたら飢え死にしよった。毛沢東先生が中国の指導者になってから、少なくとも我々は飢え死にということはなくなった。だから毛沢東先生は神様だ」と答えたんです。僕は『毛沢東語録』をいっぱい読んでおったんです。

そうしたら「人民を胃袋によって支配する」と書いてあった。飯を食わしてやって、胃袋で支配すると。ははあ、これなのだな、なかなかうまいことやったなと。

　共産党の幹部が着ている人民服は、一般のものよりも上等でね。言っていることとやっていることが違うなと感じました。このとき、私はかなりマークされていたようです。自見庄三郎は右翼だと、ちゃんと情報が行っていたんだな。出発前にも福岡のアパートに調査が来ましたよ、左翼系の新聞社を装ってね。現地に着いてからも、ずっと中国の公安が付いてくる。トイレに行くと言っても、自由にさせてくれない。そんなことを含めて、非常にいい勉強をしましたよ。

医学博士号（公衆衛生学）取得

伊藤　一九七六（昭和五十一）年、三十歳で九大の大学院を修了されます。その翌年に医学博士の博士号を取られたのですね。
自見　論文がまとまったのが大学院を出て一年後ぐらいです。英語の論文です。
伊藤　今までのお話だと、あまり勉強しておられる様子がなかったのですが、ちゃんと勉強されていたのですね。
自見　そりゃ、勉強はしていますよ。僕は成績はよかったんです。小倉高校で一番だったこともあります。あの頃、僕より成績の悪いのが二人、東大医学部に入ったくらいでね。こんなことを言ったら絶対に嫌われますけど、「自見庄三郎君が九大の医学部に現役で通らなければ、小倉高校は一人も大学に通らない」と言われたくらいです。まあ、通りましたけどね。高校時代は、いつも一〇番以内にはいました。東大に行く実力があっても、親父が九大医学部ですからね。やっぱり九大へ行くんですよ。

伊藤　博士号を取った論文のテーマは何ですか。

自見　ベーチェット病について、沖縄県での調査をして（記載疫学）、さらにケースコントロールスタディといって、その環境要因を調べた（分析疫学）ものです。ベーチェット病は、目にぶどう膜炎ができたりする病気で、日本の後天的失明の大きな原因の一つです。昭和四十七年に難病指定された八つのうちの一つです。今や難病は三〇〇ぐらい指定されているのですがね。

僕が勉強したのは疫学、エピディミオロジー（epidemiology）というものです。もともと僕は人類遺伝学を勉強したかった。僕の第一内科の先生は人類遺伝学の教授で、だから、「公衆衛生を勉強してこい」と言ったんです。人類遺伝学は人間を集団で扱います。公衆衛生学の疫学も同じなんです。

伊藤　大学院を終えて、これ、よくわからないのだけど、全身性エリテマトーデスに関して、国際会議で日本代表として論文を発表されたとか。

自見　全身性エリテマトーデスはＳＬＥとも言います。自己免疫性疾患というものがあって、ＳＬＥも、ベーチェット病も自己免疫性疾患です。ＳＬＥは大変な難病です。自分の体に対しては免疫細胞が認識しているから、抗原抗体反応、免疫反応は起こりません。外から病原菌などが来たら、免疫反応が起きて、やっつける。ところが、どこかでレギュレーション（調整）が狂うと、自分の組織、セルフのものをノンセルフと認識して、自分の血管の内壁を攻撃してしまう。

伊藤　自分のものを他人のものと誤認するわけですね。

自見　そう。それで自分の体の中で免疫反応が起きて、究極的には死に至ってしまう。人間の体にとって、セルフとノンセルフの認識は極めて大事なんです。遺伝子がどこかで狂ってしまうことによって、全身性エリテマトーデスになるわけで、まさに生命の本質的なところに関わるのです。

ハーバード大学公衆衛生学部主任研究員

伊藤　一九七八（昭和五十三）年には九大医学部の講師になります。

自見　大学院の公衆衛生学から、今度は第一内科の遺伝学研究室に入りました。最初は助手。でも、初めてお給料をもらう身分になりました。第一内科には一〇ぐらいの研究室があるんです。白血病、血液疾患、感染症……。

伊藤　それらはすべて公衆衛生学なんですか。

自見　第一内科はものすごく間口が広いんです。一内、二内、三内と明治時代から分かれていましてね。僕は人類遺伝学の研究室に入るつもりで、疫学的手法をもって公衆衛生を勉強したわけです。なかなか迂遠《うえん》な話ですが、これでもちゃんと勉強したのです、みんな信用しないけど。（笑）

　大学病院は研究と教育と臨床の三本柱です。助手もこの三つをこなさなければなりません。午前中は臨床、午後に教育と症例検討。日が暮れてから研究にかかる。ですから、朝八時に出勤して、夜は十時に退勤するのが当たり前の生活です。第一内科の医療在籍者は二〇〇人くらいおって、そのうち有給職員はたった一九人。三十代前半の助手は僕一人ですからね、なかなか大変でした。

伊藤　一九八〇年七月に米ハーバード大学に行かれたのは、その延長線上からですか。

自見　はい。疫学で世界のナンバー1の先生がいますから。

伊藤　主任研究員ということは、ハーバードの職員になったということですか。

ハーバード大学の公衆衛生学部の主任研究員となる（1980年10月）

自見　そう、職員です。留学ではありますが、月に一五〇〇ドルもらっていました。ハーバード大学の研究講師。ハーバードの公衆衛生学部には教授、助教授から研究講師まで二七五人の教官がいましたけれど、ジャパニーズは「ショウザブロー・ジミ」、私一人でしたよ。

　アメリカは日本とは違って、医学系に医学部と公衆衛生学部の二つがあるんです。日本は医学部だけです。アメリカは昔から実利的、実用的な国です。医学部は象牙《ぞうげ》の塔、でも、それをきちんと社会に適用しないと意味がない。それで適用する部分が公衆衛生学というういう分類なんです。言うなれば、厚生省（現・厚生労働省）の仕事は全部、公衆衛生学ですよ。

伊藤　ハーバードはいかがでしたか。

自見　日本とは全然違っとった。何が違うって、西洋は科学というもので中世の漆黒の闇を切り開いてきた。新しい時代を作ってきた。だから、向こうの研究者、教授は堂々たる自信と自負を持っています。それに世界に向けた発信力がある。私の研究室の向かいにいた女性研究者が「コーヒーのがん抑制効果」を学会で発表したことがありました。その数週間後には日本から送られてきた週刊誌に、その発表についての記事が載っていました。世界に対する発信力とはこういうことか、と実感しましたよ。

他にもいろいろあります。ハーバードはこれまで一六〇人ものノーベル賞受賞者を出してきました。それはどういうことかと言えば、ハーバードは、他の大学で「もうすぐ受賞しそうだ」という研究者を引き抜いてくるわけです。ハーバードの学長の一番重要な仕事は、この「引き抜き」だと聞いたことがあります。逆に、ノーベル賞を受賞しても、その後、よい業績を出せなければ、その研究者の扱いは非常に厳しいものになります。誰も寄りつかないんです。カフェテリアで一人寂しく食事をする「元・受賞者」の姿なんかも見ました。

伊藤　そういう環境で研鑽《けんさん》を積んだということは、将来的には国際的に活躍する医学者になろうと考えていたのでしょう。

自見　それはまあそうです。そうでないとそこまで行きませんから。

伊藤　それが急に政治家を目指すようになるというのはどういうことですか。

自見　七〇年安保に巻き込まれていなかったら、絶対にこんなことをしていませんよ。やっぱり学園紛争は強烈でしたよ。すさまじかった。暴力学生がおったら、大学は全然機能しない。大学だけではなく、国家全体がこんなふうになってしまったら大ごとやという恐怖がありました。暴力主義的共産主義革命に対してものすごい不安感があったのです。

伊藤　だけど、ハーバードの講師になった頃は、もうそういうことはないでしょう。「大学正常化」なんて言っていた頃から、ハーバードへ行くまでに、七、八年は過ぎているじゃないですか。

自見　でも僕、ハーバードから帰ってきて、「人生、このまま終わっていいのか」と真剣に悩んだんです。おかげさまで、大学でエスカレーターに乗せていただきましたから、そのまま行けばある程度のところまでは行ったと思います。研究者として真ん中の真ん中にいたんですから。

伊藤　九大の教授になっていたのではないですか。

自見　そんなおこがましいことは言いませんけれど、第一内科の教授は後継者に、と思っていてくれたようです。だから、僕が「辞める」と言ったら、ものすごく怒りました。それは怒りますわね。手塩にかけて可愛がってやったのに……と。

伊藤　学生を育てるのは大変ですからね。

自見　それはもうありがたい話でした。恩師の柳瀬敏幸《やなせとしゆき》先生は偉い先生でね。日本の内科医は七万人ぐらいいて、そのナンバー1が日本医学会会長を務めるのです。柳瀬先生はその医学会会長をはじめ、日本内科学会会長もされた、遺伝学では日本一の先生です。日本人類遺伝学会会長、遺伝学会会長……、滅多におらん立派な先生でね。九大の第一内科は、三人に二人ぐらいが内科学会会長になれると言われていて、だから第一内科はとても神聖なんです。

伊藤 だけど、その道をあえて選ばなかった。

自見 そう、物好きなんですよ。

伊藤 奥さんに反対されたんでしょう。

自見 それはそうですよ。僕自身が清水の舞台から飛び降りる感じなんですから。

伊藤 一遍、医学の道から外れたらどうなるのですか。

自見 戻れません。医学者の道は一度レールから外れたらもう全然駄目です。政治家になれなくていよいよ駄目になったとしても、北海道の無医村に行けば、女房子供を養うぐらいは稼げる。それは医者のありがたいところです。どこへ行っても医者は不足していますからね。内科医ですし。でも、医学者は無理です。

伊藤 政治家って不安定な仕事でしょう。

自見 ものすごく不安定ですよ。政界ほど社会保障というか安全というものを得られない社会はありませんですよ。権力闘争ですからね。

政治の道を志す

伊藤 二〇一二（平成二十四）年、自見さんの政治生活三〇年の際に後援会が作った「日本再起

動　おかげさまで政治生活30年」という小冊子があります。そこに「平成二十四年八月記」として、詳細な年譜が記されているのですが、その一九八〇年の欄にこんな話が載っています。ハーバードで出会ったスーダンの留学生が、「スーダンでは毎日熱射病で何百人もの尊い命が失われていく。医師として腕を磨いて帰国しても、国に予防接種のカネや施設がなければ何の役にも立たない」と言った。政治の前に、医師の無力さを痛感したと。

自見　ええ。スーダンから来た医者が、臨床医としての限界を感じて、公衆衛生を勉強しに来ていたのです。予防接種の制度は公衆衛生ですからね。

伊藤　でも、これは自見さんがスーダンに行って医者になるというのならわかるけれども、日本で政治家になって政治的に解決しなきゃならないという医療的問題ではないでしょう。

自見礼子　私もその話を主人から聞きましたけれど、日本でも一人のお医者さんはたとえば一〇〇人、二〇〇人しか救えないとして、政治で制度そのものを変えるとしたら、一〇万人、一〇〇万人といった人々に影響を与えることができますよね。

伊藤　それはたしかにそうですが、たとえそうだとしても、自見さんが医学の道を捨てて、政治家にならなければと思うほど、日本の差し迫った問題とは思えないのですが。

自見　それは違いますよ。私はここに日本の、国家の弱さを見るのです。

自見礼子　私も日本には日本の制度の弱さがあると思います。

自見　それは本当にありますよ。その不安感がなければ、政治家なんかできませんよ。ご存じないかもしれませんが、介護保険だって、私が主要なメンバーの一人として作ったのですよ。

伊藤　なるほど、そうですか。わかりました。そのあたりについては、また後でうかがいます。さて、「政治の道を志す」と言ったときに、最初から国会議員になろうと考えたのですか。

自見　そこやね。僕の家には県議会議長をした親類が二人おるんですよ。山口県の県会議長をとった田辺孝三《たなべこうぞう》おじさんと大分県の県会議長をしとった山口馬城次《やまぐちまきじ》おじさん。田辺のおじさんは久良知の母の妹の結婚相手。山口馬城次おじさんはおふくろの弟で通産官僚だった久良知章悟《くらちしょうご》おじさんの嫁さんのお父さんで、戦前は県会議長から翼賛議員にもなった。何というか、骨董品のような人だった（笑）。まず、田辺のおじさんに「県会議員で出るのがいいか、衆議院議員で出るのがいいか」と聞いたら、「絶対に県会議員なんかするな」。それから山口馬城次おじさんに相談したら、「県会議員なんかに出たらそこから十年かかる」と。出ても、県議会の仲間が自分より上になるのを嫌って、皆足を引っ張るというわけですよ。おじさんが二人とも「蔵内修治さんのあと、すぐに衆議院に出れ」と言ってくれなかったら、私にはそんな知恵はなかった。それで、私は直接衆議院に出ることにしたんです。

伊藤　奥様は反対されたとのことですが、他のご家族はどうでしたか。

自見　ああ、みんな反対、家内も親もみんな。だから、私一人だけ小倉に帰ってきて、トコトコトコトコ、政治活動をしていました。ただし、一番上の兄貴だけは理解してくれた。先ほども言ったように、兄貴は蔵内先生の後援会青年部長を務めていたこともあって、政治家になりたかったけど、親父の跡を継いで開業していたから、「おまえ、一所懸命にやれ」と言ってくれた。

伊藤　お母さんはまだご存命でしたか。

自見　矍鑠《かくしゃく》としていました。僕が政治家になるのは反対でしたけどね、そのうちに賛成――。最初は、海のものとも山のものともつかないわけですからね。

伊藤　浮草稼業でしょう。

自見　浮草稼業、やくざ稼業。だから、息子がそんなものになるより、せっかくお医者さんになったんだから、安定してきちっといけるじゃないかと。母親の気持ちというのはそんなものですよ。

伊藤　まあ、普通の人が考えたってそうですよ。（笑）

自見　博打の世界に飛び込まんでもいいだろうと。しかし、若いときはそうはいかないですよ、やっぱり。国を救わないけん、共産主義革命が起きたらいけんと一所懸命やった。

　びっくりされるんだけど、僕、ソ連共産党が崩壊した後（一九九一年）、国会議員を辞めようと思ったんです。もう国会議員をしとっても意味がないと思って、山崎拓さんに相談したんです。「ソ連共産党が崩壊した。もう共産主義は攻めてこない。日本が赤化することもないから、国会議員を辞めようと思う」とね。そうしたら拓さんが「自見、そんなこと言うな。ここまで頑張ってきたんや。もうちょっとやれ」と言ってくれた。本当にそれくらい純粋、純情やったんです。

伊藤　それは面白いですね。僕の学者仲間に左翼の連中はいっぱいいるでしょう。あの連中がどうなったかというと、友達で一人だけ「反省して、もう筆を折る」と言ったのがいますが、そんなのはたった一人でしたよ。他はみんな、少しずつ少しずつ姿勢を変えていった。

自見　そうでしょうな。学園紛争のときに、そんな知識人をいっぱい見ました。教授も助教授、講師もみな、体制の下でええことしとったのに、学生が来たら急に「君たちの気持ちもわかる」とか言って、すぐに左翼にベタベタしだした。で、紛争が終わったら「アイツら、ふざけとる」と掌《てのひら》を返す。僕は日本の知識人に唾棄《だき》しましたね。ふざけるな、知識人なら命を賭けて、責任を持て。それがインテリというものだ。私は今でもそう思っています。でも、日本人はそんなことを全然考えずに知識人でいられるんですね。バカみたいじゃないですか。

伊藤 考えないから知識人なんですよ。(笑)

自見 西洋人はもう少し学問とは何か、科学とは何か、と考えていますよ。僕がハーバードに行って一番感じたのは、日本と西洋の大学、科学、学問は全く違う、ということでした。西洋の研究者は学問というものに賭けているし、学問を信じている。ところが、日本は明治以来、東大へ行ったら出世するとか、学問にみんなその程度で、信念がない。だから、戦前はもう軍国主義、戦後一日経ったら民主主義。日教組の先生もね、ソ連共産党があったときは「日教組万歳、共産主義万歳」。今はコロッと変わって、平然としているじゃないですか。

中川一郎、渡辺美智雄との出会い

伊藤 息子さんの名付け親にもなったという渡辺美智雄さんとの出会いはこの頃ですか。

自見 はい。だけど、実はその前、最初に弟子と言うか、秘書になったのは中川一郎《なかがわいちろう》さんなんです。でも、翌年の正月には死んじゃったの。(7)

伊藤　中川一郎でしたか。ちなみに、これは給料をもらえる秘書ですか。
自見　いいえ、給料なんかくれません。名刺だけです。その代わり、選挙資金を一〇〇〇万円ぐらいくれました。手渡してくれたのは中川さんの第一秘書だった鈴木宗男《すずきむねお》で、彼とも長い付き合いです。
　中川さんを斡旋してくれたのは、田中角栄《たなかかくえい》さんです。僕の選挙区に柳田桃太郎《やなぎだももたろう》さんという方がおられた。小倉高校の先輩で、元門司《もじ》市長。その後参議院議員を二期一二年されました。僕はその人の近くに住んでいて、子分だったんです。よう酒飲みに行きよった。私をものすごく引き立ててくれたんです。で、柳田先生が田中角栄先生の元へ連れていってくれました。私、田中角栄の面接を目白御殿で一時間受けたんですよ。激しい質問攻めに合いました。

田中角栄邸で面接を受ける（1982年5月）

　中選挙区時代の福岡県第四区は、自民党政務調査会長だった田中六助《たなかろくすけ》さんと、共産党、公明党、社会党から候補者が出ていました。
伊藤　あの田中六助ですか。
自見　そうです。超大物、当時の自民党政調会長です。自民党は、田中六助先生と親戚の蔵内修治先生の二人が通ったときもあるし、田中先生しか通らな

中川一郎科学技術庁長官の秘書となる（1982年）

いときもあった。自民党はだんだんと長期低落傾向だったけれど、田中六助さんは一六万票くらい取って悠々として当選しておられた[8]。八万票取れば通るんですよね。だけど、六助さんは福岡県第四区に出てくる人は誰でも邪魔して〝殺す〟んです。

　六助さんは「地獄の早耳」と言われていて、私が柳田先生と一緒に角栄さんに会いに行くことを知っていましたよ。それで、田中角栄に文句を言うとるんです。「明日、自見庄三郎が来るらしいな。自見庄三郎を担いで田中派に入れたら、わしゃ、命賭けて反対するからな」と言ったそうです。で、田中角栄さんは私を拾わなかった。

　そこで、ジーッと考えておられた田中角栄先生は「おっ、自見君は九大出身だ」と言われた。中川一郎さんは北海道の代議士だけど、九大農学部出身なんですよ。「今あれが（総裁選に向けて）派閥の人数を増やしたがっとる。おう、中川一郎君がいい。柳田君、俺からも言っておくから、この青年を中川君のところへ連れていけ」とね。目白の田中角栄さんのお屋敷からその足で、科学技術庁（現・文部科学省）の長官室へ行きました。中川さんは鈴木善幸《すずきぜんこう》内閣の科学技術庁長官だったんです。そうしたら、角栄さんからちゃんと電話がかかってきていて、中川さんの面接を受けましたよ。一時間話して、その場で「よし、俺のところへ来い。代議士にしてやる」と承諾してもらって弟子になったんです。面接では「なんで政治家になりたいのか」とか、質問が矢のように飛んできました。必死に答えましたけれど、今考えたら赤面ものですね。

伊藤　要するに中川派に入ったということですか。

自見　ええ。もう衆議院福岡県第四区から立候補することを前提として、中川派に入りました。

伊藤　でも中川さんが死んじゃったら、どこへ行くことになるんですか。

自見　しばらくはひとりぼっちでした。テレビアニメじゃないけれど、「みなしごハッチ」になっちゃった。だから、選挙区をずっと回っていましたよ。二万軒を戸別訪問しました。田中角栄さんが「新規のときはまず歩け。二万軒歩け！」と言っていたのです。それぐらいしないと、新人は通らないんです。弱いときはなかなか誰も味方してくれませんよ。親戚はたくさんいても、後からついてくると言うかね。選挙区の開業医は全部回りました。田舎の開業医に行くでしょう。看護婦さんに「自見庄三郎ですけど、先生、おられますか」と尋ねたら、私が何者か知らんから、「先生はおられますよ。昼休みなので、奥でご飯食べています」とか言う。取り次いでもらおうとしたら、奥から声が聞こえてくる。「えっ、自見が来た？　おらんと言え」と。結局、「今までおられたんですけど、ちょっと散歩に行かれたみたいです」って厄介払いされるのです。それが現実ですよ。

伊藤　てっきり、医師会がバックに付いたのかと思っていました。

自見　いやいや、そんな甘い社会じゃありません。医師会は田中六助さんの支持です。通るか落ちるか分からん泡沫《ほうまつ》候補を推してはくれません。六助さんは圧倒的に強いんですから。それを一つずつほじくり返していって、選挙の最後の最後にやっと小倉の医師会は私の応援をしてくれるようになりました。

伊藤　そんなに時間がかかったんですか。

自見　簡単なものじゃないですよ。地盤を築くというのは革命を起こすようなことです。田中六助さんは厚生省や医師会を完全に押さえていましたからね。自民党政調会長といったら、どこでも権力が通用します。だから徹底的に田中六助先生の弾圧に遭いましたよ。しかし、それは当たり前でしてね、私を鍛えてくれました。それに耐え抜かなければ、私は政治家になれないんだ、その程度の人間だと言い聞かせていました。

伊藤　自見さんご自身も医師会に入っているわけでしょう。

自見　北九州市小倉医師会に入っておるんです。昭和十年、父親の代からずっとです。私は「B会員」ですけどね。

伊藤　B会員とはどんなものですか。

自見　開業医でなくて、勤務医です。親父の後を継いで兄貴が自見産婦人科という病院を背負ったので、兄貴は当然「A会員」です。あのね、B会員のほうがいいの。なぜなら、B会員は絶対に日本医師会会長になれないから。医師会の一部は、「こいつが強くなったら俺の座を脅かすんじゃないか」と、そんなことばっかり考えている。どの団体も同じようなことがありますがね。僕に言わせれば、当時、日本で一番封建的な組織は日本相撲協会。次は自由民主党。その次は日本医師会。（笑）

伊藤　じゃあ、最初に当選した一九八三（昭和五十八）年当時は、どこの派閥にも属していなかったということですね。

自見　いえ、中川先生が死去されてから半年ぐらいウロウロしとったら、ちょうど渡辺美智雄先生が福岡に来られた。渡辺先生は山崎拓さんと仲がいいんです。拓さんが「元大蔵大臣の渡辺美智雄先生が今度福岡県に来るから、自見君、会ってみるか」と言うので、後援会長になってくれた柳田先生に相談したんです。「田中六助ぐらいの暴れん坊に対抗して出るなら、やっぱり渡辺美智雄ぐらいでないと駄目だ。渡辺美智雄もなかなか暴れん坊だから、自見君を担いでくれるかもしれないぞ。会ってこい」と言われた。それで十月に渡辺先生が福岡に来られたときに、一時間面接された。それで「俺のところへ来い」となった。

初めての政経セミナーで、バンザイの音頭をとる渡辺美智雄。中央は柳田桃太郎元参議院議員（1985年5月）

伊藤　じゃあ、最初の当選のときは〝渡辺派[9]〟だったんですか。

自見　そうです。〝渡辺派〟じゃなくて、〝渡辺グループ〟、「温知会《おんちかい》」と言っていましたけれど。

伊藤　ああ、温知会ね。

自見　立候補を予定したときは中川一郎さんだったけれど、死んでしまったので「みなしごハッチ」になって、いよいよ選挙となったら渡辺美智雄先生が拾ってくれたんです。中選挙区時代ですから、派閥の領袖に本気で推してもらわないと、衆議院議員にはなれません。何万人も回ってもね。そうでないと、まず大企業とかは相手にしてくれない。それから自民党の公認をもらわないとね。十月に渡辺さんにお会いして、選挙は十二月でした。で、渡辺美智雄が付いたとなると、元町長さん、元市長さんとかがワーッと動き出した。

伊藤　そんなに違うんですか。

自見　公認が取れないと、誰も本気にしません。「若いのが選挙好きで、なんか飛び跳ねとるだけや」という感じ。それはもう苦労するんです、最初に通るというのは。

伊藤　じゃあ、本当に渡辺美智雄さんの存在がずいぶん大きいんですね。

自見　まったくもって渡辺美智雄先生のおかげです。

伊藤　公認もギリギリだったとか。

自見　解散になってから公認が決まるんですが、これがなかなか下りなかった。第一次公認は出なくて、ようやく第二次公認。選挙の一週間ぐらい前に出ました。福岡県連では旧四区は定員四なので、自民党は慣例で公認を二人は出すんですよ。なのに、六助さんが「あれは泡沫候補だ。あんなのに出すな、出すな」と意地悪してね。でも、僕は若い頃に自民党福岡県連の学生部代表をしていたでしょう。それが効いたんです。県議会の古手がよく知っていましたから、「自見君は元気がいい青年だ」ということになって、県連は「田中六助、自見庄三郎」の二人を上げたんです。しかし、そこからがまた大変です。最終的には公認は総裁が決めるんですが、党三役の発言権はものすごく強かった。六助さんは政調会長ですからね、「自見庄三郎なんて全然弱い。こんなのに出したら自民党の恥だ！」とかギャーッと怒鳴り上げて、見送りになっちゃった。第一次公認をもらえなかったのは私だけですよ。

伊藤　それは自分の選挙の安定のためですか。

自見　そうです。それが政治家というものなんですよ。どんな奴でも対立候補は殺さなければならん。どんな小さくてもね。それが政治の世界の常なんです。恐ろしい世界ですよ。友情とかそんなものは何もない。殺し合いです。関ヶ原の合戦と一緒ですよ。で、投票一週間前に公認が決まったら、大企業がワーッと応援に来てくれた。

伊藤　やっぱりそういうものですか。

自見　公認が決まったら、党が公認料一〇〇〇万円をくれるんです。貸付料は一五〇〇万円かな。お金をちょろまかすのが政治の常ですから、第一次公認が決まるときに、家内に「上京してこい」と言って、でも結局、県議の奥さんに行ってもらったんかな。それなのに公認にならなかったから、お金をもらえなかった。そうしたら渡辺美智雄先生がかわいそうがって、代わりに一〇〇〇万円くれた（笑）。「自民党公認にならなかったが、まあ、そう気を落とさんでくれ」と言って。そのへんが親父ですな。

伊藤　第二次公認になったのも、やっぱり渡辺美智雄さんの力ですか。

自見　渡辺美智雄先生と、田中角栄先生の影響力もありました。党全体として考えれば、福岡四区は定員四人なのに、六助さん一人なんて欲張り過ぎだと、田中派も応援してくれたんですよ。公認に関しては、小沢辰男《おざわたつお》さんや小沢一郎《おざわいちろう》さんとかが力になってくれたんだけど、それは田中角栄さんの指示だと思う。そのへんは非常に公平な党の仲裁者、実力者やった。だから僕は田中角栄さんに非常に感謝しております。角栄さんにお会いしていなかったら国会議員になれなかった。面接では、一時間じーっと見ておられた。角さんはそれはもう、すごい目をするんですよ、クーッとね。今でも忘れもしません。最初の選挙の最終日に下関市に帰る途中の林義郎厚生大臣が応援に来てくれました。そのときの御恩を返すために一九八九年の総裁選に出られた際、渡辺美智雄先生の了解を得て、推薦人に名を連ねさせていただきました。いろんなご縁があって国会議員になる前の林芳正君の結婚式にも呼んでいただきました。

奇跡の初当選

伊藤　その段階では奥さんはもう応援してくれていたのですか。

自見礼子　選挙前に二年間準備期間があったんですよね。最初の頃は「嫌だ」と言っていたんですけど、主人が一人で選挙区を回り始めたものですから、選挙の前年の四月に福岡から子供を連れて小倉に引っ越したんです。

伊藤　九大だから福岡に住んでおられたわけですね。

自見　ええ。小倉で暮らすとなると、上の娘二人が福岡市の小学校から転校しなければならんから、四月は区切りがいい。親の家もありますから、私は一月ぐらいから覚悟を決めて一人で小倉に帰っていた。その頃には家内の怒りもだいぶおさまりましてね、帰ってきてもらえたんです（笑）。もう頭が上がらないですよ。

伊藤　そりゃそうですよね。

自見　本当に、せんでもいい苦労させてね、下げんでもいい頭を、下げてもらわないかんですからね。現職でないと、通るか通らないか。新人というのはいじめられっぱなしですから。

自見礼子　頭を下げるのはいいのですけれど、準備期間中は当てもなくひたすらに、ということになりますから、不安で……。

自見　通るか通らないか分からない新人は、いじめられっぱなしなんです。人間は、強い奴にはペコペコしても、弱い奴にはどんなひどいこともする。それを楽しむんです。こっちも純粋で若かったから、苦しいことが多かった。枕を濡らすというのはこういうことか、という毎日でしたよ。

「若さと行動力」で
「清潔な政治」を!!
37才、エンジン全開
じみ庄三郎
初陣の選挙チラシ

伊藤　選挙のための後援会もあったんですよね。

自見礼子　小さく小さく作ってですね。準備をしながら後援会を作りながら。

自見　私はちゃんと戦略を立てていましてね。あまり早く後援会を作ると、田中六助さんは圧倒的に強いから、潰されちゃうんです。だから、わざとゲリラ作戦をしたんです。

自見礼子　目立つような方が応援に来てくださると、その方を呼んだ会社に行ったりして、「自見のところに出入りするな」とか「おまえのところの会社が立ちゆかんようにするぞ」とか、脅しをかけられてね。

伊藤　六助さんとの関係は、その後はずっと同じような調子で続いていくのですか。

自見礼子　主人は「先輩」と言って田中六助先生を立てはしますけれど、向こうにとって主人は敵ですしね。

自見　それが中選挙区というものですよ。

伊藤　実際に選挙をしたときに、六助さんとの票差はどれぐらいあったわけですか。

自見　最初の選挙で、六助さんは一〇万票、私が八万六〇〇〇票。(10)

伊藤　ずいぶん追い上げましたね。選挙結果に、六助さんも驚いたでしょう。

自見　それまでも他に出たいという人はおったのですが、田中六助さんは全然潰さなかった。ところが、自見庄三郎が出るとなったら途端に潰しにかかってきた。だから、ある意味、最初に私の政治的能力を評価してくれたのは、田中六助先生ですよ。危ないと思ったんでしょうね。私が通ったあと、六さんは大臣秘書官に「福岡県四区はもう俺だけの時代じゃなくなったな」と言ったそうです。六さんは鼻が利くから、「こいつは敵になる」と思ったんでしょうね。そうしたら、一年二ヵ月で、病気で六助さんが亡くなられた（一九八五年一月）。

六助さんは雲の上のお方、大先輩だと思って尊敬していました。選挙のとき、いい標語を作ったんです。僕は庄三郎でしょう。「大きいことは六さんに、小さいことは庄ちゃんに」って。それを使った記事が『朝日新聞』に載りましたよ。

選挙は上から三番目で通りました。奇跡の当選です。自民党二人に、社会党と共産党という結果でした。公明党の候補は五〇〇票差で落ちたんです。鍛冶清《かじきよし》さんという小倉高校の先輩で、公明党の現職だった。前の日に民放が「当選確実」を打ったんです。テレビの前で万歳していましたよ。僕のところには、テレビカメラは一社も来ない（笑）。あの頃は即日開票じゃなくて翌日開票だったんです。だから翌日にならないとわからないところがあった。小倉、門司は都会ですから翌日開票なんです。そうしたら、四人に一人が私に入れていた。田中角栄さんのロッキード事件のあとだったから、「清潔な政治」、それがスローガンなんです。「37歳、エンジン全開」とこれだけ。私は最初の選挙で勝たなかったら、政治家になるのはあきらめようと思っていました。そうしたら勝ったんですよ。

支持してくれたのは、蔵内修治先生が地元にしておられた地域、豊前、築城《ついき》。そこは票が結構出ました。田中六助先生は田川《たがわ》市、田川郡が地元で、そこで圧倒的に強かった。豊前、築城は自見家のご先祖さんがおったところです。縁戚が一〇〇年間ぐらい選挙しとったわけですからね。

強いところを伸ばすのが選挙です。それが絶対の原則なんです。福岡県第二区選出で防衛庁（現・防衛省）長官もやった三原朝雄《みはらあさお》さんという選挙の神様が、「自見君な、敵の票を一票取るのに一〇かけて一票取ったと喜ぶ。そんな奴は絶対に落ちる。自分の強いところに一〇かけて一〇票取ってくるのが選挙だ」と教えてくれたんです。こっちが票を取れる部分に効率的にエネルギーを使わないといけない。

伊藤　運動員はどういう人たちなんですか。

自見　運動員なんてほとんどいません。まあ、小倉高校の同級生とか青年会議所の人たちが応援してくださった。家内と歩いてお願いに行きましたね。歩くのはお金がかからないんですよ。「こんにちは、自見庄三郎です。次、選挙に出ますからよろしく」と言ってね。お茶を出すわけでもないし、お菓子を持っていくわけでもない。持っていったら違反ですから。歩くのはきついけれど、効果的なんです。中川一郎さんは「食堂に行ったら絶対に台所まで行って、『自見庄三郎です、ご馳走になりました。今度出ますからよろしく』と、全部に名刺を置いて帰れ」と言っておられた。だから、どんな田舎のドライブインでも、必ず台所まで入っていくんですよ。「自見庄三郎です、ご馳走になりました」とね。中川先生の教えを二八年間きちっと守りました。

三〇年以上経った今でも、「自見さんは立候補したとき、私のところへ来てくれたもんね」と言う人が結構いる。「あの頃は自見さん、若かったもんな。必死で回ってきてくれた。よう覚えとる」とね。嬉しいですね。振り返ると、蔵内修治先生の後援会の青年部代表をしていたでしょう。あれが実践的な勉強になりました。それに大学紛争で講義がなかったから、遊説隊長とかしましたよ。そのときに選挙の仕方を勉強したんです。

（1）一年志願兵制度は、一八八九（明治二十二）年一月の改正徴兵令で整備された。第十一条

「一年志願兵制度」は、旧令（明治十六年の改正徴兵令）において、官公立中学校以上の学校の卒業者に限り、「服役中食料被服等ノ費用ヲ自弁スル者ハ、願ニ因リ一個年間陸軍現役ニ服セシム」とし、三年間の服役年限を、一年間で済むとした。

（2）インターン制度は医学部卒業生が課せられた診療実施修練で、一九四六（昭和二十一）年に始まった。一九四五年に連合国軍総司令部の指導で、衛生行政・医師教育の改善が指令され、翌年八月、国民医療法施行令が改正され、大学医学部・医科大学・医学専門学校を卒業した者は、「一年以上の診療及び公衆衛生に関する実地修練」を経ることが、医師国家試験の受験要件となった。医師資格を有しないインターン生が医療行為を行うため、無資格診療となり医療事故の責任の所在が明確ではないこと、インターン生は無給であったことなどから、一九六七年に東大医学部のインターン生が「医師試験ボイコット運動」を始め、東大紛争の契機となった。翌一九六八年に廃止。

（3）西南女学院は米南部バプテスト派の宣教師により、日本の女子高等教育のために一九二二（大正十一）年創立。現・西南女学院大学など。

（4）蔵内修治は衆議院議員を六期務めたが、一九七九年の第三五回衆議院議員選挙で落選、翌年の参議院議員選挙で自民党公認で立候補して当選した。

（5）壮士は明治期の自由民権運動で活躍した職業的な政治活動家。一八九〇（明治二十三）年に衆議院が開設されると、選挙権も被選挙権も持たない政党支持者が事実上の下部組織として機能するようになり、これを院外団と呼んだ。

（6）「福岡市青少年の船」は、一九七二年の日中国交回復を機に計画され、翌年七月に中国側が受け入れを受諾、七四年四月に実施の運びとなった。市内各高校の希望者から約一割、二七一名が選ばれ、航海含め一三日間で上海、天津、北京を訪問した（江頭光『進藤一馬聞書　雲峰閑話』西日本新聞社、一九八七年）。

（7）一九八三年一月九日、中川一郎は札幌市中央区のホテルで縊死しているのが発見された。

（8）大平正芳が初の衆参ダブル選挙の最中に急逝し、自民党が圧勝した一九八〇年六月の第三十六回衆議院議員選挙で、田中六助は一六万四七四六票を獲得して当選した。

（9）渡辺美智雄は一九七九年の「四十日抗争」で大平支持を明確にして、中曽根派と袂を分かち、八一年に派閥集団「温知会」を旗揚げした。しかし、三四人の参加メンバーの大半は中曽根派に所属したままであり、渡辺自身も八二年に中曽根内閣が発足すると中曽根派に復帰。正式な派閥としての渡辺派の立ち上げは一九九〇年となる。

（10）第三十七回衆議院議員選挙（福岡県第四区・定員四人）の結果は次の通り。一位＝田中六助（自民前）一〇万一八八三票▽二位＝中西績介（社会前）八万七六一九票▽三位＝自見庄三郎（自民新）八万五二四二票▽四位＝三浦久（共産前）七万九一五四票▽落選＝鍛冶清（公明前）七万八六二一票。

第二章

地元の利益と国家の利益

開港間近の新北九州空港

初当選後の派閥

伊藤　中選挙区時代の福岡第四区は当時、自民党が一人か二人当選して、後は社会党などが続くという構図だったのですね。

自見　自民党の票はだいたい一六万票ありますから、うまくいけば二人通るんです。でも、汚職があったりすると票が減る。そもそも自民党は長期低落傾向にありました。そうすると一人は落ちるんです。二番目が日本社会党。福岡県は全体的に社会党が強い。炭鉱労働者の炭労（日本炭鉱労働組合）があって、「鬼の炭労」と言うほどだったんです。大牟田《おおむた》の三井・三池闘争（三井鉱山企業整備反対闘争〔一九五三年〕、三池闘争〔一九六〇年〕）の最大勢力は炭労ですよ。それから社会党を支持した部落解放同盟は、福岡県が発祥の地です。部落解放同盟初代執行委員長の松本治一郎《まつもとじいちろう》さんは参議院の副議長をした人です。もう神様のような人でね。部落解放同盟は社会党のものすごく強力な支持団体でした。そして三番目に公明党か、共産党が続く。

福岡第四区で社会党が強いのは、小倉という大工業都市がありますから、労働者が多いせいもあります。八幡製鐵《やはたせいてつ》（当時は新日本製鐵八幡製鉄所。現・日本製鉄）とか安川電機とか、全部製造業の労働組合が社会党支持。それから、市役所の労働組合が社会党支持。強固な自治労（全日本自治団体労働組合）ですね。

伊藤　共産党はどうですか。

自見　共産党も強いですよ。三浦久《みうらひさし》という弁護士が四期か五期通っています。

福岡県は革新系の県知事、市長が続いた県ですからね。五五年体制が崩れても、麻生渡《あそうわたる》さんという保守系の人が出るまで、県知事はだいたい保守と革新が半分半分でした。革新知事は一九五九年の社会党公認の鵜崎多一《うざきたいち》さんが最初で、二期やった後、その人を負かして、自民党推薦の亀井光《かめいひかる》さんがなった。それから初代北九州市長の吉田法晴《よしだほうせい》さんは社会党の国会議員をしとった人で、これを打破するため、国鉄の東海道新幹線支社長だった谷伍平《たにごへい》さんを、佐藤栄作総理が連れてきたんです。[1] 佐藤総理は鉄道省出身ですからね。これが両方とも一九六七年のことで、当時は蔵内修治先生が県連会長を務めていて、「県知事も政令指定都市の首長も奪い返した」というので、自民党大会で表彰されました。ところが、亀井光さんが四期務めて、また負けるわけですよ。九大教養部教授の奥田八二《おくだはちじ》さんという人に負けちゃった。奥田県政は一九八三年から三期一二年続きました。自民党はいつもこんな感じなんですね。

伊藤　自見さんが初当選されたとき、地元の反応はどうでしたか。

自見　それはもうすごかったですよ。泡沫候補が出てきて、「顔見せ」ぐらいだと思っていたら、通ってしもうたというので、衝撃は大きかった。

伊藤　今度は後援会組織もどんどんできるわけですか。

自見　そう簡単ではありませんが、だんだんとです。後援会長は柳田桃太郎先生です。柳田先生に田中角栄さんのところに連れていってもらったとき、角栄さんが柳田先生に「最初は後援会長を誰にするかで困るんだ。君が連れてきたんだから、君が後援会長になりなさい」とおっしゃった。柳田先生は「ははー」とおっしゃって、それで決まりです。田中六助先生が元気なうちは、みんな「自見は二回目の選挙は落ちるやろう」と見ていました。田中先生も「あの若造、今度は潰してやる」と言っている。でも、一年二ヵ月で田中六助先生は亡くなりました。本当に立派な郷士の紳士でしたけど。

伊藤　立派な先輩でも、敵対していたわけですからね。

　当選したら、今度は東京に行くでしょう。新しいことばかりですね。

自見　本当にそうでした。僕は中曽根康弘《なかそねやすひろ》さんの派閥に入ったんですよ。最初は渡辺グループで無派閥でしたけど、その選挙で自民党が大負けしちゃったでしょう。あのロッキード事件判決が出たあとですから。二五〇になっちゃった。だから、過半数に七人ぐらい足らないんです（当時の衆議院議員定数は五一一人）。新自由クラブと連立を組んで初めて過半数に達したんです。中曽根派も六〇ぐらいおったけど、ドーンと減って四〇人ちょっとになったんです。そうしたら中曽根派元幹部の渡辺美智雄先生が独自に新人を七人通していた。私や後に衆議院議長をした伊吹文明《いぶきぶんめい》、それに柿澤弘治《かきざわこうじ》、高知の県会議長だった山岡謙蔵《やまおかけんぞう》、鳥取県の衆議院議員の島田安夫《しまだやすお》。東力《ひがしちから》

国会に初登院し、登院表示盤で名前を確認する（1983年12月26日）

という元気のいい人もいました。

そこで中曽根康弘さんが、一遍出ていった渡辺美智雄に「帰ってこないか」と、言ったんですね。渡辺さんは、派閥を追っ払われて、〝小さな工務店の親父〟のような感じでした。福田《ふくだ》赳夫《たけお》内閣で厚生大臣、鈴木内閣で大蔵大臣をしたけれど、宇《う》野《の》宗佑《そうすけ》さんらと権力闘争して追い出されていた。鈴木善幸内閣で中曽根派から渡辺さんを大蔵大臣に抜擢《ばってき》しちゃったのが決定的でしたね。派閥の親分の中曽根さんは大蔵大臣になりたかったんですよ。運輸大臣とか防衛庁長官とかはしたけど、渡辺先生が先に大蔵大臣をやっちゃった。それでちょっとまずくなったんですよ（中曽根は鈴木内閣で行政管理庁長官に就任）。で、独立独歩の渡辺先生が、議員を七人作ったら「帰ってこんか」となって、渡辺先生は派閥に帰ったのです。

渡辺先生が「付いてくるか」と言う。私は「付いていくも付いていかんも、あんたしかおらん。あんたが行くところは地獄の底まで行くわ」と言った。だから私は、中曽根派から見たら〝出戻りの連れ子〟なんです。大平正芳《おおひらまさよし》総理大臣は一橋大学出身で、渡辺先生は一橋の夜間（東京商科大学附属商学専門部）なので、仲がものすごくよかった。政界に一橋出身者はあまりいないからね。渡辺さんは世故に長けた人でしたから、大平さんのところへよう行きよったんでしょう。そうしたら、大平さんが死んじゃった。渡辺さんってすごいんですよ。一橋系の後援会と支援者をみんな取っちゃった。大平さんは宏池会《こうちかい》出身の総理大臣だし、一橋も伝統あるでしょう。例えば三菱化成社長や日経連（日本経済団体連合会）の会長を務めた鈴木永二《すずきえいじ》さん。あの人なんかは完全に大平さんの後援者でしたけど、大平さんが死んだあとは渡辺美智雄先生の後援者になっていましたよ。

渡辺先生の最初の弟子の一人が私です。前回もお話しした通り、渡辺グループは温故知新から取って温知会と言っていました。ただ、渡辺先生が中曽根派に帰っても、温知会に残った奴が一人、二人おりました。たとえば伊吹文明は中曽根派に入らなかったんです。理由は簡単です。京都に、元大蔵官僚で総理大臣になれなかった前尾繁三郎《まえおしげさぶろう》さんがおったでしょう。大平さんが宏池会の中で反乱を起こして、前尾さんは失脚しちゃったんです。でも、京都ではやっぱり力を持っとる。伊吹さん自身も大蔵官僚ですから、前尾さんの流れが半分あったんでしょう。京都信用組合理事長とか、みんな前尾さんの流れを汲んでいるからね。渡辺美智雄さんならば、大蔵大臣をしたからいいんですよ。だけど中曽根派に入るとなると話が別なんです。中曽根さんは亜流やったからね。ある意味で財界の主流から嫌われとったんです。福田赳夫さんや岸信介《きしのぶすけ》さん、吉田《よしだ》茂《しげる》さんとは違う。あの頃はまず田中派と大平派、次いで福田派が主流なんです。財界はみんなそこに付いとる。だから中曽根さんはずっと自民党の端にいて、いじめられとった。蔵内修治先生がいましたから、よく知ってますよ。中曽根さんには、いい経済人のスポンサーがつかないんです。金融業界は大平派、宏池会。建設業界、特定郵便局は田中角栄派。そんなふうにくっきりと分かれていました。

議員の日常、事務所、秘書

伊藤 初当選後、奥さんとお子さんは地元に残っていたんですね。

自見 中曽根さんから「奥さんは大臣になるまで選挙区におれ。俺だって岸内閣で科学技術庁長官になるまで、家内は群馬県に置いとった。それでなければ落ちる」と言われて、僕はその通りにしました。大臣になってから、東京に連れてきたわけです。中曽根さんの言葉をしっかり守った。だから本当にあまり女房と会っていません。「金帰火来」でしたからね。

伊藤 その当時でしたら、飛行機ですよね。空港はどこになりますか。

自見 福岡空港です。小倉から車で一時間ぐらい。まあ便利でしたけど、地元に飛行場が欲しいと切実に思っていましたから、北九州空港を作ったんです。四〇〇〇億円かけてね。自民党衆議院議員で地元に飛行場を作りきらん、高速道路を作りきらん。これ、馬鹿ですよ。それくらい作りきらないいかん。利益誘導ですよ。公共工事はマスコミがよく批判しますけど、空港も道路も、地方で暮らす人にとったら「生命線」です。道路がなければ、助かる命も助からないんです。企業誘致もできない。人口一〇〇万人いるところに、私一人しか自民党の国会議員はいないんです。地域一〇〇万人の代表として国会に送られているのですから、私が一所懸命せんと、地域は絶対に発展しません。議員が命がけでやらないと、みんなから馬鹿と言われます。金帰火来しても、僕は好きなことだったから、あまり疲れなかった。

伊藤　議員会館に部屋があるわけですが、そのほかに部屋を持ちましたか。

自見　そんなものは、当選から一〇年ぐらい経たないと無理です。

伊藤　議員宿舎はどこでしたか。

自見　最初は赤坂でしたね、六畳二間。そのうちに九段にある衆議院宿舎に渡辺美智雄先生と山崎拓先生が入っておられて、そこに移った。宿舎に食堂があっても、夜はほとんど宴会ですから使いません。宴会が一晩に三つぐらい入っていないと、議員として伸びませんよ。言うなれば男芸者。お座敷がかからないと駄目なんです。あっちから来い、こっちから来いとね。でも、これは飯の食い方が難しい。あんまり食うたら大ごとです。上手に食わんといけんし、また箸をつけなかったらまずい。俺のところは嫌かとなってしまう。途中で逃げるのは難しいね。私も若かったから。

伊藤　秘書はどうしましたか。

自見　何やらかんやらで斡旋してくれました。一度、九大の恩師のつながりで、福岡県の大川《おおかわ》の大きな病院の息子が「私のところに弟子入りしたい」と来たことがありました。東京医科大学の医学部の学生で、私、三年間ほど無給の秘書として使ったんですが、それが高木《たかぎ》邦格《くにのり》君と言うてね。それこそ今やすごいやり手になって、三十八年ぶりに医学部新設が容認されて、国際医療福祉大学を作った。

伊藤　しかし、なぜ無給なんですか。

自見　そんな金持ちに給料をやることはないですよ。それほどの余裕はありません。先生、秘書って難しいんですよ。変な金のつかみ方を知っとるような者が多いので、私はそんな人は使わなかった。そういう輩はすぐにこっちの情報を持ってどこかへ売りに行く。蔵内先生の横におって、そんな利権屋みたいな奴をたくさん見てきましたからね。自民党の世界って難しいんですよ。親分をスパイして、それで、どこかから金をもらったりする。そんなのがいっぱいおった。その世界をうまく泳いでいかないと駄目だし、それを敵にしてもいけないし。それはやっぱり、あうんの呼吸が必要なんです。

伊藤　事務所を運営していくのも大変なんでしょうね。

自見　たとえば、こんな葉書があります。私は選挙区に葉書を出し続けていたんです。「庄ちゃんのお元気ですか」というタイトルで、ひと月で一番のトピック、「公的介護保険」とか、あるいは「逓信委員長に就任」とかについて書いて送る。政治の課題や活動をわかりやすく報告していたので、これが結構評判が良くてね。でもね、葉書が一枚五〇円として、一万五〇〇〇人に送ったら、それだけで七五万円。印刷やら何やらで毎月一〇〇万円かかるんです。

伊藤　葉書だけで毎月一〇〇万ですか。議員の手当だけじゃ足りませんね。

自見　あんなものじゃ到底間に合いませんよ。それに冠婚葬祭もありますから、後援会の維持費としては、月に一〇〇〇万円は必要です。年間最低一億二〇〇〇万円！

伊藤　それはやっぱり後援者が出してくれるんですか。

自見　あっちこっちに「お願いします」ってね。もう金のことばかり考えて、胃が痛くなります

葉書「庄ちゃんのお元気ですか」。1988年からひと月一枚、参議院議員の任期満了となるまで（落選時を除く）、選挙区に出し続けた

よ。でも、今の国会議員には政党交付金がある。あれは国会議員を本当に駄目にします。自分が働かなくてもお金が入ってくるんだから、あんな馬鹿な話はありません。お金というものは、政治家が命がけで人のために働いて、それを認めてくれた人が「おまえ、一所懸命やりおるな」「よし、月に二万円やろう」と言って、ようやくくれるものなんですから。

自由民主党政務調査会、衆議院委員会

伊藤　議員になると、自民党は政務調査会（政調会）のどこかに配属されますね。あれは必ずということですか。自分で部会を選ぶのですか。

自見　はい。必ずどこか選ばないといけないんですよ。私の場合は、まず社会部会ですね。私は今でも厚生族ですよ。医者で自民党の衆議院議員になったのは一五年ぶりだったんです。その前は中山《なかやま》太郎《たろう》さんでした。それも儲かったんです。渡辺先生の次に可愛がってくれたのは中山太郎さんです。臓器移植の立法に向けた活動なんかも一緒にしました。

伊藤　衆議院委員会はどちらに所属されたのですか。

自見　当然、社会労働委員会ですよ、私は医者ですから社会福祉、社会保障、医療。

伊藤　ということは、社労族ということにもなるんですか。

自見　ええ。社労族でもあるんですよ。私の原点はそこですね。

伊藤　後で郵政と関わるでしょう。元は変わらないんですか。

自見　全然変わらない。自見庄三郎に逆らう奴がおったら潰すぐらいの覚悟を持って取り組んでいますよ。部会でも「自見節」と言われて、これでも迫力あったんですよ。よう勉強しておかないと駄目で、それが評価につながるんです。医者から政治家になって、二年間ぐらいはとてもきつかったです。政治の世界は医者の世界と比べて、ものすごく抽象的です。聴診器がない。客体がない。経済なんてものも見えないじゃないですか。戸惑いましたよ。もう必死で勉強しました。

一九八三（昭和五十八）年十二月に選挙に通ったら、すぐに年末の税制調査会が始まりました。一〇センチもあるような分厚い税制改正要望項目が記載された資料をもらうんですよ。通称「電話帳」。ダーッと税制が書いてあって、読んでも何のことかさっぱり分からん。これはとんでもない世界に来たと思ったもんです。物品税とは何か、所得税とは何かってね、勉強するしかないですよ。ちんぷんかんぷんなことを言ったら、馬鹿にされるだけですからね。議員会館、往復の飛行機の中、真夜中、トイレの中、どこでも勉強しないとね。地元に帰ったら帰ったで、ラジオ体操やら、何やらで朝から大変です。朝五時からは支援してもらっていた実践倫理宏正会《こうせいかい》の「朝起会」がありました(2)。私は公明党と大ゲンカした男なんです。だから、創価学会以外の宗教団体が味方になってくれました。

伊藤　公明党は現在、自民党とほぼ連携していますよね。

自見　当時は社公民路線でした。公明党は宗旨替えして、自民党にすり寄ってきた。すり寄ってきた本当の原因を教えてあげましょうか。九〇年代の話ですけど、中曽根派の先輩が宗教法人法について教えてくれました。「自見君な、あれは宗教法人を上から下まで全部レントゲンで見るようなものだ。あの法律（の一部改正）が成立したら、資金の流れが公表されるから、公明党は絶対に自民党に寄ってくるぞ」とね。宗教法人法はオウム真理教の事件の後、一九九五年に改正されたのですが、一九九九年から自公連立政権が始まりました。

伊藤　うーむ。

自見　それ以降、公明党が与党を離れることが困難だと感じても不思議ではありませんね。公明党が野党の時代、社会党、公明党、民社党の社公民という時代があったでしょう。当時は国税庁が税務調査を入れるんです、そうすると、必ず公明党の書記長らが助けてくれと言いに自民党に来る。だから手加減する代わりに、この法案に賛成せいとなる。これが舞台裏、本当の話です。

伊藤　ものすごく面白い話ですね。

自見　またちょっと視点を変えてみると、当時、大都市の低所得層にものすごい勢いで共産党が力を伸ばしていました。東京、大阪、京都、福岡などは都道府県知事が共産党と社会党でした。政治的なせめぎ合いが長く続いていましたが、日本全体が共産化・社会主義化しなかったのは、公明党や、共産主義と相いれない宗教団体が抵抗し、役割を果たしてきた歴史でもあります。共産主義であるマルクスが「宗教は民衆の阿片である」と言ったように、共産主義と宗教団体を基盤とした政党は合いませんから。自由と平等が失われる世界、言論の自由も封鎖されてしまう社会を学園紛争で経験したんですから。

中曽根派

伊藤　派閥には、その派閥の会合がありますよね。中曽根派の会合はいつ開かれていましたか。

自見　中曽根派は毎週木曜日でした。情報の交換の場です。ものすごく勉強になりますよ。あそこで「国対が今週動き出す」「これはちょっと無理や」とかね、新聞記者も知らないような情報がいっぱいあるんです。

伊藤　新聞記者なんかは入れないんですか。

自見　まったく入れない。新聞社が知るのは、本当の情報のだいたい二週間後です。それが自由民主党という政党なんです。

渡辺先生と山崎先生は同じ九段宿舎だったんですが、毎週水曜日だったか、渡辺先生の部屋で、夜九時ぐらいからいつも焼酎を飲む。当選して半年ぐらいしてから私もそこに加わりました。僕が五階、渡辺先生が六階、山崎さんは二階だった。一番いい勉強になりました。山崎さんが官房副長官だったときで、渡辺先生に政府のことをいろいろ報告していました。

あの当時で一番大きな問題は、田中角栄の国会招致問題でした。小沢一郎さんが議院運営委員会筆頭理事、山崎さんが次席の理事だった。いろいろ駆け引きがあるわけです。山崎さんは全部渡辺先生に報告していた。そうしたらある日突然、小沢さんが角栄さんを裏切ったんですよ。小沢さんは議院運営委員会で一人でずうっと田中角栄さんの国会証人喚問を防いどったのに、ある日、突然、潮目が変わった。山崎さんが「今日、小沢一郎が変わった。おかしいことがある」と報告していました。それが竹下登のあの決起につながった。

伊藤　創政会の発足ね。八五年の二月。

自見　あんなのは一週間ぐらい前に我々は知っていましたよ。そういうことをキャッチしなければいかんのですよ。新聞にもどこにも出ていません。それがやっぱり秘密の会合の大事なところなんです。僕、よう覚えてますよ。

渡辺美智雄（右）と山崎拓（左）と（1985年10月）

伊藤　渡辺さんとそんなに焼酎を飲んでいたということは、先生もお酒は好きなんでしょう。

自見　いや、僕はね、好きじゃない。好きじゃないけれど、飲んだら二升ぐらいは飲む。二升ぐらい飲まなきゃ、福岡県旧四区で自民党の代議士なんかできませんよ。酒を飲まなかったら、男じゃないという土地ですから、理屈じゃない。たとえば築城町の後援会で新年会か忘年会かしよったら、幹部は五〇人ぐらいおって、みんなから同じように飲まなきゃなりませんから、五〇杯。

伊藤　飲み干さなきゃ駄目ですか。

自見　それはもちろん。で、一人でも飲み忘れとったら怒るんですよ。

伊藤　五〇杯飲んだらひっくり返りませんか。

自見　そりゃもう、ひっくり返ります。そんなふうにして三つぐらいの町やら村やらを回ったら、一五〇杯です。帰りの車の中で、コテンとなりますよ。でも、それに耐えられないとね。一番すごいのは漁業組合。コップじゃない、どんぶりで飲みよる。漁業組合は北九州から豊前まで一七港、一七浦にあるんです。北九州空港を作るときは、国から五六億円持ってきて、漁業組合の保証金にした。

伊藤　選挙区に帰ると、いろいろな陳情があるものですか。

自見　そりゃあ、もう。選挙区にも東京にも陳情がある。しょっちゅうある。それを一つひとつ、「これはいい」「これは無理」「これは取り次ぐ」と、全部判断せないけん。

伊藤　「無理だ」というときはどうするんですか。

自見　陳情が来たら、代議士は口が裂けても「無理」と言ってはいけません。陳情する側は「馬鹿じゃないか。無理だから、あんたに頼みに来た」と言うわけですよ。「分かりました」と答えなきゃいけません。それで努力して、役所にちゃんと要求を持っていくのです。そういう姿をきちんと見せていけば、そのうちに陳情した側も、「ああ、これは無理やな」とだんだん感じてくる。そこまで待たなきゃ。そうしたら、「自見庄三郎に頼んだら一所懸命してくれた。誠意がある。しかし、これは無理やった」と分かってくれるんです。

私の選挙区に西日本鉄道、西鉄があります。あれが北九州に路面電車を走らせていた。これが初めに小倉から戸畑《とばた》に走っていた戸畑線を廃止すると表明したら、商店街で大反対になったんですよ、「西鉄はけしからん。あれだけ儲けとるのに何だ」とね。戸畑は私の選挙区じゃないんです。でも、戸畑の商店街の薬剤師が北九州の市議会議員をしとって、僕はその市会議員と親しかったものだから、僕に頼みに来たんですよ。地元代議士の麻生太郎《あそうたろう》と三原朝彦《みはらあさひこ》は、「こんなのに触ったら票が減るだけや」と嫌がるわけ。私は傷を負うかもしれんが、関わることにしたんです。そのとき、「一〇分の一定理」というのに気づいたんです。地元で一〇〇〇人反対しているとしますよね。でも、福岡県庁まで行くのは、一〇分の一の一〇〇人になるんです。東京まで出てくるのは一〇人になる。東京は遠いですからね、飛行機代もかかる。町、市、県、国。だいたい一〇分の一ずつになります。これは僕が勝手に作った法則なんですが、けっこう当たっているんです。結局、西鉄戸畑線は一九八五年に廃止になって、その後、北九州の路面電車は順々に廃止されて、今は全部バスになっていますね。

二期目の当選

伊藤　一九八五（昭和六十）年に田中六助さんが亡くなりますね。これはびっくり仰天という感じでしたか。

自見　いや、亡くなられるとは思っていなかったけれど、糖尿病なのは知っていました。テレビの国会中継で、六助さんが自民党の代表質問をしたときに、目が見えにくいというので、大きな文字を読んでいたから、あれは糖尿病が悪化したと有名になっていたんです。その二週間前に地元で立候補を表明して記者会見を開いていなかったら、私、出られなかったと思う。

伊藤　そんなことがありますか。

自見　それは医者ですからね。医者が人の病気につけ込むことはできません。

伊藤　六助さんがいなくなって、選挙は楽になりましたか。

自見　そうは思わなかったですね。結果としては一番で一〇万票以上取りましたが（一〇万五九一票）。

伊藤　六助さんの後継者は誰か立候補したのですか。

自見　尾形智矩《おがたちえのり》さん、僕の小倉高校の先輩で苅田《かんだ》町の町長さん。それが通った。

伊藤　じゃあ、自民党は二人当選したのですね。

自見　ええ。それでね、田中六助先生の葬式は七回もやったんですよ。自宅での密葬があって、東京でやって、地元の町の大きな体育館でもやった。僕は全部行ったんですよ。もう蹴飛ばされても、追い出されてもいいと。

伊藤　でも、そんなことなかったでしょう。

自見　嫌な顔はされたけどね。それは渡辺美智雄先生が教えてくれたの。「自見君、こんなときは必ず全部行ったほうがいい。全部行ってこい」と。そうしたら面白いんですよ。そのうちに田中六助先生の銅像が田川郡の元の赤池《あかいけ》町役場（現・福智町赤池支所）の前に建ったんです。後援者、町長、県議とかみんな集まった。献杯の音頭があるでしょう。六助先生の奥さんが「自見さん、音頭を取りなさい」と言ってくれたんです。私、お盆には必ず田中六助先生のお墓参りをして名刺を入れとったんです。奥さん、それを見ておられたらしいね。七年後ぐらいに「お父ちゃんが生きとるときはいっぱい来たのに、もう誰も仏さんを参ってくれない。自見さんだけは毎年きちっとうちの主人の墓を参ってくれとる」と知っとった。本当にありがたいことでした。こんな話って政治の世界にはあまりないんですよ。政治家はやっぱり筋目が大事なんです。七回の葬式に行く、お盆にお墓参りをする。蹴飛ばされてもね。人の心は伝わるのです。奥さんは、今でも私のことをあまり悪くは言っていないようです。そういうことが政治家には大事なんです。いじめられるのは当たり前。鍛えていただいたんです。何と言っても同じ党の大先輩ですから、敬意をきちっと示すことは大事でね。そういうことを学びました。

新北九州空港

伊藤　一九八七（昭和六十二）年一月の北九州市長選挙で、末吉興一《すえよしこういち》さんの選対副本部長を務めておられます。これはどういう因縁ですか。

自見　佐藤栄作さんが連れてこられた谷伍平さんが五期務められて引退となった。じゃあ、後を誰にするか。八幡が地盤の三原朝雄さんが、自民党県連会長を長くされた立派な方なんです。で、私たちにも当然働けということになって、私は末吉さん引っ張り出しの責任者の一人です。福岡県連の中で三原朝雄さん、山崎拓さん、自見庄三郎という反宏池会のラインがあったんですよ、福岡県の中に派閥がある。宏池会の田中六助さんの派は強いんです。前県知事の亀井光さんもそうでした。六さんは福岡県第一区には太田誠一《おおたせいいち》という亀井光さんの娘婿を通した。第二区は麻生太郎、第三区は古賀誠《こがまこと》を出して通した。全部六さんの系統、子分なんです。ほとんど同期生ぐらいで、福岡県内で力をつけ、国会議員としても力をつけていった。我々は反主流派で、いつもひどい目に遭うとるわけです（笑）。それで市長選は、麻生さんが私よりも二期上だから選対本部長。私は選対副本部長。自民党はものすごく当選回数、序列の厳しいところなんです。私、麻生太郎と一緒に四回ぐらい選挙したんですから。

伊藤　そのときに末吉さんが掲げた「北九州ルネッサンス構想」というのは具体的にはどういうものだったのですか。

自見　それは末吉さんの選挙公約で、その公約に「北九州新空港」「学術研究都市」「エコタウン」といったものを掲げていたんです。北九州空港は地元の一番大きな要望でした。北九州近隣は福岡県の東半分と山口県の北の辺まで、人口二〇〇万の集積があるんですよ。それなのに、当時は小倉南区曽根にあった旧・北九州空港というYS－11が飛ぶのがやっとの小さな飛行場しかなかった。それでガンガン押していったわけ。ところが、運輸省（現・国土交通省）には「一つの県に二つ作らない」という「一県一空港」の原則があるんです。

伊藤　北九州空港はでき上がるまで長いことかかっていますね。

自見　その「一県一空港」の原則が立ち塞がった。私が選挙に通ったとき、田中六さんが恐怖に感じたでしょう。「自見がやるかもしれん。俺はちょっと田川とかのことばかりして、小倉のことをしなかった」とね。それで「飛行場を作ってやろう」と、六助さんが政調会長（一九八一年十一月就任）になったときに、第四次空港整備五箇年計画に北九州空港をガーンと押し込んだわけですよ、権力で無理矢理です。でも、六さんが死んじゃったら、今度は運輸官僚が逆襲して、「あんなのは認めん」と言い出した。北九州市長だった谷伍平さんは元国鉄の人ですから、情報が入ってきた。谷さんが真っ青な顔をして、当選一回目、自見庄三郎君の部屋に来たんですよ。「運輸省の情報によると、どうも六助さんが無理矢理押し込んどったらしい」。役人って、政治が押すと、すぐに反発するんですよ。『一県一空港』で、どうも第四次空港整備五箇年計画から下ろされそうだ」とね。私は当選一回で絶体絶命のピンチです。六さんがしていたことなんて、選挙民は分かりませんからね。ようやく調査費が付いたと言って、地元はみんな大喜びだったんです。私、どうしようかと思った。これは落ちるなと思った。そうしたら思いついたんです。私は総裁派閥の中曽根派だったと。縁戚の愛野興一郎《あいのこういちろう》さんとか田中派の先輩国会議員が「自見君、おまえの手に負えなかったら、総理大臣に頼みに行けよ。総裁派閥はそこがいいんだ」と飯を食いながら教えてくれていたことを思い出したんです。それで、単騎、中曽根さんのいる首相官邸へ行ったんです。

伊藤　一人でですか。

自見　一人ですよ。北九州の自民党の代議士は私一人ですからね。それで「実は北九州空港の案件を六助さんが押し込んでいたけれども――」と説明したんです。中曽根さんは六さんと仲がよかった。幹事長をしてくれたんですから。中曽根さんは谷伍平さんもよく知っていて、「ああ、谷君が言ってきたか」と。「これ、蹴飛ばされて、運輸官僚の謀略によって北九州空港が駄目になったら、総理、私も必ず落ちます。空港整備五箇年計画が採択されたんだから、なんとか続けてください」と頼んだら、「分かった」と。「続けていいですか」と重ねて聞いたら、「結構だ。続けていい」と言われた。僕も一所懸命ですから、「総理から直接いろいろ言っていただくのが問題になるようでしたら、誰かに取り次いでください」と矢継ぎ早にお願いした。そうしたら、「よし、小此木《おこのぎ》君に言っておくから」となったんです。

小此木彦三郎《ひこさぶろう》さんは運輸族、横浜の代議士で、通産大臣と建設大臣をした人です。私の地元にも当選一回のときに一遍来ていただいて、二〇万円くれたな、よう覚えています(笑)。嬉しかった。あの当時、自民党はだいたいそんなものやった。大臣が来たら一〇万、二〇万円。多い人で一〇〇万円ぐらいくれたものでした。小此木さんにもちょっと可愛がってもらっておったんです。話を元に戻すと、首相官邸を出て、すぐに小此木さんの事務所へ向かったんです。それで「総理が第四次空港整備五箇年計画で北九州空港を引き続き採択していいと言われましたので、ちょっと総理に確かめてください」と、私、〝子供〟だったから小此木先生に言ったんです。そうしたら小此木さんは女性秘書に電話を掛けさせて、相手は運輸省の航空局長。中曽根さんに直接確かめるとかしなかった。「小此木だがね、北九州空港、地元から自見君という若い代議士が来ているだろう。これは総理もちゃんと『継続』という話で了解しているから、分かったかね」と言うと、ガチャン。電話を切って終わり。すごかったね、やっぱり。それで命がつながった。

伊藤　それで航空局長のところへ行ったんですか。

自見　行きましたよ。航空局長が「自見さん、恐ろしい人に言うたね。総理大臣と元運輸政務次官」と（笑）。それで決まったんです。まったく北九州空港は風前の灯火でしたよ。

伊藤　だけど、その後も何かと風前の灯火の時代があったでしょう。

自見　周防灘《すおうなだ》って激しい海なんです。台風が来る、高波、高潮が来る。海上空港ですから大変なんです。でも、海上空港だからいいこともある。二十四時間飛べるし、騒音の問題もない。それにあれは完全に〝廃物利用〟なんです。公共事業はだいたい県が事業主体で、国が補助金を乗せるのが普通ですが、近くの関門海峡は国際航行に使われているから、国が一〇〇％直轄で掘らないといけない。あそこは流れがあるので、すぐに土砂が溜まるんです。その土砂を使って、海上空港を作ればいいと、三〇年ぐらい前の第四港湾建設局長が非常に偉くてね、ちゃんと埋立地を造成しておったんです。その人は先見の明があった。そこに毎年八〇億の浚渫《しゅんせつ》の予算が付くんですよ、その土砂を周防灘に持ってきてどんどん埋めよった。だから陸地（人工島）ができとったわけ。

伊藤　最終的に二〇〇五（平成十七）年度に完成するわけでしょう（開港は二〇〇六年三月）。一九八七年から数えたら、ずいぶん時間が経っていますよね。

自見　はい。それに四〇〇〇億ぐらいかかったんです。そうこうしているうちに、二〇〇一年になって小泉純一郎《こいずみじゅんいちろう》さんが総理大臣になって「公共事業抑制」なんて言い出した。これは困った。

伊藤　そうするともう駄目ですか。

自見　いや、駄目じゃない。そんなことで諦めたら政治家じゃないです。当時私は自民党の予算委員会理事をしていました。筆頭、次席、三席まででした。あれは大臣を辞めた後だったな。予算委員会の筆頭理事は大臣経験者がなるものですから。頑張って通しましたよ。

伊藤　予算委員会の筆頭理事はやっぱり権力があるんですか。

自見　そりゃあもう。国会がひっくり返るぐらいの権力があるんです。恐ろしいところですよ、あそこは。「この予算は通さん」と言ったら、野党の筆頭理事が来ますから、裏で一対一の取引をしないといかん。もう役所は全然関係ないです。ハラハラして見ているだけ。国会の、ものすごく国会らしいところですよ。当時の野党の筆頭理事は細川律夫《ほそかわりつお》さん。弁護士出身で菅直人《かんなおと》内閣の厚生労働大臣になりました。細川律夫さんとは非常に仲よくなりました。他党の人だと、各委員会をしとるときに相手やった人と親しくなるんですよ。逓信委員会の与党の筆頭理事と野党の筆頭理事とか、予算委員会の筆頭理事と野党の筆頭理事とか。

伊藤　だけど対立していたわけでしょう、元々は。

自見　委員会って、与党と野党と一緒ですからね。国家のためには、あまり渋滞して齟齬があってもいけない。それが自民党ですからね。こっちの面子《メンツ》はあっても、委員会運営がうまくいかないと国家の機能を果たせませんからね、予算とか法律とかが通らないといけない。

北九州の環境問題と公衆衛生

伊藤　「学術研究都市」はどういう経過を辿りましたか。

自見　今は早稲田大学（大学院情報生産システム研究科）が来ています。僕は当選二回目のとき、初めて政府の役を務めたのが国土庁（現・国土交通省）の政務次官です。政務次官、ナンバー2になったんです。

伊藤　嬉しかったでしょう。

自見　そりゃあもう（笑）。当選二回ですからね。で、地元に何がいいかを考える。地元は喜んで「祝・自見先生、国土庁政務次官」って用意しとるんですから。研究調査費っていうものがあるんですよ。北九州市の科学研究開発費の都市構想があって、早稲田大学を呼んできたり、いろいろ校舎を建てたりね。それが地方のプロジェクトか、国家のお墨付きをもらったプロジェクトかで、ものすごく違うんですよ。国家のお墨付きのプロジェクトにするためには、そういう研究調査費という国の補助金を入れればいいんです。

伊藤　国の補助金というよりも、そういう看板ができればいいということですね。

自見　そう。看板はたったの五〇〇〇万円でいい。国のお墨付きがあったら金の集まり具合も全然違って、寄付も集まる。民間から見たら、担保力無限です。大学だって来やすいんですよ。北九州市はそのとき国土庁の別の予算も取っていたので、本当は二つは取れないんですけど、二つ目も取ったんですよ。それが政治力、普通ならできないことをやるのが政治家なんです。

学園都市の所在地は最寄りが折尾《おりお》駅、若松区ひびきのという土地で、私の選挙区じゃないんですよ。でも私、一所懸命やった。そうしたら、早稲田がすぐに来てくれたんです。

伊藤　ここではどういう研究をやっているのですか。

自見　北九州は新日鐵はじめ重工業の町ですから、研究開発の核を作って、全国から大学や研究所を呼んできた。産官学でイノベーションです。戦前からある国立九州工業大学も非常にいい仕事をしています。

伊藤　でも、「学術研究都市」なんて儲からないでしょう。資金も最初はいいとして、その後どうつないでいくのですか。

自見　国が認めた仕事なら、国のいろいろな金融機関が貸してくれますよ。

伊藤　貸してくれたはいいけれど、当然返さなきゃならないでしょう。

自見　今はもう利子が安いですけれど、昔は民間だと四％、五％つくわけでしょう。それが開発銀行とかああいう公的銀行なら三％、四％なんです。それなら、そんなに採算がとれなくてもペイできるんです。借りる期間も長くて、三十年で返せばいい。

伊藤　なるほど。「エコタウン」はどういう事業ですか。これも末吉さんの発案ですか。

自見　それは谷伍平さんからです。世界的に有名で、中国の習近平《しゅうきんぺい》も国家副主席時代（二〇〇九年十二月）に環境保護とハイテクの視察に来ています。地味でおとなしい感じでね。あんなになるとは思わなかった。トップになって、変わったんでしょうね。北九州市は昔、八幡製鉄所の溶鉱炉が石炭をがんがん焚《た》いてスモッグが出て、「七色の雲」って呼ばれる程、激しい大気汚染があったんです。我々の子供時分は、スモッグは復興の象徴、活力があっていいと思っていました。それが急にいけんとなりましてね（笑）。煙の中から硫黄分を取り除く集塵脱硫《しゅうじんだつりゅう》装置だとかに新日鐵も金を出した。ほかにも三菱化学やら大手のメーカーがいっぱいあるので、全部金を出した。八幡に結局七〇〇〇億出したんです。北九州市も金を出して、国も出して。大気汚染をきれいにする、汚い海（洞海《どうかい》湾）もきれいな海にする、と取り組んだわけです。技術革新はすごく金が要るんです。それを北九州市はきちっとやった。谷伍平さんが「北九州方式」(3)と呼ばれるものを作った。一九九二年の初めての地球サミット（国連環境開発会議）で表彰された一一の都市のうちの一つが北九州市です。環境省に言わせたら、最も模範的な町が北九州市なんです。北九州市と環境省はとても深い関係があります。

伊藤　自見さんはその中でどういう役割を果たしたんですか。

自見　役割も何も、全部に関わっています。環境問題は北九州で一番の問題です。それで私は内科の医者で、公衆衛生を学んでいるんです。環境問題にうってつけなんです。こういう方面の知識を持っている議員なんて、そもそも他にいませんよ。予防、治療、診断基準……あらゆることの相談を受け、意見を言い、関係各所を動かす。

これは後年の話ですが、私は郵政大臣をした後、自民党環境基本問題調査会長という〝陰の環境大臣〟を二〇〇〇年から六年間務めました。表の環境大臣（環境庁長官、二〇〇一年から環境大臣）は、清水嘉与子《しみずかよこ》、川口順子《かわぐちよりこ》、大木浩《おおきひろし》、鈴木俊一《すずきしゅんいち》、小池百合子《こいけゆりこ》でした。陰の環境大臣は税制を推進せないけんのですよ。一番嫌な仕事です。今、環境税というものが世界で一番ホットな話題になっています。日本はそれをしていないもんで周回遅れになっちゃった。環境政策で困るのは、火力発電のある電力会社、それから溶鉱炉のある製鉄会社、これが環境税の導入に反対するんですよ。私、選挙で「落とす」と言われたんですから。それくらいね、裏でものすごく圧力をかけてくるんです。表向きには「うちは環境にやさしい企業です」なんて言っとるけれど、企業なんてそんな美しいものじゃない。裏に行ったら、おまえ、環境税を成立させるなら、絶対に支持はしないからな、と迫ってくる。

伊藤　表と裏の顔は違うんですね。

自見　違うんですよ。経済界は表と裏とをものすごく使い分けとるんですよ。企業は金を儲ければよくて、それも、自分が取締役の時期だけ儲かっとればいいんですから。これが日本の今の問題。役人も企業も倫理観がなくなっていますよ。佐藤栄作総理の頃はよかったんですよ。環境六法を作って、環境庁（現・環境省）を作った。企業が反対しても、佐藤栄作は断固やった。あの当時、東京や大阪、名古屋とかで革新系の知事が誕生して、自民党系、保守系の知事が落ちたでしょう。公害問題が原因です。佐藤栄作は原因をよく分かっていたから、徹底的に環境政策に取り組んだ。このままだと公害問題で自民党政権が崩壊すると思ったのでしょう。それで都知事をまた保守系に取り戻した。そうした決断が今の政治家には欠けているんですよ。

伊藤　佐藤栄作が環境問題に本気で取り組んだというのは、どういうところでわかるのですか。

自見　環境政策で法律を作るでしょう。一つひとつの法律はバラバラに作るのですが、並べてみると、体系的で、整合性があるんです。そうじゃないと法律は機能しません。こういうことは、総理大臣しかできない仕事なんです。

神と脳死

伊藤　一九八八（昭和六十三）年、自民党の政調会に「脳死、生命倫理及び臓器移植問題に関する調査会」ができます。中山太郎さんが会長。

自見　渡辺美智雄さんが政調会長、私が事務局長。

伊藤　そもそもこの問題はいつから提起されていたのですか。

自見　昔も昔。日本はいつまで経っても後進国です。明治時代からずっと、日本では「心臓が止まる、瞳孔が開く、呼吸しない」これが死の三徴候です。

伊藤　それだと臓器移植が――。

自見　できない。ただ、脳死というものがある。脳が死ねば、そのうちに必ず心臓も死ぬのですが、そこにタイムラグがある。心臓が動いていれば、感情として「うちの息子は、まだ生きとる」となる。日本人には「ご遺体」という意識がものすごく強い。心臓が止まっても、「ご遺体」なんです。そこへ行くと、西洋の場合、キリスト教では亡骸《なきがら》。死んで魂が天に行ったら、それで終わり。死体はからなんです。僕はこのとき、いろいろ勉強したんですが、ローマ法王庁はすごいものだと思いましたね。ローマ法王庁はカトリックの総本山でしょう。脳死の問題が話題になってきたとき――三〇年ぐらい前――、ローマ法王の支持の下に脳死の特別委員会が作られているんです。ノーベル賞をもらったような学者や宗教家や医師を集めて議論をして、「脳死は人の死である」という結論を出した。「脳死は人の死だ。死にゆく人が自分の臓器を差し出して不治の病の人を助けるのは、神の意志に反することではない」とね。そうしたら、西洋は一気に「脳死は人の死だ」ということになった。法律を作った国もあるし、作らないで運用している国もある。

伊藤　キリスト教の世界じゃないところはそうはならないでしょう。

自見　そうはならない。サウジアラビアとか、日本とかはそうならない。

伊藤　日本で実際に法律（臓器の移植に関する法律）ができたのは一九九七（平成九）年六月ですから、調査会を作ってから一〇年近くかかっています。

自見　一九九〇年には、二年限定で「臨時脳死及び臓器移植調査会」（脳死臨調）を作ってもらいました。これは議員じゃなくて、医学部や宗教学の教授に入ってもらった。面白いことに、法務省は絶対に反対なんです。法務省は死刑をしよるじゃないですか。死刑に脳死なんかないんですよ。

伊藤　なるほど。

自見　法務大臣も昔は偉かった。閣議のときも席は必ず首相の隣でしたからね。

脳死臨調は九二年一月に「脳死は人の死である」という最終答申を宮澤喜一《みやざわきいち》首相に提出しました。普通、こういう場合は政府立法になるのですが、法務省が絶対に反対なので、宙に浮いちゃった。仕方なく、中山さんと相談して、「じゃあ、議員立法にしよう」と。だから、僕は、この「臓器の移植に関する法律」（臓器移植法）の提案者の一人です。提出したのは一九九六年の十二月でしたが、結構大変なことになって、共産党以外の政党は党議拘束を外しました。「人間の命の話、原点だ。国会議員一人ひとりで判断すべきだ」とね。共産党は党議拘束をかけて、棄権。衆議院で可決された法案が、参議院で何年もかかって大幅修正されて、衆議院でもう一度同意が与えられてやっと成立するというのも異例でした。

伊藤　このとき、議会でずいぶん発言されていますね。発言が多すぎるという話も聞いたくらいですが。(笑)

自見　そうかもしれません(笑)。だけど、生命とは何か、人間とは何か、人権とは何か、世界の動きはどうか、すべてきっちりとわかっていないと決められませんからね。私は医者ですから、わかっているんです。

伊藤　聞いているほうは大変だろうな。大学で講義を受けているような感じじゃないですか。こういう事柄について、医師会はどういう立場を取るのですか。

自見　医師会は、応援はしてくれたんだけど、まあ、白熱はしていなかったですよ。お金にならないですから。

伊藤　そんなものですか。医者としては一番シビアな問題のはずですが。

自見　表向きはね。でも、「診療報酬を上げる」というほどに一所懸命にはなりません。面白かったことが一つありましてね。一九九七年に議員立法をする前に国会で調査団を作って、アメリカとヨーロッパに調査に行ったことがありました。ピッツバーグ大学のトーマス・スターツルさんという世界一の臓器移植学者がおられて、向こうでも会ったんですが、その後、日本に来られた。彼はそのとき、「日本で脳死を認めて臓器移植をしたいという医者は、なんで鉛筆を用意しないのか」と言ったんです。意味がわからなかった。でも、この言葉には続きがあったんです。「私は臓器移植は絶対に正しいと思って何度もやってきた。そのたびにものすごい非難を浴びてきた。だけど、そのたびに鉛筆で〝臓器移植は神の名において正しい〟と書いて、何度も道を切り拓いてきた。日本の医者にはなぜそういう勇気がないんだ」とね。

伊藤　日本には「神の意志」がありませんからね。

自見　そうなんですよね。日本では九〇年代に文部省（現・文部科学省）の高等教育局医学教育課長の通達で「臓器移植に大学の施設を使ってはいけない」、要は脳死が人の死とはまだ決まっていないから、大学病院を使っちゃいけないというのがあって、そうすると大学教授の外科医は臓器移植ができないのですが、そんなもの一つ、役人の出すたった一枚の通達にも、日本の医者は逆らわないのです。この前も言いましたが、日本の知識人、インテリゲンチャというものは底が浅いのです。政府が駄目だと言ったら、すぐにやめてしまう。あきらめてしまう。スターツルさんがわからない、と言うのはそういうことだと思うのです。

国土政務次官就任、土地利用法

伊藤　ちょっと戻りますが、国土政務次官になったのは宇野内閣のときです。宇野内閣はすぐに終わってしまいますね。

自見　そう。一九八九（平成元）年六月。宇野内閣は六十九日間、指三本で終わった。(4)

伊藤　で、海部俊樹《かいふとしき》内閣に引き継がれるんですね。

自見　大臣はみな、六十九日で替わることになったんです。ところが、政務次官は「かわいそうや。もう一回させてやる」となった。だから第一次海部内閣が終わるまで、一年二ヵ月させてもらいました。

伊藤　政務次官にもランクがあるでしょう。

自見　昔は二回できましたからね。最初は庁の政務次官をやって、二回目は省の政務次官。私は二回目で通商産業政務次官になった（一九九〇年十二月）。

伊藤　なるほどね。でも、国土庁なんて、それまで全然関係なかったでしょう。

自見　面白い話があります。政務次官は政調会の副幹事長会議で決めるんです。この会議は各派閥から副幹事長が出ておって、そこで「どこの政務次官は誰」と決める。私は厚生政務次官を希望していたんです。それで、お医者さんやから、と厚生政務次官に内々定したんです。花輪まで届きましたよ。「祝、厚生政務次官　自見庄三郎」とね。ところが、問題が起きたんです。橋本《はしもと》龍太郎《りゅうたろう》さんが当時幹事長で、厚生省と大蔵省（現・財務省）と自民党には密約がありました。「医者出身者は厚生大臣にしない」というものです。医者出身者が職権で医療費をガンガン増やしたら大ごとですから、大蔵省が心配しとるわけです。今もこの密約は生きてますよ。で、その日、橋本龍ちゃんが夜十時頃に酒飲んで帰ってきたら、厚生政務次官に自見が？　いかんっ！となった。近岡理一郎《ちかおかりいちろう》さんが田中角栄と仲のいい代議士で、国土政務次官が希望やったんです。

国土庁って建設省（現・国土交通省）と同じようなものですからね。そうしたらお互いに希望していないのに、私と近岡さんが入れ替えられた。それが本当のところです。

伊藤　びっくりしたんじゃないですか。

自見　びっくりしましたよ。国土政務次官？　まあ、しかし、渡辺美智雄先生の持論があるんです。「自見君な、どんなポストでも必要があってポストがあるんだ。あんなポストがいい、こんなポストは悪いとか言って、出世した奴はおらん。どんなポストでも人が与えてくれたものは喜んで受けなさい」と。それが渡辺美智雄先生の初年兵への訓示でしたから、「ハイッ」と受け止めたんです。いい勉強になりましたよ。今までの自分と全然違う宇宙を見ることができた。中央防災会議の事務局長をしたんですよ。そうしたら、防災服に無線機が付いている。家に帰っても、震度四以上の地震があったらバーンと電話がかかってくる。中央防災会議の議長は総理大臣で、全閣僚が委員になる。各省庁の調整とか何とか、決めてやらんといけんことがいっぱいあるわけです。役人は決めないと、やらないでしょう。大臣か政務次官が「こうせい」と命じる必要がある。そうしたら自分たちに責任が来ませんから、そうすると、ものすごくスムーズにいくんですよ。責任を取る、腹を切るということなんです。

伊藤　このとき、土地基本法の制定に尽力されていますが、そもそも土地というのは非常に抽象的なものでしょう。

自見　そう。驚いたことに、それまで「土地とは何か」というのが、法律上何も定義がなかったの。例えば一〇〇坪、自分の土地とするでしょう。「表面だけが俺の土地」と言う人もおるし、

「地球を突き抜けて南米までずうっと俺の土地や」と言う人もおるわけですよ。バラバラなんです。だから、地下鉄とか通すときに揉めるわけですよ。「地上は俺の土地だ、ふざけるな」と。

伊藤　公共的な利用をするために地下何メートル――。

自見　地下四〇メートルまでやったな。[5]そこまでが私有地で、その下は国家のものとしたんです。だから、リニアモーターカーは国有地を走るの。

伊藤　ということは、土地基本法は、もともと都市開発とか、リニアモーターカーとか、そういうことと関連して出てきたわけですか。

自見　先生、これ、完全に大蔵省に騙された。バブルの時代で、土地の値段はガンガン上がる。「天皇陛下の住んでおられる皇居の土地だけで、カリフォルニア州を全部買える」とか言われていた。大都市のサラリーマンが持ち家を買えなくなっていたし、市街地整備の障害にもなっていた。だから、土地基本法を制定したわけです。選挙が近いし、海部さんから電話がかかってきて、「あの法律だけは通してくれ」と言われて、もう、一所懸命でしたよ。お国のためと思って、社会党の参議院の委員長を銀座に連れていって、夜中の二時まで飲ませたりしよってね。何とか八九年の十二月に成立させた。

そうしたら、この法律の第二条に「土地については、公共の福祉を優先させるものとする」という定義が書いてある。[6]大蔵省が後から一文入れよったんです。「公共の福祉を優先させる」から私的な投機ができなくなるわけです。大蔵省はこの一文を根拠にして土地に関わる銀行融資をドーンと総量規制をしたんですよ（不動産融資総量規制、一九九〇年三月）。それで土地価格がガーンと下がって、日本の地価は二度と上がらなくてバブルが崩壊したんです。あれは全て大蔵省のミスですよ。一〇〇〇億とか借金しとった不動産屋は潰れちゃった。倒産したのは僕に責任あるんですよ……。土地基本法を作らなければ、たくさんの会社が倒産しなかった。大蔵省は責任を取らんけどね。日本の地価が下がって担保価値が減るので、銀行が土地を担保にしとったら担保が足らなくなる。それで貸しはがしが起きたんです。あれは大蔵省による土地に関する融資のオーバーキルです。その根拠になったのが土地基本法なんです。大蔵省は土地基本法ができるまで黙っておった。今なら僕もちいとズルいからね、こんなものを作ったら、大蔵省が何かするんやないかと、すぐに分かりますよ。その頃はまだ純情だったから、やられてしまった。それで一つ学ぶんですよ。

伊藤　でも、この法律を作る以外に仕方がなかったんでしょう。

自見　まあ、そうですね。しかしオーバーキルがいけない、殺し過ぎちゃった。日本は結局、土地本位制度だったから、金融機関もおかしくなった。

伊藤　土地は持っていてもほとんど価値がないという所もたくさんあるでしょう。

自見　価値があるのは、東京だけ。地方の地価はもう上がっていません。固定資産税に、土地保有税がかかるんです、地価税。あの地価税なんかも、土地が上がるときに作ったんです。これは、プラスとマイナスがあるんですよ。戦争直後の全然富がない時代に、国家が土地というものに価値を認めていた。それを担保にして日本はずうっと経済が右肩上がりだった。土地って一番いいんですよ。土地が一〇〇〇坪、一〇億円あったら、銀行も右から左へ融資をガンガンつけた。ものすごく簡単だった。それで経済が発展したんです。

伊藤　国土政務次官のときは、他にもいろいろなことをおやりになっていますね。

自見　四全総（第四次全国総合開発計画）なんかもありました。国家のモデル、地域活性化……、いろいろ勉強して、いい経験になりました。

伊藤　リゾート法（総合保養地域整備法）というのはいかがですか。

自見　わが福岡県もリゾート法指定地域になりましたよ（笑）。玄海《げんかい》レク・リゾート構想と言ったかな。九州自動車道の新門司インター新設、北部九州学園都市構想もできました。全部国土庁の政策です。ナンバー2ですから、ガーンと地元利益を誘導しますよ。地元から国会に送ってもらって、地元に利益誘導せんで、与党の国会議員とは言えません。リゾート法の指定募集には全国市町村から一〇〇ぐらい応募が来たんです。でも、ちゃんと北九州市が選ばれたんです。それで地元で国土政務次官になったお祝いの会をやって、行橋《ゆくはし》の体育館に一〇〇〇人くらい集まってくれた。そこに国土庁長官の石井《いしい》一《はじめ》さんが来てくれて、「北九州市は下から二番目ぐらいだったけど、俺が上げてちゃんとリゾート法に指定したんだ」と挨拶で言うたんですよ。そうしたら支援者の中に共産党が紛れ込んでいて全部テープに録音していた。で、数日後の国会に出してきた。「石井長官、昨日、自見国土政務次官の地元に行っただろうが」「はい」「これ、ちょっと聞かせる」とね。もう大ごとになっちゃった。[7] しかしね、一さんは押しが強くて、面白いんですよ。神戸の代議士で、神戸に飛行場も作っちゃった人ですから。政務次官になって地元のためにそれぐらいしきらん奴は駄目、もうそんな人間は伸びないと（笑）、かばってくれた。今なら大ごとやけど。他の議員も「そらそうや。政務次官になって地元に何もしないのは馬鹿よ」と言う。まだそんな時代だったんです。

伊藤　だけど、リゾートで成功している地域があるとはあまり聞きませんね。

自見　全体的にうまくいかなかった。指定第一号だった宮崎のシーガイアも、早々に潰れてしまった。長崎のハウステンボスもね。外資を入れたりして、何とか継続しているようですがね。やっぱり、中核となる民間企業がしっかりしていないと駄目だということです。九州は儲からないからね。東京とは違うんです。人がいないし、努力しないとお客さんも来ない。

伊藤　なるほど。しかしまあ、これだけいろんなことをやっていたら、方々から恨まれたりしそうなものです。それがないとしたら、不思議なことです。

自見　先生、それは簡単なことです。私は利益を私的に使ったりしませんから。悪い奴だと、大臣をすると、家が建つと言いますからね。

伊藤　でも、地元利益はどうなんですか。かなり誘導されています。

自見　地元利益は私的なものじゃありません。選挙区が一三〇あるでしょう。私の選挙区は国土の一三〇分の一です。私が一所懸命働けば、国土の一三〇分の一はよくなる。他の地域の国会議員も一人ひとりが一所懸命働けばいいんですよ。これは「公」の話です。

（1）『佐藤栄作日記』第三巻（朝日新聞社、一九九八年）一九六七年二月二十四日項に「北九州

市長に谷伍平君圧倒的勝利で当選。小差といはれたが結局七万前後で大勝。廿五万対十七万、共産党三万。勝つとは思ったがほんとに大勝。／民社、公明、産業界の協力に感謝」とある。
（2）実践倫理宏正会は一九四六年に設立された一般社団法人。宗教団体と見なされることもある。「朝起会」は、実践倫理宏正会の主要な活動の一つで、毎朝午前五時から六時まで、全国の会場で一斉に行われ、会員たちはその日一日の積極的な活動を誓い合う。
（3）一九七〇年二月、北九州市、福岡県、福岡通商産業局及び市内主要企業で構成する「北九州市大気汚染防止連絡協議会」が設立され、公害防止協定を締結、環境保全対策を推進した。これら行政と企業間の協議に基づく公害対策が「北九州方式」と呼ばれる。
（4）一九八九年六月、宇野宗佑内閣が発足したが、『サンデー毎日』同年六月十八日号に「宇野新首相の『醜聞』スクープ『月三〇万円』で買われたOLの告発」と題して、元神楽坂芸妓の告発記事が掲載され、自民党は七月の第十五回参議院議員選挙で敗北、宇野はその責任を取り、八月十日に退陣した。
（5）「大深度地下の公共的使用に関する特別措置法」（二〇〇一年施行）は、大深度地下は（一）地下室の建設のための利用が通常行われない深さ（地下四〇メートル以深）。または（二）建築物の基礎の設置のための利用が通常行われない深さ（支持地盤上面から一〇メートル以深）のいずれか深いほうの地下深度を採用する、と定めている。
（6）「土地基本法」第二条（土地についての公共の福祉優先）「土地は、現在及び将来における国民のための限られた貴重な資源であること、国民の諸活動にとって不可欠の基盤であること、その利用が他の土地の利用と密接な関係を有するものであること、その価値が主として人口及び産業の動向、土地利用の動向、社会資本の整備状況その他の社会的経済的条件により変動するものであること等公共の利害に関係する特性を有していることにかんがみ、土地については、公共の福祉を優先させるものとする」。

（７）一九八九年十二月六日の第百十六回国会・参議院土地問題等に関する特別委員会で、共産党の市川正一委員が石井一国土庁長官に対して「去る（十二月）二日、長官は福岡県の行橋市での自民党自見庄三郎衆議院議員、国土政務次官でありますが、その決起大会において、この土地からどれだけの票が出てくるかを拝見し、来年の予算で地元のために最大の努力をする、こういう発言を行っておられますが、間違いないか、確認をいたします」と質した。これに対し、石井は「私が福岡まで参りました裏には、やっぱり自分の後輩に対して次の選挙を頑張らせたい。そのためには、そこに集まっておられる皆さんに、内輪の会合ですから——私なんかは共産党の会合なんて行ったことございません、内輪の皆さんに叱咤激励をする。これは政治家としては一つの当たり前な行為だろうと思う」と答弁している。

第三章

党・省・団体との駆け引き

中曽根康弘総理と（1985年5月）

健康保険法改正(1)

伊藤　話が少し戻りますが、議員になって最初の衆議院委員会は社会労働委員会とうかがいました。具体的にどういう仕事をされたのか、そのあたりからお話しくださいますか。

自見　当選間もない一九八四（昭和五十九）年、健康保険法改正という大法案が提出されました。今や大変な高齢化社会になって、医療費が多くて国の財政を圧迫していますが、その頃からその兆しが大いにありましてね。医療保険の個人負担を少しでも多くしなければ、日本の公的医療制度が崩壊するという危機感が非常にありました。

国民皆保険が達成された一九六一年以来、保険本人（被用者健康保険の被用者）は病院窓口での負担が全部タダでした。負担金がない、一〇〇％給付。その代わり、みんながお金（保険料）を出す。だから、サラリーマンであれば保険料を給料から天引きされる。それに会社側がプラスする。そして政府が出すというその三者でまかなう。大企業の医療保険と、中小企業の医療保険と、それから企業に属していない、例えば農家の方だとかの国民健康保険とでは、それぞれベースで違います。一部上場企業社員が保険本人であれば、企業は豊かでしたから、出す額が多いんですよ。サラリーマンの平均年収は四五〇〇万ぐらいあるでしょう。もらう人は一〇〇〇万ぐらいもらうのですが、保険本人の自己負担、病院で払うお金はゼロだった。ところが、だんだん保険本人にも二割、三割と自己負担してもらわないと成り立たなくなってきたわけです。

当然サラリーマンは大反対ですし、労働組合は大反対する。社会党なんかも絶対に大反対ですよ。総評（日本労働組合総評議会）なんて「これだけは絶対に認められない」という姿勢だった。健康保険、社会保険の改正は毎回大ごとになるんですよ。乱闘国会になる。社会党の佐々木更三《ささきこうぞう》さんが委員長を辞めたことがありましたし、日本医師会会長の武見太郎《たけみたろう》さんが〝ストライキ〟したときは、斎藤十朗《さいとうじゅうろう》さんのお父さんの斎藤昇《のぼる》さんが厚生大臣で対応に苦慮したりして、ものすごく政治的影響力が大きい法律なんです[1]。普通の問題では、お医者さんはだいたい保守系、自由民主党支持者なんですけどね。医療問題はどの先進国でも、極めて大変な政治問題になります。

結局、一九八四年、中曽根内閣のときに、財政状況がだいぶ悪くなりまして、健康保険法を改正しなきゃいけないということで政府原案ができました。政府原案は被用者保険本人二割自己負担です。中曽根さんが自民党総裁を最初に一期二年やったんです。そうしたら、「もしもう一期したいなら」と、田中角栄が条件を出したんです。「健康保険法改正を通したら、田中派として再選を支持する」と角栄さんがそう言ったんです。角さんは最大の実力者でしたけれど、表向きは謹慎中でした。裏では角栄はもうガンガンに親分だったでしょう。長い間、〝自民党総裁田中角栄、内閣総理大臣中曽根康弘〟で、我々はその実態をよく知っています。

角さんは馬鹿じゃないですよ。国家にとって何が一番大事かをよく知っている人でした。角さんが、被用者健康保険の保険本人に自己負担させる法律を戦後初めて通せば、その功績によって中曽根を再選させてやっていいよ、と言ったんです。そのことを自民党副総裁だった二階堂《にかいどう》進《すすむ》さんがワシントンで記者会見したときにパシッと言った（日本時間、一九八四年五月十四日）。

伊藤　それが社会労働委員会に降りてきたわけですね。

自見　私は一年生議員です。大ごとでした。この法律が通ったら中曽根内閣が続く。駄目だったら中曽根はクビ。そんな内閣の命運がかかった重要法案って滅多にありません。そうしたら面白いんですよ。この話は誰も、誰も知りません。私と中曽根さんだけです。中曽根さんから園遊会のときに「自見っ！」って呼ばれたんです。僕が日本医師会会員だと知っていますからね。「おまえ、日本医師会の羽田《はねだ》春《はる》兎《と》会長に伝えてこい。今度の健康保険法の改正は、患者さんに自己負担をかける」と。でもね、

新聞　URI SHIMBUN　5月15日 火曜日　昭和59年(1984年)

定圧給水 20%UP

二階堂氏 中曽根再選を支持

予備選回避へ調整

米で表明「健保」成立前提に

不参加、撤回せぬ

大会が開幕

学」テーマに

「健保成立前提で中曽根再選支持」と二階堂の発言を報じる記事（『読売新聞』1984年5月15日朝刊）

自己負担をかけると患者さんが減ります。患者抑制になるんです。そうすると医師の収入が減るから医師会は嫌なんです。タダなら医者にかかるけれど、金が要るならかからん、という人が多いんですね。それで手遅れになる人がいるわけです。調子が悪くても自己負担一割で一万円も取られたら困ると思って我慢して、三ヵ月経ったら癌がもう進んどるとか、そんなことはよくあるでしょう。最良の社会システムは、ちょっとした病気の疑いがある人でもタダで医者にかかれるというもの。それだけで理論的には病気を防げるんです。だから、本当はできるだけ広く浅く、国民が医療にかかれるようにするのが、社会的に一番有効なんです。

伊藤　それは医者の立場からすればいい、ということじゃないですか。本当に病気でもないのに医者に通っている人はたくさんいるでしょう。

自見　医者じゃない人はそう言いますが、それは違います。世界で一番長寿の国は日本です。女性が八十七歳、男性も八十歳を超えました。これは医療の効率が非常にいいことの結果です。そして、WHO（世界保健機関）によれば、世界の医療制度のナンバー1が日本です。まず安い。アメリカに比べれば大変に安いし、ヨーロッパに比べてもだいたい安い。加えて、日本は医者のレベルが高いんです。開業医のレベルが等しく高い。日本人は等しいことがうまいですから、東大の医学部を出た医者も、ほかの大学の医学部を出た医者も、レベルはそう変わらないのです。研究医はまた違いますけどね。アメリカじゃそうは行きません。州によって医師免許証も違いますし、収入ものすごく違います。私は専門が公衆衛生ですから、世界の保険医療制度の勉強をしましたし、アメリカでも勉強したのですから、これは間違いなく言うことができます。

健康保険法改正(2)

伊藤　改正法案を通すために一年生の自見議員は何をしたんですか。

自見　私の親類の蔵内修治先生が自民党の青年部長だった時代、中曽根さんは通産大臣でした。中曽根さんが福岡県四区に来られたときには、私は車の中で中曽根さんといろいろ話す機会がありました。蔵内先生の夏休みの青年研修会があって、全国から一五〇〇人ほど集まってね。蔵内先生は当選五回で研修会の実行委員長でしたから「宣誓せい」と、私が命じられて、中曽根さんの前で一五〇〇人を代表して宣誓したんです。そんなこともあって、中曽根さんに目を掛けられていたんですよ、面白い青年だなとね(笑)。国会議員になる前から面識があったわけです。で、さっきの羽田会長との話に戻ると、中曽根さんが「今度の法律に反対するなら反対していい。その代わり国税庁を行かせるから、開業医の首を洗って待っておけ。そう言ってこい」と命じたんです。それは、激しいんですよ。鬼の形相でギャーッと言うんです。あんな人が総理大臣なんですよね(笑)。その法律が通らなかったら、総裁再選が通らんってわかっていますから。私は「総理、分かりました。連絡を誰にすればいいか、パイプ役を作っていただきたい」と頼んだんです。それで私は幹事長代理の渡辺美智雄先生をパイプにしてもらうことを了承してもらったんですね。

私は羽田会長の元へ行きまして、「会長、甘い話じゃないですよ」と総理の伝言を言ったら、あの人が目を三角にしてね。「それはちょっと困るな」と言った。国の権力と統治の一端を垣間見た一件でしたね。

伊藤　それはやっぱりすごく効いたんですか。

自見　いやあ、効いた、ですよ。

伊藤　だけど、その法案に反対するのは別に医師会だけじゃないでしょう。

自見　医師会が主ですよ。医師会と歯科医師会もね。

伊藤　労働組合とかも、みんな負担が増えるわけでしょう。

自見　それはあるけども、自民党の支援組織じゃないから。

伊藤　ああ、そうか。そういう意味ですね。

自見　自民党の支援組織が反乱を起こすと、政治ってうまくいかないんです。医療問題がなぜ難しいかというと、答えは簡単です。普通の政策は当時の大蔵省、大企業、医師会はみな同じ立場で賛成です。ところが医療問題だけは、経済界の社長とか会社連中と医師会の利害が対立する。保守を支えている仲間の内輪揉めになる。だから難しいんです。

伊藤　でも、医師会が実際に反対するとしたら、どういう手段をとるんですか。

自見　簡単なのは、福岡県四区なら四区の医師会の会長がまず、「もう次の選挙、応援せんよ」と言う。これを言われたらみんな困りますよ。医師会だけで人は通しきらんけど、落とす力はあります。これが医師会のいやらしいところでね。患者さんにものすごい悪口を言う。お医者さんって結構影響力があるからね、特に田舎の人は実直ですし、お医者さんの声って結構響くんですよ。それが嫌なんです。悪評を立てられる。政治家にとってそれは致命的です。それで結局、羽田会長が「それなら話し合いをしよう」となったんです。

伊藤　話し合いって、誰と話すんですか。

自見　それは渡辺美智雄です。福田内閣の厚生大臣で、武見太郎の天敵。それで法案が国会にかかる前に、渡辺、羽田、自見の三人で話し合ったんです、新聞記者を全部まいてね。問題点が七項目あった。一番は、自己負担を二割にするという原案を、どこまで負けることができるか。政治の場合はそれが大事なんです。渡辺ミッちゃんは練達ですよ、そういうところは特にね。吉村《よしむら》仁《ひとし》という優秀な秘書官（厚生省保健局長）がおったんです。彼が渡辺美智雄に〝知恵〟をどんどんつけるの。頭が切れて度胸があってね、一〇年に一人の厚生官僚と言われた男ですよ。法案を審議するとき、吉村がちょうど保険局長だった。渡辺美智雄先生が、原案の七項目を出しましてね。電話で吉村と話をするわけです。「吉村君、どうかね」。そうすると、吉村が良い、悪いという知恵をつける。それを受けてミッちゃんがが「これは×（ペケ）、これは〇」とやった。一割負担が妥協点。それで了解を取り付けて、「子供の使いで来たんじゃないんだ。立会人とあんた、ちゃんとサインして」。渡辺先生は既に「衆議院議員　渡辺美智雄」とサインしていた。でも、国会審議が始まる前に早くも妥協点を決めておったとどこかに漏れたら大変です。羽田会長は一瞬考えて――。

伊藤　どうされました。（笑）

自見　「H・H」とサインしよった。僕は「立会人　自見庄三郎」と書いて、後生大事にそれを持っていましたよ。それから大いくさです。医師会も加わって、ホテルニューオータニで全国医療保険改悪国民集会が開かれて一〇〇〇人、二〇〇〇人と集まってワンワンとやった。「自民党はけしからん」とかね。

伊藤　医師会とどこが集会をやるんですか。

自見　医師会もやるし、労働組合もやる。すんなり認めたら、自分たちのクビが飛ぶからね。でも、実は着地点をちゃんと決めていた。それが政治。裏でちゃんと組み立てのできる人が、有能な自民党の国会議員なんです。裏の本音で着地点を見る。戦争をする前から講和条約を結んでいるようなもんです。後はフワーンと格好だけ戦争して、終わり。それが一番いいんです。政治の安定なんです。なんかコロッと廃案になったり、パッとはずみで暴走したり、そんなことにはならんですよ。

伊藤　自見さんがそれをおやりになって、ほかの厚生族の人たちはね――。

自見　みんな蚊帳の外。全員です。医療基本問題調査会長で厚生族の大物、橋本龍太郎さんも蚊《か》帳《や》の外。

伊藤　そういう人たちはどういう感じになるんですかね。

自見　だって、こんなことがあったってことを知らないですから。私、今まで三〇年間黙っていた。今日初めてしゃべりました。バレなかった。渡辺先生も、羽田春兎さんも亡くなったしね。

伊藤　羽田さんが一番つらい思いをしましたね。

自見　そうでしょうね。だけど羽田さんは反対集会で〝猛反対〟していましたよ。その間、調整をされていたのでしょう。これが政治っていうものなんです。社会労働委員会の筆頭理事の小沢辰男さん、橋本龍太郎さん、あんな厚生大臣をした人たちに相談したら「絶対駄目だ」と言うに決まってる。厚生省側だって、吉村仁は一言もしゃべっていません。新聞社にしゃべったら全部終わりよ。とにかく、通さなきゃいけないと。二割自己負担が最後の最後に一割となった。

　もう一つ面白いのは国会対策です。幹事長が田中六助先生、宏池会だった。総務会長が金丸信《かなまるしん》さん。その頃の国会対策というのは田中派の専売特許なんです。「今日は強行採決」と幹事長から「さあ、強行採決、頑張って」と命令が来たと思ったら、昼頃になったら急にトーンダウンする。今度は金丸信さんが「強行採決なんかしたらいかん」とか言うんですよ。一番下っ端、一年生議員の我々は、司令官が二人おるもんやから、苦労が多くてね。そういうときは文句言わなきゃいけんですよ。「どっちにしたらいいんだ」「ふざけるな」とガンガン言ったら、「ちょっとおまえら来い」と料理屋に集められてね。

伊藤　あ、国会対策費。

自見　いやあ、一〇〇万円もろうた。私は二八年間国会議員をしとって、お金をもろうたのはこのときだけ。国会がうまくいくように配るのが国会対策費です。与党でも野党でも、ブーブー言う奴に配る。小沢辰男さんが官邸から二億円取ってきた。我々に一〇〇万来たんだから、野党の議員にはいったいなんぼ行ったのか。

伊藤　社会党なんか、ずいぶんもらっているでしょう。

自見　そう。それで本当にコロッと変わったんですから。これが田中派の国会運営、委員会の運営の真髄。

最初、社会労働委員会の筆頭理事は建設省出身で当選五回の今井《いまい》勇《いさむ》さんだったんだけど、心臓麻痺で倒れちゃった。死ななかったけどね。そうしたら、びっくりしたことに筆頭理事が小沢辰男さんに代わった。中曽根さんと旧内務省仲間ですよ。もうがっちりなんです。小沢辰男さんは厚生大臣経験者で厚生省に最も影響力があった人で、なおかつ、田中派の事務総長ですから。そんな大物が来たら、今までもたもたしていたのが、生き返ったように国会がきびきび動くわけです。二週間でまとまりましたよ。「使用前」と「使用後」とで、こんなに違うことがあっていいのだろうかと思ったものです。結局ね、格好だけ強行採決した。で、法案が通ったから中曽根さんは自民党総裁に再選されたわけです。戦後保守が築きあげた国会、委員会運営の雛形。私、その真ん中に乗って、いい経験をしましたよ。

健康保険の自己負担はその後、一九九七年に二割、二〇〇三年に三割まで引き上げられていますね。

そうそう、社会労働委員会時代には国会史に残ることもあったんです。男女雇用機会均等法って、今でこそ有名ですけど、これは十九対十八で通ったんですよ、私の一票で通った（一九八五年五月）。当時、私は一期目やったけれど反対するんじゃないかと思われていて、国会対策委員会の連中が私を監視しに来ていたんです。労働省（現・厚生労働省）の婦人局長と共産党議員のものすごい対決もあったんです（一九八四年七月二十四日）。共産党議員は田中美智子《たなかみちこ》さんで、労働省婦人局長は赤松良子《あかまつりょうこ》さんだったかな。女性同士のすごいバトルを聴きながら、新人議員やった私は感心したね。

三期目の当選、通産政務次官就任

伊藤　一九九〇（平成二）年二月の総選挙で当選三回目になります。もうだいぶ楽になりましたか。

自見　いえいえ、このときは消費税導入の是非が焦点となりましたからすさまじいいくさでした。社会党の中西績介《なかにしせきすけ》さんがトップ。私はドーンと票が減って二位。社会党の候補が戦後一遍だけ福岡県四区で一〇万票を超えたんです。福岡県四区の自民党で通ったのは私一人だけ。

伊藤　その年の十二月に、自見さんは第二次海部俊樹内閣で通産政務次官に就任されています。

自見　昔はだいたい二回なれたんでね。庁の政務次官を一回したら、省の政務次官が一回というのが原則。もう諮《はか》りに諮って通産政務次官になったんです。通産には普通、僕はなれませんもの。でも、通産が一番いいんですよ。

伊藤　どうしてそんなうまいことになったのですか。

自見　ちゃんと、三回前から〝事前協議〟しとくの。同期生が二十何人かおるでしょう。通産政務次官に本当になりたい奴は三人おったわけ。甘利《あまり》明《あきら》と額賀《ぬかが》福志郎《ふくしろう》、それに自見庄三郎。この三人で話し合った。僕、順番は一番後でいい。医者だから通産政務次官は似つかわしくないですよ。でも、何が何でもなりたいと思ったんです。選挙区を考えたら石炭の後始末がある。石炭六法[2]があるんです。北九州は工業地帯ですから、新日鐵、住友金属……、全て通産省（現・経済産業省）所管の大企業です。福岡県四区は商店街も大きいし、通産が強い。通産政務次官にならなければ、政治家としての幅が広くならないとよく分かっていました。どうせあんたは医師会の利益のためだけに政治家になったんだろう、と最初は見られるんですよ。そうじゃない、福岡県四区全体のために働くことを示さなければいけん。政治家はそれを「レパートリーを広げる」と言うんです。それまでも衆議院の石炭対策特別委員会に入っていました。必然的にそこの理事になる。地元は石炭予算を一番多く使う所だから縁があったんです。さらに僕の叔父さん、おふくろの弟にあたる久良知章悟は通産官僚、〝山屋〟でした。立地公害局長、石炭鉱害対策ですよ。科学技術事務次官にまでなった。

　で、同期生三人の話に戻ると、僕は談合しないと通産政務次官には絶対になれない。だから、「おう、甘利、おまえ、最初にせえ。次、額賀、せえ。三番目は俺にせえよ。俺ら三人以外、どんな奴が来ても、絶対に邪魔させせんぞ」と盟約を結んどったわけです。結果的に甘利が同期生で一番最初になって、額賀が二番目になった。みんな約束を守って、他の変なのが希望したら「やめとけ」と言うわけですよ。で、私は最後にやっとなれたんです。世の中、あまり欲をかいたらいけない。一番でも最後でも、食べられるものがあったらいい。なったら同じでしょう。通産政務次官はおいしいポストです。それに比べて、大蔵省の政務次官なんかは飾りで、省議にも入れない。大蔵省は威張っていたからね。通産省は全部入れてくれた。

伊藤　通産族との関係はどうなるんですか。

自見　僕は石炭族でした。石炭族は旧産炭地をバックにした代議士です。石炭族は小さくて、麻生太郎と古賀誠と自見庄三郎……、自民党はそれくらいですよ。麻生は炭鉱業者やし、地盤が飯塚《いいづか》、直方《のおがた》ですからね。古賀誠は大牟田でしょう。それから北海道の代議士が何人かいて、むしろ野党が多かった。自民党の中にも衆議院の石炭対策特別委員会と同じ名前の委員会がありました。そこには野田毅《のだたけし》さんとかいてね。あの人の地元、熊本の荒尾《あらお》には炭鉱がありますから。初当選（一九七二年）が山崎拓さんと一緒で、一番のボスは野田毅さんでした。大蔵官僚出身だから税制も詳しいですしね。

通産族って、その影響力は今でも巨大なものがありますよ。GATT（関税及び貿易に関する一般協定）だとか重工業局、軽工業局、全部ありますよ。エネルギーだって石炭、原油、原子力とかね。全国法人の七割は通産省関係、株式会社の七割は通産省所管なんですよ。ありとあらゆるものが通産省の管轄です。

伊藤　政務次官になったからと言って、族議員になるわけじゃないでしょう。

自見　その入り口ですな。

伊藤　おいおいと通産族の一人になっていくわけですか。

自見　そうなろうと思って政務次官になったんです。僕は元々は社会労働委員会で厚生族でしょう。今度は幅を広げないけん。

伊藤　族議員は、あっちもこっちもということはできるんですか。

自見　ウーン、普通の人がどうかは知りませんけれど、僕はできたんです、したんです。しないと生き延びられませんからね。

伊藤　族議員の会議があるわけでしょう。

自見　ありますよ。私、結構引き立てられとった。同期生に甘利明と尾身幸次《おみこうじ》がおってね、これは本物の通産族。それで通産族の親分は与謝野馨《よさのかおる》さん。僕たちより四、五期上でまとめ役だった。その上には梶山静六《かじやませいろく》とかがおるんですよ。現場の青年隊長みたいに我々の面倒を見るのは与謝野馨。それで税制の勉強会とかするんですよ。

伊藤　このときの通産大臣は中尾《なかお》さんでしょう。

自見　ええ、中尾栄一《えいいち》さんでした。で、衆議院の政務次官が自見庄三郎、参議院の政務次官が中曽根弘文《ひろふみ》、中曽根さんの息子です。だから心配しなきゃならんですよ。全員、中曽根派だから、他派から「オマエら、けしからん」と文句をつけられたら、辞めなければならなくなるのは私です（笑）。一番弱いからね。それを心配したけれど、そういう声は出なかった。内定していてからも、最終的に内閣の辞令をもらうまで。ビクビクしとった。でも、誰も気がつかなかった。黙っとこうと。フフフ、理屈は立つんですよ、チェック・アンド・バランスですから、派閥というのはね。

伊藤　通産政務次官になった一九九〇年といえばバブルが弾ける前だから、日本も勢いがあったでしょう。

自見　そう。当時、世界で二番目の経済大国の通産省ですからね。外国から偉い人が来るでしょう。大きい国の人には総理大臣がちゃんと会う。でも、総理大臣より実務的に力のある通産大臣にも会いたいと言ってくる。通産大臣にはそんなに時間がない。そうすると、上から五〇番目くらいからの国がいっぱい通産政務次官に会いに来るんですよ。

伊藤　どこで会うんですか。

自見　もちろん政務次官室です。今でも覚えているけれど、インドの大臣が来たときに、「金を先にくれ」と言う。インドは鉄鉱石を日本に売りよった。でも、財政が厳しいから、鉄鉱石をやる前に、金をくれんか、と。そんな陳情もあった。昔日の感があるけれど、日本はそのくらい勢いがあったんです。

伊藤　そういう案件にいちいち対応するんですね。

自見　もちろんです。横に秘書官もおる。どういう案件かは役人が知っていますから、その案件担当の課長とか、場合によっては局長に同席させておく。どういう案件で来るかは予め勉強しますよ。政務次官だから課長補佐くらいですな。大臣になったら課長、局長が来ますけどね。ランクによって変わるんです。しかし、日本で一番力を持っているのは課長補佐。課長補佐はしぶといですよ。政治家にも憎たらしいことを言う。それで課長になったら、言いにくいことを課長補佐に言わせる。

伊藤　課長に言っても、どうせ課長補佐に回るんでしょう。（笑）

自見　そうそう。だから日本は「課長補佐行政」。満洲事変を誰が起こしたか。陸軍省の課長補佐が起こしたという話があります。上が物事を決めないから、下の勢いのいい奴がやるんですよ。ある意味で課長補佐は泥を被る。できないようなことを「やろう」と言ってくれたりね、そういうのが課長補佐として優秀ですよ。

伊藤　そういう人たちを脇に置いて交渉するわけですね。

自見　通産省はものすごく大きな省ですから、いい勉強になりましたよ。確か一三回、国内と海外へ視察に行きました。

伊藤　まず、国内ではどういう所へ行くんですか。

自見　後で大分県知事になった広瀬勝貞《ひろせかつさだ》が官房総務課長だったときでね。彼はやり手で、一見人柄はよさそうだけど、「政務次官、今度はちょっと関西までご出張願えませんでしょうか」と来るんです。アレが揉み手をしながら来たら、だいたいロクなことがないの（笑）。「どういうことだ」と聞くと、部落解放同盟から「部落解放同盟の同和事業を産業界で推進する大会に、大臣も来なければ、政務次官も来なかった。通産省は熱心でない」と大衆団交でガンガンやられたわけね。それで「ちょっと厳しいんですよ。政務次官、奈良県で開かれる同和大会へ行っていただけないでしょうか」とかね。私は同和の関係とは仲がいいんですよ。選挙区に多いものですから。後から全日本同和会からも、部落解放同盟からも推薦をもらいました。両方から推薦されたんです。部落解放同盟から推薦された自民党の衆議院議員候補は自見庄三郎ただ一人です。

伊藤　やっぱりそういう人間関係がすごく大事なんですね。

自見　人間関係に尽きます。結局、野党とも人間関係が大事なんですよ。

外国にも行きました。韓国、香港、それからオーストラリア。オーストラリアとは二年に一度、日本＝オーストラリア定期閣僚会議があるんです。外務大臣、大蔵大臣、通産大臣がメンバーなんですが、通産大臣の中尾栄一さんが行けないというので、私が「代わりに行ってこい」と言われた。家内も同伴でした。

伊藤　そういうときは、事務次官じゃなくて政務次官が行くんですか。

自見　政務次官ですね。政務次官は、表向き、というか、どうでもいいところ、と言うか（笑）。その本当のことは事務次官がするんですよ。事務次官は、政務次官に比べて一〇〇倍ぐらい偉い。その省の仕事を三〇年やってきた、ナンバー1なんですから。だから、大臣になったら、事務次官との関係を築くことが重要なんです。大臣はその省に関しては人事権も予算権も持っている独裁者です。でも、それは事務次官を掌握してこそです。なのに、その強みを活かしきれない。能力のない、馬鹿な大臣が多すぎる。（笑）

伊藤　オーストラリアに行って、どんな会議をしたのですか。

自見　資源をどうするかとか、それはいろいろありますよ。オーストラリアは「日本の製造業に来てもらいたい」とかね。ただ、オーストラリアは労働組合が強くて、なかなか難しかった。

伊藤　奥さん同伴ということは、要するに向こうでパーティがあるということでしょう。

自見　国と国との付き合いで、そういう会がプレステージは一番高いです。閣僚会議はだいたい奥さん同伴。

自見礼子　三〇年くらい前ですからね。文化の違いはすごく感じました。オーストラリアの大臣の奥様は大学の数学の先生だったり、会社の役員をされていたりするわけです。日本にはそういう方はほとんどおられなくて。

伊藤　奥さんみたいに選挙区の代理人だったり。

自見礼子　いえいえ。今は少し変わっているでしょうけれど。

自見　私ね、通産政務次官のとき、一つだけものすごく責任を感じていることがあるんです。通産省のナンバー2で、通産大臣の代わりに時々商工委員会に出席させられて、大店法の改正という歴史的な法律改正で発言しているんです。(3)あれで日本の商店街が潰れたんだもの。

伊藤　どういうことですか。

自見　「盗人を捕らえてみれば我が子なり」って言うでしょう。イオンとかああいう大店舗（大規模小売店舗）を持っとるところがお金を持ってアメリカに頼みに行ったんですよ。「アメリカの大店舗が進出できるよう法律を変えさせるから、政府にガンガン言ってくれ」とね。日本はアメリカに言われると弱いから、日米構造問題協議を受けて、大店法を改正した。実際にアメリカの大店舗が来たか、いや、アメリカは来なかった。結局、イオンみたいな日本の大企業が大店舗の申請をして、郊外にそんなのがいっぱい建って、日本の小さな商店街はガラガラ。シャッター街ばかりになった。

伊藤　地方の中小都市はどこもそうですね。後の郵政のときと違って、どうして大店法には賛成したのですか。

自見　僕だって、全部が全部反米というわけじゃないんです。それに、新陳代謝も必要だと考えた。だけど、今は後悔しています。

伊藤　だけど、商店街には見返りもあったでしょう。

自見　法律を変える代わりに、予算を組んだんです。シャッター通りにならないよう、国がいい場所に駐車場を作ってやるからとね。私の選挙区の門司に栄町銀天街という八〇ぐらい店舗のある立派な商店街があって、そこも二億円もらった。当時はみんな喜んでね、自己負担二万円で、立派な大きい立体駐車場を作った。古い商店主のおやじさんが、「自見さん、こんなうまい話はない、詐欺なんじゃないか」と言っとった。みんなあんまり信用しないから、通産省から担当課長に小倉まで来てもらって説明させたくらいだった。だけど結局、あれで商店街は衰退しちゃった。

郵政との出会い

伊藤　翌年（一九九一年）十一月に自民党政務調査会の通信部会長代理になっていますね。これもやっぱり希望してなったものですか。

自見　これは全然希望していない（笑）。各派の副政調会長がその派内を調整して、それを上に上げて協議するんです。私は通産政務次官を経験しましたから、次は商工部会長あるいは厚生部会長をしたかったんです。だけど、甘利は商工部会長希望、伊吹文明が社会部会長か厚生部会長希望で、私は追い出されちゃった。そうしたら与謝野馨が「自見ちゃん、通信部会長というのが空いとった」と言うの（笑）。「郵政省（現・総務省）ですか。私、国会議員になって七年経ったけど、郵政省に行ったことは一遍もありません」と返したら、「いや、自見君、あそこは郵便局もあるし情報通信もあるから、いいかもしれんぞ。まあ、うるさいこと言わんでなっとけ」と。

伊藤　あれ、会長代理じゃなくて会長ですか。
自見　そこにも話があって、決まったのは金曜夜の話だったんです。で、僕は通信部会長になった、同期の伊吹文明は社会部会長になった、甘利は商工部会長になったと思って帰って、翌日に新聞を見たら、「自民党の部会長決まる」とある。当然、通信部会長に自見庄三郎という名前があるはずでしょう。ないんですよ。伊吹文明社会部会長もない。甘利明商工部会長もない。そうしたら、その前夜十時頃、小沢一郎さんが「中曽根派は欲張りだ。ふざけとる」と言ったらしくて、三人ともナンバー2に格下げされた。
伊藤　「代理」というのは二番目なんですか。
自見　筆頭副会長。で、小沢一郎に潰されたけど、まあ、隠忍自重したわけです。部会長になったのは岡野《おかの》裕《ゆたか》さんという郵政省出身、特定郵便局推薦の参議院議員です。本チャンです。通信部会は電信電話と郵便局を管轄しているんです。
伊藤　通信部会長と郵政部会長が別にあるんじゃないですか。
自見　〝郵政部会長〟はないんです。自民党では昔から通信部会長。郵政省を所管するポストを通信部会長と言うんです。で、誰も手を挙げない。なりたい人はおらんの、その頃は。
伊藤　だって、これ、おいしいポストじゃないですか。
自見　最近は情報通信が隆盛だからおいしくなったけど、その頃郵政省は三流官庁と言われてね。情報通信は通産省も管轄していますから。大昔、「コンピューター」は通産省、ネットワークは郵政省」という「VAN（付加価値通信サービス）戦争」ってあったんですよ。源平合戦です。だから、情報通信にしたって、通産省のほうでしたがるのが多くてね。コンピューターですから、ＮＥＣや富士通とか、みんな通産省の所管ですからね。

伊藤　当時の郵政省の大きな問題というのは何でしたか。

自見　情報通信は今でこそＧＡＦＡ[4]とかもてはやされてすごいけれど、その頃はまだ誰も目をつけていなかったんですよ。情報通信が何か、みんな分かっていなかった。森喜朗《もりよしろう》さんがＩＴのことを「イット」と言うとった時代です。だから、せいぜい五、六人が興味を持っとった程度で、他の人は、あんなのをしてもしょうがない、どうせ郵便局のお世話やろうがという程度やった。なりたい人は全然おらん。僕はたまたま割り当てでなって、もうしょうがないわという感じでした。でもね、なったら一所懸命勉強するのが私の主義ですから、勉強し始めたら、なんだ、これはすごいとなった。面白い。将来はこれしかないと思った。通信部会長代理になって、初めて郵政省へ行った。

伊藤　やっぱり郵政族がいるわけですか。

自見　そんなにいっぱいはいませんよ。みんな郵便貯金族。電波族、電電のほうはその頃はまだあまりいなかった。電信をやるとしたら、東芝やＮＥＣ、日立とかですが、所管は通産省でしょう。

伊藤　やっぱり通産というのは、あちこちに根を張っているんですね。

自見　強いんです。これがまたガンなんです。それで業界と言うか、企業が迷惑するんですよ。通産へ行ったら郵政から文句を言われる。郵政へ行ったら通産が文句言うてきてね。日本って、仕事せんでそんな交通整理ばっかりしているのがいっぱいいますよ。これが日本国が発展しない、ものすごく大きな理由です。

伊藤　業界も両方に目を配らなきゃいけないですね。

自見　そう。コンピューターから出るコードがあるでしょう。あれは郵政省なんです。コンピューター本体は通産省。出ているコードは郵政省。もう、変なことをしとるんですよ。だから僕は橋本龍太郎内閣で郵政大臣（第二次橋本改造内閣）でしたけど、行政改革(5)のあのとき情報通信庁を作らなかったのは、自見庄三郎、一生の不覚だと思っています。私の責任です。しかし、郵政三事業を解体するぞと攻められちゃって、それを押し戻す力がなかった。あれを成し遂げていたら、日本国はだいぶ違っていましたよ。

伊藤　当時の郵政族の親玉は誰ですか。

自見　それは野中広務《のなかひろむ》。一番上は総理大臣になった小渕恵三《おぶちけいぞう》。ここはもう田中派の牙城中の牙城。田中角栄さんが全部押さえていた。おいしいんですよ。郵政は特定郵便局が今でも一番強いでしょう。あそこは田中角栄の〝私兵〟みたいなもんやった。田中角栄は三十代で郵政大臣になって、そこに目をつけた。国家公務員の人は選挙できないけれど、特定郵便局には「夫人の会」というのがあって、そこが選挙をするようにしたんです。そんなのは建前であって、警察やマスコミの目をくらますだけ。ギリギリのことをさせるのが田中角栄親分なんです。田中角栄さんってすごいんですから。特定郵便局から金を巻き上げて選挙するのが普通ですが、その逆のことをするんだからね。

伊藤　角栄のほうから？

自見　ええ、角栄さんのほうから各団体に。ボストンバッグ四つも金を持ってくるというの。それが田中派なんです。それに一遍浸《つ》かったら、もう絶対に離れられない。金がいっぱい余ったら、上の人が懐に入れることができる。選挙に使った金額以上にもらえるんです。それは全部秘密の金。どこかの帳簿に載っとる金じゃないですからね。それが田中角栄先生の権力の源泉ですよ。全部大きな公共事業から三％ピンハネした金だと田中派の人たちから聞いています。一〇〇億で三億円、一〇〇〇億だと三〇億、一兆なら三〇〇億。年間三〇〇億ぐらいの金を持っていたと言います。

伊藤　田中角栄は下のほうの役人にまでお金をやっていたらしいですね。

自見　みんなにね。僕の叔父さん（久良知章悟）が通産省の局長だったとき、角栄さんが通産大臣（第三次佐藤改造内閣）になって、奥さんは一〇〇万円ぐらいの着物をもろうたよ。だから、局長の奥さんって僕の義理のおばさんだけど、決して田中角栄のこと悪く言わんもんね。貧乏役人の奥さんが一〇〇万円の着物をもろうたら喜ぶわ。着物をやって、返した人は敵。もろうた人は味方。金を取った人は味方、金を返した人は敵。単純なんです。角栄の理論というのは、もう実に単純なんです。

曽根村旧陸軍毒ガス弾製造工場従業員の救済

伊藤　一九九二（平成四）年頃、地元の旧曽根村（北九州市小倉南区）にあった旧陸軍の毒ガス弾製造工場（東京第二陸軍造兵廠曽根製造所）の従業員らの救済に取り組んだと年譜にあります。これはどうして関わることになったのですか。

自見　小倉の曽根という地区にね、陸軍がおって、米軍が来て、今は自衛隊がおるんですよ。戦時中、表向きは火薬製造をしていることになっていましたが、実際には瀬戸内海の大久野島で作られた毒ガスをこの工場に運んで、砲弾に充塡《じゅうてん》していたのです。大久野島の毒ガス弾製造に関わっていたのが大島駿、僕の義理の叔父さんということは前にお話ししました。それで、日本が敗戦になるとき、陸軍省が三日間ぐらいかけて、曽根の兵器廠、弾薬庫、毒ガス弾製造所の書類をみんな焼いたんですよ。アメリカが来て、毒ガス弾のことがバレたら、戦犯になるというので、証拠を隠滅したんです。ところが、女子挺身隊などで毒ガス弾の製造に関わった人に皮膚症状、毒ガスの副作用、後遺症が出てきたわけです。「どうにかしてくれ」と訴えても、証拠を焼いていますから、政府は「そんなの知らん」と言う。

伊藤　証拠がないわけですね。

自見　そうなんです。それで、僕は当時、選挙区では誰にも言わなかったけれど、親戚の関わったことだから、これは自分がきちっとやろうと決めたんです。まず言ったのは、「私に対するお金は一銭もいらない。私と私の事務所に対してお金を払う必要はない。その代わり共産党や社会党や公明党に頼みに行ったら、私は手を引くよ」とね。私は、大学院で公害などを扱う公衆衛生学を専門にしていましたから、患者団体を支援する市民集会やデモ等を行った後に、患者団体に請求書が来たりというトラブルがある実態を具体的に聞いていました。そうしたら被害者の方たちがそれを守ってくれたので、私もビシッとやりました。自民党の国会議員で公害健康被害補償をしたのは、私一人ですよ。でも、あまり新聞記事になっていないでしょう。新聞社は自民党のことは書かないんですよ。でも、自民党って騒いでいいことをする政党じゃないんです。被害者を本当に救うことが大事なんですよ。

伊藤　これは何か法律を作ったのですか。

自見　法律は一九五四年に、大久野島に適用するために、佐藤栄作が作っていた。やっぱり佐藤栄作さん、偉いですよ。きちっと補償制度をつくっている。

伊藤　じゃあ、その法律を適用して、予算を出すということですね。

自見　ええ。何十億か出ました。医療費の補助、それから生活補助もあったようです。病気が完全に治らない人もいました。毒ガスを吸って、肺に変化が出た人もいた。でも、医療費の補助などがつくようになりましたよ。厚生省やら大蔵省の旧令年金部という部署やらと交渉してね。製造現場で働いていた人はみな、非常勤の公務員扱いにしたんです。造兵廠は国の施設ですからね。私は九大とハーバードに行った公衆衛生のプロ中のプロ。私がピッピと理論的に攻めたら、大蔵省も降参です。「自見さんの言う通りです。お金を出しましょう」と。

がん征圧議員連盟事務局長

伊藤　「対がん一〇ヵ年総合戦略」を推進する、がん征圧議員連盟の初代事務局長をなさったそうですね。

自見　これは二期目に当選してからですね（議連発足は一九八七年。「対がん一〇ヵ年総合戦略」は八四年スタート）。初代会長は斎藤邦吉《さいとうくにきち》さん。労働省出身で自民党幹事長をしたボスです。あの人になってもらっていたんですが、九二年に議員在職のまま、亡くなられましてね。厚生省の担当局長に、次は誰が適任かと尋ねたら、「中曽根先生になっていただければ、それが一番です」と言うんですね。「分かった。ダメ元だ」と応じて、もう総理を辞めておられた中曽根さんのところへお願いに行ったわけですよ。中曽根政権は「対がん事業」をずっとやっていたんです。中曽根さんは、「自見君、週刊誌は売れなくなったら、癌の特集をするんだ。そうしたらものすごく売れる」なんて面白いことを言っていたんですよ。それでピンと来ました。四十、五十歳で癌になったら、みんな死ぬんじゃないかと思う。その不安を敏感に察知して、というのがいかにも中曽根さんらしい話ですが、内閣の勢いがなくなってくると、政府で癌の事業をガンガンやったわけです。サミットでも主導されたはずです。ところが自民党の中には癌の征圧に特化した組織はなかった。社会部会の医療基本問題調査会でも議論があるような、ないような、という感じだったんです。癌については基本的に厚生省、研究費は文部省の管轄ですからね。だから議連を作ったんです。まあ、議連というものは、必要に応じて、そのときそのときで作るものなんですよ。

伊藤　議連を作るのは簡単なことなんですか。

自見　許可も何も要らないです。会長にしかるべき人がなって、発起人を一〇人ぐらい集める。なりたい人がなる。そうすると、月に三〇〇円とか五〇〇円、歳費から天引きしてくれるんです。全議員がそれを見て、「おう、がん征圧議員連盟、面白そうやな」「票になりそうやな」と思うと、入るわけです。自民党という組織は非常に流行に敏感なんですよ。中選挙区時代は特に生きていかなければならないですからね。議連を作って研究費とかで、合計二〇〇〇億円ぐらい予算を取りました。中曽根さんが会長になって、私が事務局長。総理大臣経験者が会長になると、大蔵省主計局への影響力がありますよ。

伊藤　中曽根さんは本当に会長に就いたんですか。

自見　ダメで元々と思いながら行ったら、「おい、自見君、俺、なるよ」って。ああ、嬉しいなと思ってね。中曽根さんが議連の会長になったのは私の知る限りあれだけじゃないかな。

中曽根さんは面白いんですよ。重粒子線治療ってあるでしょう。大型のすごい設備がいるから、治療代は非常に高い。私費で三〇〇万円はかかるんだけど、その治療設備を、日本で初めて千葉県にある国立放射線医学総合研究所（現・国立研究開発法人量子科学技術研究開発機構QST病院）に作ったんです。私、大蔵省とガンガン喧嘩して「四〇〇億つけろ」とか言って、結局予算がついて、第一号ができたんです。そうしたらその次の次にできたのが群馬大学医学部附属病院だった（笑）。中曽根さんって生臭いんですよ。全然枯れていない。自分の選挙区に作っちゃうなんて、漫画のような話でしょう。地元の医学部の先生とかお医者さんに頼まれとったんでしょうね。そんな事情も知らないで、僕は議員連盟の会長をお願いしに行って、それこそ飛んで火に入る夏の虫、「俺、引き受ける」って。いやあ、さすがですよ。

今は全国にだいぶあって、私立でやっているところもあります。佐賀県の鳥栖《とす》（九州国際重粒子線がん医療センター）にも作ったんですよ。作ったのは公益財団法人医用原子力技術研究振興財団。九州電力なんかが寄付しとったんだけど、原子力発電所で事故が起きちゃって、もらう予定の寄付金が来なくなって往生したんですよ。で、私に「顧問になってくれ」と頼んできた。なんのことはない、福岡銀行から多額の借入が必要で、そのための顧問でした。借入はまあうまくいったようですけども。

癌は票にならないからやめておけという支援者の声もありましたが、選挙の政見放送で僕は必ず癌のことを話していました。そうしたら「自見さんに投票する気はなかったけど、癌になりたくないから、アンタに入れたよ」と言う有権者がおった。癌征圧の政策は「医者として実際に治療をした私しかできない。人類最大の敵である癌を治療するためにも、ぜひ私を国会に送ってくれ」と必ず一言言いよったからね。これも中曽根さんに教わったようなものです。

湾岸戦争

伊藤　一九九〇（平成二）年から翌年にかけて、イラクのクウェート侵攻に端を発した湾岸戦争があありました。このあたりの国会はなかなか大変だったと記憶していますが、自見さんはあまり関わりはなかったですか。

自見　いやいや、自民党の国会対策副委員長として、国連平和協力法案の国会審議に関わりがあったんですよ。海部俊樹さんが総理大臣、中山太郎さんが外務大臣やった。中山さんとは医者同士で、ものすごく可愛がってもらった。国対副委員長は五、六人おるんです。僕は、私より◯・五期だけ上の野中広務も同僚やったんです。で、私と彼が湾岸戦争担当で、朝から晩まで国対副委員長として二人、委員会の後ろに座っておるわけです。何かあったらパッと手を打たないといけませんから。で、海部さんや中山さんが答弁したけれども、そのときは廃案になっちゃったんです。

面白いんですよ。外務省の条約局長だった人、何て言ったかな、彼は頭がいいんだけど、頭のてっぺんから声を出す人でね。社会党が二、三回質問するでしょう。そうすると、彼が答弁するんですが、頭がいいから教えてやろうとするんですね。「あんた、それ、知らないの?」というんですけど、いろいろ説明する。でもね、答弁は説明じゃないんです。大学の講義とは違う。あくまでも答弁なんです。ところがその人は頭が良過ぎて講義になっちゃう。社会党議員は、馬鹿にされたと思うんでしょうね、カーッとなって。それで委員会がようストップしたんですよ。

結局廃案になって、残念だったということで、中山太郎さんが料理屋で会を開いてくれました。担当局長と私と野中さんがいたかな、衆院特別委員会（国際平和協力等に関する特別委員会）の委員長の林義郎さんがいた。それからもう一回練り直して法案を作ったんです（一九九二年六月、国際連合平和維持活動等に対する協力に関する法〔PKO協力法〕成立）。それがもうウツケの法律でしてね、〝有事立法〟ですからね。

有事法制で言えば、私は「武力攻撃事態等への対処に関する特別委員会」委員長（二〇〇四年一月就任）として国民保護法（武力攻撃事態等における国民の保護のための措置に関する法律）を作ったんです（同年六月公布）。

伊藤　そうですか。国民保護法は自見さんがまとめたんですか。

自見　有事法制の何個目かが国民保護法なんです。例えば、北朝鮮がミサイル攻撃してきたときに、緊急アラームが鳴って、住民を避難させよるでしょう。あれは僕が作った有事立法によってできるんですよ(6)。それまで外国が攻めてきたときに国内でどう対処するか、という法律がなかったわけです。敵が上陸してきたら、戦車が田んぼの中を行っていい、という法律がなかった。面白い国でしょう。敵が攻めてきているのに、ちゃんと道路を走れなんてね。そんなことをしている場合じゃないでしょう。だから、国民保護法以下七法案を通したんです。

それから、有事立法を作ってアメリカに協力できるようになったんですよ。もう忘れましたが、アメリカの艦船に燃料や弾丸といった物資を補給できなかったけれど、法案審議のどさくさに紛れて、できるようにする法律も一緒に入れておきまして、私がガンと通しちゃった。それで自衛隊が武器を補給することができるようになったんです（武力攻撃事態等におけるアメリカ合衆国の軍隊の行動に伴い我が国が実施する措置に関する法律〔米軍行動関連措置法〕）。有事関連七法は一括採決。委員長の私は特に声を大きくしてね、「七号一括採決しますけど、異議はございませんか、ハイッ、決まりました」とやったんですよ。オーッ？ と言う間に、一括採決で通しちゃった。

伊藤　これは特筆大書すべきことですね。野党はどうでしたか。

自見　野党を巻き込んで事前に調整したんです。民主党をはじめ、社民党も賛成したんです。「社民党は絶対に反対するだろう」と山崎拓さんが言っていたんです。そこをうまくやった。この特別委員会では、委員長としてアメリカにも行きましたよ。一緒に行ったのは、与党の筆頭理事の中馬弘毅《ちゅうまこうき》さんと野党の筆頭理事だった前原誠司《まえはらせいじ》。アメリカに行ったらリチャード・アーミテージ（国務副長官）が大喜びしたよ。「自見さん、ありがとう」って。

　外交や有事立法、安全保障立法はね、絶対に野党の賛成をもろうとかなきゃあ、駄目なんです。あの人たちも、立場があって文句を言うんですよ（笑）。理解してやらな。国民は半分ぐらい自民党を支持して、四分の一ぐらい野党を支持して、四分の一は中間派ですよ。そこを大事にせな。自民党単独でやるのは馬鹿のすることなんです。政治ではできるだけ頭を下げて、多くの政党から支持をもらっておくことが大事。あま

有事関連法案可決（衆議院武力攻撃事態対処特別委員会、右端に自見委員長。2004年5月20日）

り分かっていない人が多いんですけれどね。されど野党なんですよ。自民党、公明党から民主党、社民党まで賛成させたんだから、アメリカも信用するでしょう。私はなんかアメリカの敵ばっかりしとるような感じで、金融に関してはそういう態度ですけど、安全保障に関しては、バリバリの親アメリカ派ですから。

（1）一九六七年、健康保険特例法をめぐり、社会党委員長の佐々木更三は若手議員の突き上げを受け、委員長辞任を余儀なくされた。また、一九七一年七月、政府の医療政策に反発した日本医師会は武見太郎会長の指示で、全国四十三都道府県の保険医総辞退に突入。ひと月続き、佐藤栄作首相、斎藤昇厚生相と武見会長による三者会談で事態は収拾された。
（2）石炭六法とは、石炭採掘による鉱害復旧や、炭鉱閉山に伴う失業者対策などのために一九五二年から六七年までに制定された六つの法律の総称。国の公共事業補助率を引き上げる「産炭地域振興臨時措置法」（産炭法）などこれら六つの法律は二〇〇一年度末までにすべて失効した。
（3）大規模小売店舗における小売業の事業活動の調整に関する法律の改正（一九九二年一月施行）
（4）世界的な影響力を誇る米ＩＴ企業四社（Google、Amazon、Facebook〔2021年からMeta〕、Apple）の総称。
（5）一九九六年十月の総選挙で議席を減らした社会民主党と新党さきがけが閣外協力に転じ、三年ぶりに自民党単独となる第二次橋本内閣が成立。この過程で行政改革会議を設置し、後に中央省庁再編に結実（二〇〇一年一月）。いわゆる「橋本行革」と呼ばれ、一府二十二省庁が一府十二省庁に再編した。

（6）武力攻撃事態等における国民の保護のための措置に関する法律（市町村の実施する国民の保護のための措置）第十六条〈市町村長は、対処基本方針が定められたときは、この法律その他法令の規定に基づき、第三十五条第一項の規定による市町村の国民の保護に関する計画で定めるところにより、当該市町村の区域に係る次に掲げる国民の保護のための措置を実施しなければならない〉。

第四章

与党と野党

「刷新の会」発会式。発言しているのは会長の中山太郎
（自民党本部にて、1994年3月30日）

四期目の当選と自民党下野

伊藤　一九九三（平成五）年七月の衆議院議員選挙で四回目の当選を果たされました。しかし、この選挙後に宮澤喜一内閣が退陣し、七党一会派が連立して細川護熙《ほそかわもりひろ》内閣が誕生（八月九日）、自民党優位の政治が終焉することになりました。日本新党や新生党、新党さきがけなどが結成されて、社会党も含めて細川さんのほうになだれ込みました。自見さんは、自民党を脱党して新しい政党に参加しようという動きに誘われなかったのですか。

自見　いや、僕は右翼ですから、あまり誘われなかった。それどころか、自民党に残って「刷新の会」を作った（九四年三月）。自民党で一番大きな会でした。『日本経済新聞』に、「刷新の会も負けちゃいない」という広告を、二〇〇〇万円かけて出したんです。会長が中山太郎さん、幹事長は島村宜伸《しまむらよしのぶ》さん、事務局長は自見庄三郎。暴れまくったんです。

伊藤　細川内閣に行ったような連中と対立しているわけですね。

自見　あいつらはもうふざけとるですよ（笑）。ちょっと飯が食えなくなったら、すぐによそへ行っちゃう。大蔵官僚出身者のほとんどは他へ行った。柿澤弘治、野田毅……。大蔵官僚は権力が好きだから、自民党の国会議員になっとるんです。だから、また政権が倒れたら、帰ってくるのがみんな大蔵官僚出身者なの。この人たちには愛党心がないんです。「俺みたいに偉い奴が権力の中心におらんのは国家の損だ」とか何とかぶつぶつ言って、あるのは自分、自分、自分。そんな嫌な姿をいっぱい見ましたよ。柿澤は自民党を離れて小沢さんの元へ行くという前日まで一緒におったんですから。「自見ちゃん、もうこんな自民党におっても、中曽根派におっても大臣にはすぐになれん。自見ちゃんも一緒に行かんか」と誘ってきた（笑）。だけど、「いや、ワシは右翼やから、執念でここにとどまる」と返したんです。「そうか」と言って、次の朝には逃げとって、しばらくしたらもう外務大臣（羽《は》田《た》孜《つとむ》内閣）になっとる。あれは小沢さんと約束しとったんですね。いやあ、恐ろしい時代でしたよ。一晩寝たら自民党国会議員がゴソッとおらん。長崎が地盤の西《にし》岡《おか》武《たけ》夫《お》なんか自民党の中で僕よりずっと上でしょう、文部大臣（竹下改造内閣）をしていて、国対でも騒ぎ回って目立っていて、「うわ、元気のいい人だな」と思ったもんです。ところが、自民党が下野するとなったら、もう次の朝逃げとった（笑）。世の中の無常を知りましたね。

伊藤　かなりショックだったんじゃないですか。

自見　いや、逆にもりもりとファイトが湧いてきた。これを挽回しないといけん。だから刷新の会を作ったんです。そうしたら、通産省の上のほうの官僚に、「自見君は野党に転落したという自覚が足りないんじゃないか」と言われた（笑）。私らが自民党本部で会合をすると、たくさん人が集まってね。江藤隆美《えとうたかみ》とか元気のいいのがガンガン演説をぶつから、元気が出るんですよ。

伊藤　刷新の会の中心になっていたのは誰ですか。

自見　そりゃもう、自見庄三郎とか。

伊藤　ご自分は別にして。（笑）

自見　同期の尾身幸次とか野中広務とか。さっきも言うたように、会長が中山太郎さん、島村宜伸さんが幹事長、自見庄三郎は事務局長。有名なトリオです。全国で演説会をして回りました。私がやった北九州の市民大会でも三〇〇〇人ぐらい来ましたよ。「いずれ蹴飛ばしてやるぞ。なんだ、たったこれしきのこと」とね。野中さんは予算委員会で筆頭理事の深谷隆司《ふかやたかし》さんと組んで、柿澤外務大臣を完膚なきまでにやっつけた。革新の美濃部亮吉《みのべりょうきち》東京都知事のときに、深谷さんは都議で野党だったし、野中広務も、同じく革新の蜷川虎三《にながわとらぞう》京都府政のとき、府議として暴れまくったから、喧嘩の仕方を知っとるわけ。あのＹＫＫ（山崎拓・加藤紘一《かとうこういち》・小泉純一郎）[1]も全員、刷新の会に入っていたんですから。

伊藤　中山太郎さんも闘う人なんですかね。

自見　中山さんは一見、紳士風だけど、なかなか骨があるんですよ。いざそうなったら、根性の座ったところがある。なかなかの人なんですよ。

伊藤　自民党の中は、刷新の会以外はちょっとやっぱりシュンとしていましたか。

自見　もうみんな元気ないです。官庁は局長以下、「野党の自民党の部会には行くな」という通達が出されていたから、来るのは審議官だけ。露骨なんです。ただそのとき、厚生省では九大出身でその後内閣官房副長官を長く務めた古川貞二郎《ふるかわていじろう》さんが、事務次官（一九九三年六月就任）なのに、野党の自民党の社会部会に来てくれました。「今までお世話になったんだから、掌を返すようなことはできない」とね。あの人だけです。度胸があって、みんな感激しましたね。役人も人格が見えましたよ。後の民主党政権では、私は国民新党として連立与党に参加しましたが、下野した安倍晋三さんたちも塗炭の苦しみを味わったんじゃないですか。その気持ちはよう分かるんですよ。

伊藤　野党になると何が最も苦しいですか。

自見　やっぱり国政に直接タッチしていないという寂しさがありますね。自分が言うたことが国政にすぐに響かない。自民党が与党だったら、部会で決めたことは即、国家の決定なんです。それを持っていって党総務会で通して、国会で法律化する。政府・与党一体のルールがありますからね。たとえ、それまで大喧嘩してもね。

伊藤　しかし、自民党が野党になったとき、役人たちは自民党が与党として戻ってくるというふうには考えなかったんですかね。

自見　うーむ。やっぱり右往左往していましたね。

与党の世界、野党の世界

伊藤　自民党が与党復帰した自社さ政権（一九九四年六月〜一九九八年六月）のことはあらためてうかがいますが、社会党と組むことになって、反共・右翼の自見さんとしてはどうでしたか。

自見　だいぶ変わりましたね。

伊藤　少しは感ずるところがあったということですか。

自見　感ずるところはあったけど、野党のひもじい飯を食うよりは、社会党と組んでもいいわと思った。社会党というものを誤解していたなということもありました。観念的過ぎた。現実はそうでない。実態ね。

伊藤　現実はそうでない点には、やっぱり社会党のいい加減さもあるわけでしょう。

自見　うん。それから、社会党の突いている部分で正しいこともあった。

伊藤　細川内閣は七党一会派（社会党、新生党、公明党、日本新党、民社党、新党さきがけ、社民連、民主改革連合）の連立でしたが、社会党は異色でもありました。その辺はちゃんと見ておられましたか。

自見　いやいや、それが大問題になったのはむしろ自社さ政権のほうでしょう。「天敵の社会党と自民党は組むのか、こんちくしょう」と思って逃げていった奴もおるの。海部俊樹さんなんかはそうです。でも我々は、与党に戻るためには「自社さ」でもしょうがないと腹を括った。あのときはすごかった。もう大騒動でしたな。私、本当に興奮してね。本会議場の結果（決選投票）がどうなるか分からんかった。社会党の村山富市《むらやまとみいち》に入れるか、海部俊樹に入れるかってね。自民党議員としてはみんな、心情的には海部さんですよ。それを「村山富市に入れろ」という党議決定だもの。自民党はそういうウルトラCで政権に復帰したんです、自民・社会・新党さきがけでね。

伊藤　たしかに海部さんがちょっと不思議な動きをするんですね。

自見　そうそう。海部のほうに行った人も結構いますよ。「やっぱり村山だけには入れられん」とか言ってね。我々はその辺、妥協するところは妥協する。実に融通無碍《ゆうづうむげ》ですから、村山に入れて政権に復帰しましたよ（村山二六一票、海部二一四票）。

伊藤　だから、村山も防衛問題なんかについては、今までの主張をひっくり返した。

自見　コロッと変えた。[2]（笑）

伊藤　やっぱりあれが、社会党が崩壊した原因ですよね。

自見　一遍甘い汁を吸うて、終わった。土井《どい》たか子《こ》が衆議院議長になって、村山さんが総理大臣になって、それで終わっちゃった。名前も社民党に変わった（一九九六年一月）。だけど、あれでやっと米ソ冷戦の代理戦争が終わったんですよ。

伊藤　社会党との連立を見ていてどうでしたか。自民党にとって、連立というのは初めての経験でしょう。

自見　初めての経験と言っても、中曽根内閣時代に新自由クラブ[3]と連立しましたよね。

伊藤　でも、新自由クラブは自民党の中の派閥の一つぐらいのものでしょう。

自見　たしかに社会党はちょっと違いましたけどね。

伊藤　野党時代はやはり――。

自見　いやあ、ものすごくいい勉強をしました。僕は、自民党だけやったら視野の狭い愚かな政治家でしたよ。後に私は国民新党で野党になって、民主党と社民党と付き合うようになった。あるとき陳情に来た団体を見たら、みんな車椅子に乗っとるんですよ。医療過誤や薬の副作用で歩けなくなってしまった人たちでした。彼らは医療界からひどい目にあったわけです。ああ、自民党におったら、そういう声は届いてこないなと心から思いました。日本医師会は自民党にとって、友好団体ですからね。今でも与党と野党と両方せんと駄目だと思っています。与党にいないと、与党の世界、経済界や官僚の世界が見えない。与党を支持している国民は、三分の一おるのですから、その三分の一は大事なんです。でも、野党にいないと見えない世界もある。私は両方を行ったり来たりできたから分かるんです。やっぱり、世の中は多様なんです。

国会で「椿事件」追及

伊藤　自民党の野党時代、国会で特に発言されたのはテレビ朝日の追及です（「政治改革に関する調査特別委員会」での質問、一九九三年十月十八日）。覚えておられますか。

自見　椿貞良《つばきさだよし》の件ですか。もちろんです。あれは私が信念を持って質問したんですからね。

伊藤　要するに宮澤内閣時代の総選挙（第四十回衆議院議員総選挙、九三年七月十八日）に関するテレビ朝日の報道姿勢が議論になったわけですね。

自見　椿貞良がテレビ朝日（当時の正式社名は全国朝日放送）の取締役報道局長で、〃我々、テレビ朝日は全力を挙げて自民党政権がつぶれるように応援したんだ〟と、日本民間放送連盟（民放連）研究会の放送番組調査会に来て発言したんです。[4] 録音テープが全部あるんです。それだけは放送法でしたらいけないことなんですよ。[5] 初めて〝尻尾〟を出した。僕はこの年の八月に、自民党政務調査会の通信部会長代理から通信部会長になっておった。野党だったけど、ガンと捕まえた。国会で証人喚問を要求して、椿局長の喚問が実現したんです。

あの頃、自民党は予算委員会で、政調会長が公明党の（支持母体である創価学会名誉会長の）池《いけ》田大作《だいさく》さんの参考人招致を要求していたんです。最初の予算委員会で政調会長が必ずトップ質問をする。で、最後に〝創価学会池田大作氏の参考人招致を要求します〟と言ったら、委員長が「ただいまの件につきましては、後刻理事会において協議させていただきます」と応じる。これが年中行事だったんです。僕の兄貴分の山崎拓さんも三年後に同じことを言ったんですよ。[6] それであの時、公明党に「椿貞良の証人喚問に応じたら、池田大作の参考人招致を取り下げていいぞ」と裏で言ったら、うまいことコロッと変わった。公明党も賛成したんですよ。だから椿の証人喚問が実現したんです（「政治改革に関する調査特別委員会」における椿貞良の証人喚問は一九九三年十月二十五日実施）。一部上場企業のテレビ局、新聞社の証人喚問って戦後一回もなかったんですよ。だからテレビ朝日は上から下まで大ごとやったんですよ。テレビ放送の免許は五年に一遍更新で、放送法に違反しておったら郵政大臣（現在は総務大臣）が次に免許を与えなくてもいいんですよ。

伊藤　脅かしていますよね。

自見　電波は公共財ですから、放送法違反（政治的な偏向報道）があってはいけないのですよ。
あの頃は露骨やった。マスコミが〝自民党じゃない政党に入れろ、入れろ〟と誘導するような感じだったんです。

自見礼子　マスコミを敵に回すのは嫌なことなので、どなたもおっしゃらないのに、主人はしっかり言ったから、それ以来マスコミから総スカンです。

自見　マスコミというものはものすごい言論操作をします。放送には、公序良俗に反しないこと、事実を伝えること、一方の政治的な事象を言ったら、必ず反対のほうも報道することなど原則があるんです。テレビ朝日のあれは放送法違反の疑いがあるのに、みんな黙っとったわけですよ。
私が「政治改革に関する調査特別委員会」で、証人喚問を要求したでしょう。野田毅さんの質問のとき、僕は五分だけもらってガーンと言ってやった。
「もしこの〔産経〕新聞報道が事実だとしますと、私は、テレビ朝日の報道番組の最高責任者、それに取締役でございますこの椿発言は、私は民主主義にとって極めて重大なことであるというふうに思うわけでございます。（中略）テレビは、御存じのように、新聞などと異なり放送法で表現の自由を保障いたしています。その一方、当然不偏不党、あるいは政治的公平、真実の報道、そして、意見が対立する問題については、できるだけ多くの角度から論点を明らかにする、こういうことを法律上義務づけてあるわけでございます。なぜかといえば、それはもう御存じのように、これは国民の共通の財産でございます公共財の電波を使いますから、これは当然の責務である、こういうふうに思うわけでございます。そういった中で、椿局長の発言は放送法に違反する疑いが私は濃厚である、こういうふうに思うわけでございます。（中略）テレビ朝日の免許は十月末までございます。五年に一遍免許の切りかえでございまして、この十月末までが免許の期間だというふうにお聞きをいたしております。それまでに審査をして、電波法に適合しているかどうかの結論を出さねばならない、こういうふうに思うわけでございます」とね。

　だけど、証人喚問が実現するかどうかは各党の意向次第なんですね。テレビ局側は絶対にそんなことはないとタカを括っておったわけ。ところが、さっきも言った通り、公明党が掌を返したから、椿貞良が国会に行くことになったんです。椿貞良さんは、喚問前に取締役を辞めて、一人の椿貞良として来ました。[7] 証人喚問の質問は、谷垣禎一《たにがきさだかず》と町村信孝《まちむらのぶたか》にさせたんです。私は通信部会長でしたから、「おまえら、やってくれ」と頼んだ。彼らはそつない人間ですから、きちっとやりましたよ。

　ある日、当時の自民党総裁が私のところに来て、「自見君、椿さんの証人喚問は取り下げなさい」と言う。おそらくテレビ朝日から頼まれていたわけです。だから私は「アンタがそんなに根性がないから、テレビが放送法違反のようなことをどんどん報道するんですよ。そんなことで務まるんですか」って、今話している一〇倍ぐらいの声で言い返した。そうしたら、彼はオロオロと部屋を出て行きました。だらしがないね。言うなら、僕が抵抗しても、ガンと言うくらいじゃなきゃ。

伊藤　実際、頼まれたんでしょうね。

自見　頼まれたんですよ。ミエミエの話。それがマスコミの脅威ですよ。もう一つ言いましょうか。マスコミは河野洋平《こうのようへい》や田中眞紀子《たなかまきこ》を一時、ものすごく持ち上げたでしょう。どうしてか知っていますか。簡単なんです。昔のテレビや新聞の各派の担当記者はほとんど飲食、宴会漬けだったんですよ、マスコミ対策でね。田中角栄さんと河野一郎《こうのいちろう》さんはそれの天才だったんですね。

河野一郎もそうだったというのはね、木部佳昭《きべよしあき》さんが教えてくれたんです。木部さんはなかなか代議士になれなかったの。その木部さんが「自見君ね、俺は長い間、河野一郎さんの秘書をやっていたけど、最後に餞別《せんべつ》をくれた。『おまえ、これで伊豆（衆議院静岡二区）から代議士になれ』と言われた」って。そのあと（一九六三年に）代議士に当選して、六期目かな、第二次中曽根内閣第一次改造内閣で建設大臣になったんです。非常に苦労人、人間らしい人やったね。そんなベテランが私を妙に気に入ってくれて、時々飯なんか食わしてくれた。もごもごと、あんまりものをはっきり言わん人やったけど、いろんなことを教えてくれたんですよ。「マスコミが河野一郎に可愛がってもろうとった」と。そういう輩が社内でだんだん偉うなってくるでしょう。そうすると良心の呵責《かしゃく》がある。だから、その子供の河野洋平やら田中眞紀子の提灯《ちょうちん》番組を作ったり、提灯記事を書いたりすると。「それが事実だよ」と木部さんが言っておったんです。

伊藤　それは木部さんの話ですね。

自見　それを聞いておって、見ておったら、現にそうだと思うところがあった。だからね、小泉進次郎《こいずみしんじろう》はどうなのかなと思うわけですよ。マスコミが異常にチヤホヤするでしょうが。世襲の議員の先代や先代の番頭さんを思い浮かべると合点がいくことがあるね。自民党内の評判と世間の評判とは全然違う場合も多い。マスコミって分かりやすく、持ち上げたり、持ち下げたり、どこに大衆が食らいつくかで匙加減《さじかげん》しているように見えるわけですよ。

自見礼子　マスコミの方って政治のことをあまり勉強しておられませんよね。皆さんお忙しいでしょうし、世の中がどんどん変わっていくから、ついていくのも大変なのでしょう。だからなのか、政治の世界でも、ちょっと人気のある人を二、三人探しておいて、その人たちのトピックスや噂話だけを報道して回してしまっているように見えて、結果として、政治の世界がものすごく安直に見られているように思います。もっときちんとお仕事をされている方、もっと勉強されている方が、自民党の若手にもいっぱいいらっしゃるのに、そういう方たちは全然報道されない。マスコミには、もうちょっと公平な判断をする方が必要なのではないかと思ってしまいます。

自見　彼らも商売、有り体に言えば、数字なんですよ。見てくれんと商売にならないでしょ。視聴率が高ければコマーシャルも高くなる。ですから面白おかしくしちゃう。

伊藤　マスコミと自見さんはかなり際どい関係なんですね。

自見　距離があるんです。だから私を意図的に無視していると思っとる。よく分かっています。だけど、七〇年安保の頃のマスコミは左翼の出先みたいに、社会党、共産党の味方でしたからね。「岸信介内閣をつぶせ、佐藤栄作内閣をつぶせ」って。それが新聞の主な論調でした。戦前はあれほど軍国主義を煽っておきながらね。僕は放送のほうへ踏み込んでいったので分かるけど、彼らは何かあると「社会の木鐸《ぼくたく》」とか言うけれど、それは建前で、本当は商売なんです。その実態、表と裏をよく知っています。私はもう大の嫌われ者ですよ。（笑）

しかし、面白かったんですよ。椿事件の頃、「悪いのはテレビ朝日なんだ。それ以外は絶対に攻撃しない」と言っていたんです。そうすると、他のテレビ局の常務なんかがやってきて注進するんです。「テレビ朝日の態度は大きいですよ」「なんで?」「コマーシャルを上から目線で取ってくる。うちのことを程度が低いとか言っている。自見部会長、ちょっとやってくれ」って。そんな感じだったんです。日本の競争社会って怖いと思いましたよ。僕も馬鹿じゃないですからね。そうでもしないと、マスコミ全部が敵になってしまいますからね。ディバイド・アンド・ルール(分断工作)でうまくいったの。恐ろしいけどね。それでテレビ朝日をやっつけた。僕は、日本テレビとかとの関係は意外と悪くないんです。ずっと氏家齊一郎《うじいえせいいちろう》さんに可愛がられた。私を一番高く評価してくれたのは氏家さんですよ。氏家さんが民放のボスだったから、二〇一一年のデジタル放送への移行がうまくいったんです。反対意見を抑えてくれた。あれは氏家さんとNHKと私の力がうまく合わさったからです。

みんなを敵に回したら政策なんかできませんよ(笑)。だから、氏家さんとは二〇一一年に氏家さんが亡くなるまで一緒に飯を食っていました。氏家さんの盟友である渡邉恒雄《わたなべつねお》さんにも可愛がられたけれど、それは私が中曽根派だったことも影響しています。中曽根さんはナベツネさんとものすごく仲がよかったですからね。

僕は郵政大臣になって(一九九七年)びっくりしたんやけど、民放連の理事会で自見庄三郎郵政大臣を宴会に呼んでくれたことがあったんです。東京の超一流の料理屋にですよ、薄気味悪い(笑)。テレビ朝日、日本テレビ、TBS……社長がみんな来ました。いい店で飯を食わせてもらったけれども、ははあ、コイツら、これを週刊誌に売るかもしれんな……〝自見庄三郎郵政大臣が民放連のご接待に応じた〟とか。そんなことはすぐに分かりますから。それでワーッと何か話をしてね、二週間後にはリターン・バンケットと私は言ってますけど、自分でお金を出して社長連中を招いて、ちゃんとお返しをしたんです。その席には事務次官と放送行政局長の二人も連れていきました。現任者がいないといけないから。マスコミ界にはワルがいっぱいいると思っているし、彼らがどんなソロバンを弾いとるか分からない。コイツはしぶとい男だ、煮ても焼いても食えん奴だと思ったかもしれませんね。

自社さ連立村山内閣

伊藤　自民党の野党時代、何とかして政権に復帰しようとする過程で、当時新生党の小沢一郎と組もうという動きもあったでしょう。

自見　あった、ですよ。渡辺美智雄先生も一時そっちに傾いてね。〝自民党を離党したら首相にしてやる〟という口車に乗ってしまう寸前やった。我々が一所懸命それを抑えに行ったんです（一九九四年四月）。

伊藤　そうですか。

自見　そりゃそうですよ（笑）。ウチの親分が小沢さんの子分になっちゃったら、こっちは立つ瀬がないもの。ものすごく激しい派閥内の闘争がありましたよ。その親分が山崎拓さんやった。拓さんが反対したんですよ。山崎拓一派って若手が一〇人ぐらいいましたからね。甘利明や武部《たけべ》勤《つとむ》、私とかね。渡辺先生を何とか踏みとどまらせたんです。その代わり、本人からえらい怒られたけどね。

伊藤　渡辺美智雄さんをある程度担いでいたんじゃなかったんですか。

自見　担いでいたんだけど、最後のほうは、渡辺先生もちょっとお年を取られたのかなとは思いました。離党騒ぎの後、前にも話しましたが、（自社さが推す）村山富市さんか、（非自社さが推した無所属の）海部俊樹さんかという内閣総理大臣指名選挙の投票が、衆議院本会議でありました（九四年六月二十九日）。結局、村山さんが勝ったんですけど。

渡辺先生が海部に投票するんじゃないかってね、私、前の日に五、六人で渡辺先生のところに押しかけたの。渡辺先生が「飯を食おう」と、みんなに言ったんですよ。小料理屋には甘利や木《き》村《むら》義《よし》雄《お》らもおった。「先生、明日まさか海部に入れるんじゃないでしょうかね」と聞いたら、渡辺先生は「ウーーーーーン、ウッ！」って、私らにすごむわけですよ。夕方六時になったら、甘利、木村もみんな帰っちゃった。「僕、次、会合あります」とパッとね。で、私一人になっちゃって、それから夜十時まで渡辺先生のお相手をしたんですよ、みんなズルいから、渡辺先生の逆鱗に触れると逃げちゃうんだよ。私は、渡辺先生の袖にしがみついて「ちょっと行かんでください」と押しとどめたんですよ。結局、渡辺先生は聞いてくれなかった。[8] 小沢一郎さんは手練手管に長けとる。もうあっちこっちに手を打ってね。私、ある意味で小沢一郎という政治家を尊敬していますよ。

伊藤　そうですか。

自見　自民党が初めて野党に下ったときも小沢一郎が仕掛けたでしょう。細川内閣ですね。政権交代して小選挙区制（小選挙区比例代表並立制）を導入したのも、小沢一郎が仕掛けた。いわば黒船来航、ペリーが来たときの最高指導者、明治維新の最高指導者と同じなんですよ、小沢一郎は。あれは薄気味悪い男ですよ。好きじゃないけれど、尊敬はしています。政治家として、認めてますよ。それにしても小選挙区はよくない。自民党総裁たる河野洋平はたぶらかされてしまったわけです。小沢さんは敵だけど、すごい能力。恐ろしい人です。

伊藤　「政治改革」と称した小選挙区制導入の際、自見さんの一九九四年の国会議事録（衆議院「政治改革に関する調査特別委員会」）での発言を読むと、たしかに言葉の上では賛成している。でもね、何となく後ろ向きな賛成だったことが分かるんです。

自見　反対のニュアンスを出したんですよ。党議決定をしているから表向きは言えないけどね、何とはなしにね。それを感じていただければありがたいです。

伊藤　細川内閣の細川護熙さんに対して、自民党は佐川急便からの一億円借り入れ問題や義父名義のＮＴＴ株取得に関する疑惑とか、盛んに攻撃していました。自見さんも、それに加わっていたわけですか。

自見　全体としては加わっています。主にやったのは野中広務と深谷隆司で、彼らは予算委員会の野党理事だったですからね。前にも言った通り、二人とも東京都議会、京都府議会で野党やった経験があって、喧嘩慣れしている。ずっと与党で来た議員と比べて、喧嘩がうまいんです。

伊藤　その頃、一所懸命やっておられた「刷新の会」はいつまで続いたんですか。

自見　だいたい政権復帰するまで続いて、自然解散しました。それはもう政権復帰が一番の目的だったからね。

伊藤　社会党とさきがけとの連立には、刷新の会も賛成したのですか。

自見　賛成したんです。

伊藤　自社さ連携の経緯を教えていただけますか。それまでは自民党対社会党という図式だったのが、急に自民党と社会党が手を組むことになったわけですから、相当な宙返りですよね。

自見　あのね、細川連立政権は七党一会派で組んだでしょう。なのに社会党だけが〝はぐれガラス〟みたいにされたんですよ。みんなが社会党を馬鹿にするから、社会党は意見が全然通らない。それまでずっと伝統と歴史を誇ってきた社会党ですから怒ったわけです。それで、社会党の中に、おまえら、俺らをそんなに馬鹿にするなら、自民党と組んでやる、という勢力が出てきた。このときのさきがけは、いわば〝その他大勢〟です。あれは武村正義《たけむらまさよし》たちが作った自民党の若手の会ですからね。鳩山由紀夫《はとやまゆきお》君や天草《あまくさ》の園田博之《そのだひろゆき》なんてのがおったね。それから栃木県の弁護士で若手だった簗瀬《やなせ》進《すすむ》とかね。さきがけの元は自民党ですよ。

伊藤　じゃあ、自社さ連合で政権を奪回することに賛成はしたけれど、自分で進んでそれを工作したということはないですか。

自見　私はもう渋々という感じでしたね、私は右翼で、〝硬六派《こうろっぱ》〟（明治時代の国粋主義的な旧六党派）。「こんちくしょう、社会党。うーん、こいつらは暴力革命を考えているんじゃないか」と疑ったぐらいの右翼ですから。でもまあ、しょうがない。清濁併せ呑むで、やっぱり与党に復帰するためには仕方がないと思い直した。

伊藤　社会党だって、清濁併せ呑んで、日米安保にＯＫしましたからね。

自見　村山富市総理と土井たか子衆議院議長で、線香花火の最後がパッと燃えて終わりです。しかし、村山富市さんは立派な人ですよ。

伊藤　そうですか。直接に接触したことはありますか。

自見　よく知っとる。村山さんは衆議院の社会労働委員会にいたんです。社会党は年金や社会保障を担当する社会労働委員会にいるのが一番エリートなんです。党内の出世コースが社会労働委員会に来て、理事をして、筆頭理事をして、国会対策委員長をして、という党です。村山富市さんは社会党でその道を真っ直ぐ来た典型的な人なの。社会党左派でね。私も初当選以来、ずっと社労ですから、村山さんと今でも個人的にも非常に仲がいいですよ。非常に立派な人。あんな清々しい国会議員ってあまりいませんよ。野党の頃からいい男やったし、奥さんもいい人やった。大分県は昔から社会党が強くて、県知事も社会党やった時代があった。木下郁《きのしたかおる》さんと言ってね。その弟の木下哲《てつ》も野党の国会議員だった。

伊藤　何が地盤なんですか。

自見　自治労（全日本自治団体労働組合）と全逓（旧全逓信労働組合）です。すごく強いんですよ。人格ができている親分がおる。我々、自民党から見ると、この人、立派やなあと思う人がいつも大分県社会党のボスやった。この間（二〇一九年七月の参院選）も、ちょっと権力を傘に着た役人出身の男が野党統一候補の新人に負けたやろ。

伊藤　やはり県によって個性が出るんですね。

自見　あそこは農村県だから自民党が強そうに見えて、違うんです。今でも元総理大臣の村山富市さんがおりますからね。

情報通信時代への準備――光ファイバー無利子融資制度

伊藤　政権復帰したら、自社さ三党で政策を調整しなきゃならない。それで政策調整会議を設けたわけですね。

自見　あれは面白かった。まあ、まとめないと与党の意見になりませんもんね。当時は、加藤紘一さんと山崎拓さんが幹事長と政調会長をしていたでしょう。今度は連立だから、政調会長も三人おるわけですよ、「自社さ」でね。山崎さんは苦労していましたよ。今となれば懐かしいですが。

伊藤　この頃、自民党政務調査会の通信部会長として、光ファイバーの問題とかもおやりになっていましたね。

自見　通信部会長になったときは自民党はまだ野党だったんです。翌年の六月に村山内閣になって与党に復帰しましたから、与野党通じての通信部会長ということになった。

このときは、とにかく大蔵省が抵抗の固まりです。光ファイバーを引くのに〝無利子融資制度〟を作ろうとしたんです。そうでもしないといけないくらい、日本は光ファイバーが遅れていた。情報通信の時代ですから、光ファイバーは大事です。銅線と光ファイバーでは能力の差が一万倍あります。早く引かないと情報通信の発展が遅れる。だけど、政府として光ファイバーの敷設を認めるには、生身の予算を一〇〇億、二〇〇億、一〇〇〇億とつけるか、あるいは税金を負けてやるかになる。当時は金利がまだ二、三%ありましたから、設置するほうにしたら、利子をゼロにしてくれたらものすごくいいわけですよ。ところが、大蔵省が大反対です。もう上から下まで大反対。彼らは政策金利を持っとるでしょう。「なんで光ファイバーだけ無利子にするのか。全体的なバランスが崩れる」と言う。だから、こっちも「今からは情報通信の時代だ。日本国は乗り遅れるんだ。そんな古いことを言うな」と大喧嘩したんです。だけど、予算編成の最後の最後まで、そこがまとまらなかった。竹下登さんが電話をかけてきましたよ、「自見君、もうそろそろ幕を引いていいんじゃないか。君が頑張っているのはよくわかる」と。結局大蔵省に旗を揚げなさいという話なんです。あの人は大蔵族だからね。

伊藤　そこまでになって、どうやって予算を取ったのですか。

自見　ちゃんと筋書きは考えたんです。官房副長官（事務）が自治事務次官を経験した石原信雄《いしはらのぶお》さんだった。だから、最初から石原さんに話を持って行ったんです。あれは郵政省の通信政策局長が偉かった。五十嵐三津雄《いがらしみつお》といって後で事務次官になったけどね。私もちゃんと石原さんのところへ行って、「無利子融資制度を作りますから、政府も党にご協力お願いします」と頼んだ。そうしたら、石原さんが妙案を考えてくれたんです。自治省（現・総務省）には「ふるさと財団[9]」の「ふるさと融資」という無利子融資制度があるから、これを適用したらいい、と助け舟を出してくれたんです。大蔵省と自治省は昔から仲がよくないんだけど、こっちは大蔵省だろうが自治省だろうが関係ない。政府がしてくれればどこでもいいわけです。

いよいよ今日決まるという日、自民党の総務会がある日です。加藤紘一さんが政調会長やった。忘れもしない一九九四年十二月二十三日、天皇陛下（現・上皇）の誕生日です。私も宮中へ行って加藤さんがモーニングを脱ぎよるときに、「加藤先生、加藤先生」と肩を叩いて、「小渕副総裁がお待ちです」と〝拉致〟して、そのまま自民党本部の副総裁室へ連れていった。「自見君、何か」「ちょっとお待ちです」と言うてね。そうして、加藤政調会長を小渕副総裁と野中広務と自見庄三郎でガーンと奇襲攻撃をかけた。三人で三十分ぐらいかかったけれど、加藤さんを説得した。加藤さんって人の好いところがあって、我々に負けちゃったんだよ。結局、私に「文書を書け」となって、私が無利子融資制度を創設する、という文書を書いた。副総裁室の横に五十嵐局長が待機していて、文書を確認してもらったら、そのまま総務会に向かったんです。総務会の部屋は副総裁室から一、二階下にあってね。政調会長を拉致した分、総務会の開会は遅れていて、「政調会長、待たせる気か」と声が上がっているなか、加藤さんが現れて「今決定したことを報告します」と言って、大蔵省から渡されたのとはまったく違う文書をダーッと読む。みんな、よう分からんわけ。よう分からんまま、総務会で決定したら終わりや。その日は、大蔵省の理財局長も銀行局長ももう自分らが勝ったと思っとるから、家に帰って寝とるんですよ。泣いても後の祭りです。

伊藤　そう。そういうものですか。

自見　戦ですからね。最終的には大蔵省が難癖つけて「超低利融資」になったけれど、結局三〇〇〇億円ぐらいね（総額三六〇二億円）、バーッと事業が進んだんです。

伊藤　三党連立だと、社会党はこういうことにはどう関わるのですか。

自見　社会党は、政策に関してはもう一〇〇％、自民党におんぶに抱っこですよ。小さいことはあまり言ってこない。人も少ないし、専門家もおらんし。だから助かるんですよ。当時の社会党はこんなことは自民党にお任せです。総評事務局長をした大木正吾《おおきしょうご》さんが社会党情報通信部会長で、私とは仲がよかった。

伊藤　社会党はポストさえもらえばいいわけなんですね。

自見　そうなんですよ。もうそんなに細かいことを言わんですもん。政策の勉強をしていないしね。さきがけも小理屈をいろいろ言うけど、いろいろ付き合ってやったら最後は言うことを聞きます。反対はせんですよ。

衆議院逓信委員長就任

伊藤　一九九五（平成七）年一月に衆議院逓信委員長に就任されています。

自見　通信部会長を卒業した後ですね。確か当選四回目のときに委員長をできるんですよ。

伊藤　通信と逓信は同じで、その中に、郵便、為替、貯金、保険、電気通信、電波、放送といったものが全部入るのですね。

自見　そうです。自民党はなぜだか通信部会と言うのです。

伊藤　部会長と委員長とはどういう関係になるのですか。

自見　党の〝大臣〟である部会長をして、委員長をして、大臣をしたら、族議員として完成したと言えるんです。僕は政務次官はやりませんでしたけど、それをやっていたら、完全な族議員ですよ。発言力がある。僕は社労と郵政の二本立てで行ったんですよ。

衆議院逓信委員長として、日本テレビを視察（1995年5月31日）

伊藤　どちらかと言えば、逓信のほうにかなりウェイトを置いていませんでしたか。

自見　それはすごく新開地、フロンティアですからね。社労の場合はお医者さんが少ないですから、何かあったら厚生省は必ず私の意見を聞きに来ないといけないことになる。例えばワクチンのこととか分かりやすく説明してやるんですよ、国会議員は素人ですからね。だから、役人が一時間話したけど、何も分かりゃせん。自見君が一分間話したら、よう頭に入ったと言ってくれる人はいっぱいいましたよ、自民党社会部会でね。素人に分かるように翻訳してやるんです。通産政務次官もやったから、僕は商工族でもあるんですよ。

伊藤　族議員と部会長、委員長とはどういう関係になるんですか。

自見　部会長を経験してから委員長とかになりますから、よく分かっているんですよ。族議員には部会長経験者しかならないんです。後輩が来たら可愛がっとかんと、党内での影響力がないわけです。だから、上の人は可愛がってくれますよ、来たからには育ててやろうと思って。そうしたら自分の力にもなりますしね。そういう力学が働くんですよ。

伊藤　それじゃ、族議員との関係もうまく行ったのですか。

自見　まあ、通信、逓信では、それほどいじめられはしませんでしたね。

伊藤　あまり大物がいなかったということですか。

自見　いいえ、大物はいましたよ。通信部会の一番のボスは小渕さんでした。前にも言いましたけれど、郵政省はずっと田中角栄派の牙城。全国の特定郵便局長たちです。郵政省は完全に田中角栄が押さえたんです。押さえたから、郵政大臣を中曽根派の私にやったんですよ。実際には何もできない。実に奥の深いところ、利権のところはみな、田中角栄派が押さえ込んどったわけです。

阪神・淡路大震災

伊藤　一九九五（平成七）年一月十七日午前五時四十六分、阪神・淡路大震災が発生しました。このときはどうされていましたか。

自見　あの時分、衆議院の逓信委員長になったばかりでした。僕、すぐに現地へ向かおうとしたんですよ。震災が起きたのは何曜日でしたかね。

伊藤　火曜日です。

自見　だからか。金帰月来で、いつもだったら九州の地元から東京に向かう日です。僕はその日、小倉の特定郵便局長会の会長やら役員やらと飯を食って、「明日、神戸にお見舞いに行ってくる」と言ったんです。だけど、簡単には行き着けないわけです。新幹線は姫路までしか行かない。僕は一月十八日の夜中に姫路に着いて、駅前のホテルに泊まっとったの。そうしたら、びっくりするんだけれど、やっぱり郵政省って所は〝情報庁〟なんですよ。近畿郵政局の総務部長から「明日、迎えに行く」って、電話がかかってきたの。現場に迷惑をかけたらいけんと思って、黙って行ったのに。だけど結局漏れちゃったので、車で神戸まで連れていってもらいました。四階建ての神戸中央郵便局が半分崩れかかっているにもかかわらず、局員はちゃんと朝八時半から九時にはみんな真面目に来ておった。郵便局員って、そんなところ感心するほど真面目ですからね。で、僕は何か挨拶したのを覚えていますよ。

　近畿郵政局員が三万人ぐらいおって、誰も死ななかったけれど、かわいそうに学生アルバイトが一人亡くなったんです。その学生の家が西宮にありましたから、僕はお悔やみに行って、それで帰ったんです。やっぱり上に立つ人は、どんな状況であっても行かないけんのですよ。忌み事というやつ、事故とか事件とかにはパッとね。這ってでも私は行こうと思った。逓信委員長なんですから。今でも僕はよう覚えとる。神戸中央郵便局の貯金課長が女性だったんだけど、彼女が六甲山の麓から自転車に乗って郵便局に来ていましたよ。すごいねえ。倒れとる電柱を越えながら来たそうです。勤勉で真面目、日本人の美点ですね。

中国訪問――胡耀邦の思い出

伊藤　一九九四（平成六）年に山崎さんたちと上海に行かれていますね。前にお話しされていた共産主義の崩壊ということもありますが、中国はどんな印象でしたか。

自見　僕が日中国交回復して間もなく第一回目の「福岡市青少年の船」で中国へ行ったことはお話ししたでしょう。国会議員になった後も、中国には何回か行っています。行くたびに変わっている国です。リーマン・ショック（二〇〇八年）の後、グーンと伸びた。リーマン・ショックがなければ、今の中国にはなっていないでしょうね。

国会議員一期生のときに、僕が中国に「行きたい、行きたい」と言ったら、日中友好議員連盟会長だった伊東正義《いとうまさよし》さんが連れていってくれました（一九八五年九月）。伊東さんは大平正芳さんが死んだ後、「総理大臣になれ」と党内の声が上がったのに、それを蹴っ飛ばした人。ものすごく中国人に敬意を持っていてね、王洪文《おうこうぶん》だったかな。その人が失脚したあとで幽閉されていたけれど[10]、伊東さんはお見舞いに行きましたよ。そのときは北京と西安、広東へ行って、香港経由で帰ってきました。中南海では胡耀邦《こようほう》総書記[11]とお会いしました（九月十三日）。伊東さんが一時間ぐらい、いろいろな話をされて、最後に「誰か他に質問はないか」と言われた。私は一番若い団員だったので末席におったんだけど、ハイと手を挙げたんです。「胡耀邦総書記、あなたはアジアの政治家として、何が最も大事だと思いますか」と聞いてみたんです。二〇秒ぐらい黙っておられたので、俺、何か悪いことでも質問したかなと一瞬心配した。そうしたら胡耀邦総書記が「それは人民の脈を診ることである」と答えられたんですよ、伊東正義さんがすかさず、「総書記、あなたは自見団員が医者であることを知っておられるのですか」と尋ねた。総書記はもちろん全然知らなくて、「彼は医者ですか」と返事をしたから、一同で大笑いになったの。そのことは有名な『人民中国』という（日本語）雑誌に載りました。胡耀邦総書記は中曽根さんと非常に仲がよかったでしょう。民主派の学生にも理解があった人でした。

伊藤　一九九七年には山崎拓さんを団長にして中国を訪問されました。しかし、自見さんは日本香港友好議員連盟の事務局長をしておられました。中国と香港、台湾は複雑な問題になっていますが、当時の印象を教えてもらえますか。

自見　日本香港友好議員連盟の会長は羽田孜さんでしたね、あの方の後任として、自見庄三郎クンが会長になりました。日中議員連盟の副会長も長く務めましたよ。山崎さんと二人で中国のナンバー1、江沢民《こうたくみん》に会ったこともあった。香港返還のちょっと前でした。僕は江沢民に言ってやったんです。「日本香港友好議員連盟の事務局長として閣下に一言申し上げる。香港に駐留しておる人民解放軍が騒動を起こさないように、手綱をきちっと締めてください」と。そうしたら、江沢民が怒って、立ち上がって「英国は、我が中国領土の香港を軍事的に占領しながら、一〇〇年間、一度も謝っていないのだ！」とね。すごい声だった。あれぐらい言わな、一二億人に届かないのだ、と思いましたよ。

台湾は一回だけ行ったことがあったけれど、ずいぶんと私にエールを送ってくれましたね。伝染病のSARS（重症急性呼吸器症候群）が世界で流行ったでしょう。二〇〇二年に中国で発生して、台湾でも流行ったんです。中国はWHO（世界保健機関）でSARS対策に関して台湾をのけ者にしたんですよ。僕は医者やから、「政治体制の違いがあっても人間の命は同じだ。台湾をのけ者にするのは駄目だ」と憤慨して、当時外務大臣やった川口順子さんらにずいぶん言ってやったんですよ。参議院議員になった娘（自見英子）が五、六年前に訪台したら、「台湾の医師会は自見庄三郎さんにものすごく助けてもらった」と感謝されたそうです。あちらの人たちは恩義になったことをよく覚えていますね。

麻生渡福岡県知事当選

伊藤　一九九五（平成七）年四月に福岡県知事に麻生渡さんが当選しています。県知事を革新から奪還したことになりますが、県知事選挙というのはどういうふうにやるのですか。

自見　それはもう、私の後援会を集めて、「私は今度の知事を命がけでこの人にする。福岡県は革新の県知事で停滞しとるから、この人にやらせてくれ」と言う。

伊藤　ほかの自民党の代議士や県会議員も同じようにやるわけですか。

自見　こんなに一所懸命やるのは私一人ですよ。私は他人の選挙を一所懸命するんです。渡辺美智雄先生から「政治家は大きくなろうと思ったら、他人の選挙を一所懸命しなさい。そうしたら敵もできるけど味方もできる。他人の選挙をええ加減にしとったら、そんな奴は絶対に大きくならないよ」と教えられた。だから、私は県知事選挙でも参議院選挙でも一所懸命したんですよ。とうとう選挙違反まで出してしまった。

伊藤　自分の選挙じゃなくて、ですか。

自見　そう、人の参議院議員選挙。人の選挙で選挙違反を出すって、馬鹿ですよ。（笑）

伊藤　麻生渡さんはできる男だったのですか。

自見　できるんです。私が通産政務次官をしたときの部下でもありました。県知事を四期してから、全国知事会の会長にもなりました。いいタマじゃないと選挙は通りませんよ。

このときはね、重富吉之助《しげとみきちのすけ》という元役人が出ていたんです。重富は参議院の補欠選挙（一九九一年）で一度通って、だけど次の本選挙（一九九二年）で落ちていたんです。そのときの自民党の対応が冷たかったんでしょうね。そういうのが「こんちくしょう」と出てきた。政治家が落ちた後の手当は非常に大事なんですよ。筑豊地方の出身で、前の選挙に落ちた同情もあったりするから、私が一所懸命応援しなかったら、麻生さんは危なかったと思いますよ。

麻生渡さんは昔、北九州市長の候補に一遍挙がったことがあるんです。渡辺美智雄先生が通産大臣（第二次中曽根内閣第二次改造、一九八五年十二月〜八六年七月）で、彼はちょうど通産大臣官房総務課企画室長をしとったんです。「麻生渡さんを北九州市長候補にしてくれ」と、私と山崎拓さんとで頼みに行ったの。県連会長は三原朝雄さん。三原朝彦君のお父さんでね。一週間ぐらい経って渡辺美智雄大臣に「どうでしたか」と尋ねたら、「辞表を持ってきた」と。「せっかくの大臣の思し召しでございますが、私は北九州市長になる気は全くございません。それでも大臣が〝せよ〟とおっしゃるなら、今日で辞めさせていただきます」って辞表を出したと言うので、渡辺先生は「いやあ、自見君、大変だよ、彼は辞表を出したから（候補に担ぎ出すのは）駄目だ」と言われた。でも、福岡県知事にはなったんです。面白いでしょう。なかなか潔い男なんです。政治家に向いているんですよ。それで北九州市長選はパスしておいて、特許庁長官になった。その後はもう終わりですから、県知事になりたかったんでしょうね。

僕が北九州の市民会館に支持者を二、三千人集めて「麻生渡を励ます会」をしたら、渡辺美智雄先生が来られてその裏話を全部しちゃった（笑）。「北九州市長になれって俺が言ったら、辞表を持ってきたんだ、こいつ。だからもう選挙には出ないかと思ったらね、福岡県知事に立候補しとる。要領がいいんだ、この男は」とか言ったら、みんな、ウワーッと盛り上がるでしょう。麻生さんは壇上で「気をつけ」の姿勢になって。みんな大笑い。渡辺美智雄先生はそういうのがうまかった。親しみが湧く。で、応援してやろうかと思う。渡辺先生は天才的にうまかった。もう全部分かって演説しておられましたよ。人の心をパッと捕まえるんですよ。エピソードを一個入れてやってね。ほら、役人ってどうしても威張った感じになるじゃないですか。

伊藤　県知事が保守系になると、自分の選挙にとってもいいことがありますか。

自見　やっぱりいいですよ。革新系の県知事（奥田八二）のとき、集中豪雨で行橋が大水にやられたことがありました。そのとき田中六助さんが激甚災害指定にしてくれたんです。[12] 行橋の川は二級河川なので、激甚災害指定は例外的なんですよ。でも、六さんがガーンと押し込んだわけです。激甚災害指定になると補助金がものすごく増える。S字に蛇行している川を改修して真っ直ぐにしようと行橋も予算を付けて、国も付けた。ところが、川のカーブの内側に共産党支持者が住んどった。それで共産党の衆議院議員が県知事にねじ込んで工事に反対した。それで、知事の意向で福岡県が拒否する形になって、その予算付けがパアになったんです。今でも川が曲がったままになっているのを見ると共産党を思い出します。「ちくしょう」ってね。行橋は私の選挙区でしたからね。そういうことで、社会党の県知事だと公共事業が減るんですよ。自民党なら当然作っていますよね。

他にもあるんですよ。田川郡糸田《いとだ》町の町長が「老人福祉施設を作りたい」と頼んできたから、「応援しましょう」と応じたんです。厚生省に話をしたら、今度は県の課長が「やめてください。裏打ちする予算がありません」と町長に言っとるんです。町長がお詫びに来ましたよ。「自見さん、アンタがしてくれて、厚生省もＯＫで、町も金を用意しとったら、県の課長が来て『それだけはどうしてもやめてくれ。金がない』と言う。それでやめました」と。そんなことがあるんです。県は市町村と国の中間にあって、拒否権を持っています。県が「しません」と言ったら、国は予算を全然付けられません。逆に、喜んで「ぜひ来てくれ」と言う自治体に付けます、当たり前ですよ。全国、みんな競争なんですから。省議でも「福岡県が望んでいませんから」となれば、「ああ、それならしょうがないな」となる。そんなわけで革新県政だと、事業が現実に滞ってしまうんです。

（1）反「経世会」支配を掲げて政治行動を共にした政策グループ。一九九一年結成。山崎拓、加藤紘一、小泉純一郎の頭文字をとって「YKK」トリオと呼ばれた。

（2）社会党は政権樹立にあたって従来、自民党と先鋭的に対立していた政策・考え方について妥協した。具体的には①自衛隊は合憲、②日米安保の堅持、③PKO（国際連合平和維持活動）の積極推進、PKF（国連平和維持軍）は要検討、④日の丸・君が代は国歌・国家として尊重し、教育現場での指導も可、⑤稼働中の原発容認、⑥五％増税、⑦政治改革関連法（三百の小選挙区区割）可決、の七点。

（3）「自民党のプリンス」と目された河野洋平は、ロッキード問題のさなかに離党。田中角栄前首相が東京地検特捜部に外為法違反容疑で逮捕される一ヵ月前の一九七六年六月二十五日、「保守政治の刷新」を掲げて新党「新自由クラブ」を結成。一九八六年、河野は同党を解党して自民党に復党した。

（4）いわゆる「椿事件」とは、一九九三年九月二十一日に開催された民間放送連盟の放送番組調査会で、テレビ朝日取締役報道局長であった椿貞良の非公開発言をめぐる問題。「五五年体制」の崩壊が取り沙汰された衆議院議員総選挙に向けて、椿が〝非自民政権が生まれるように報道せよと指示した〟などと発言したと、『産経新聞』が十月十三日付で報じた。これを受けて、自民党が真相を究明する構えを示し、郵政省の江川晃正放送行政局長も、政治的公平がなされていなかったことが事実だとすれば、放送法規定に反すること、さらに、電波法七十六条によって一定期間電波を止めることができる、との見解を示した。

（5）放送法第四条〈放送事業者は、国内放送及び内外放送の放送番組の編集に当たっては、次の各号の定めるところによらなければならない。一　公安及び善良な風俗を害しないこと。二　政治的に公平であること。三　報道は事実をまげないですること。四　意見が対立している問題については、できるだけ多くの角度から論点を明らかにすること〉。

（6）第百三十六回国会衆議院予算委員会（一九九六年一月三十日）で山崎拓理事は自民党を代表して質問に立ち、次のように発言している。

「我が国では、政党を組織し政権をとることを目的とした宗教団体は、オウム真理教と創価学会だけでございます。創価学会が教義を拡大し巨大な宗教団体として成長し、社会的にも政治的にも大きな影響力を及ぼしている現状から判断いたしますと、多くの国民が抱いている創価学会に対する疑問、疑念を解きほぐす必要があるのではないかと考えます。そして、そうすることが国民に対する我々の責務であると考える次第でございます。／そこで、委員長、我が党といたしましては、一日も早く宗教法人等に関する特別委員会を改めて設置いたしまして、宗教と政治のかかわり方の問題につきまして改めて論議を行うべきではないかと考えている次第でございます。もし新進党が特別委員会の設置に反対であれば、住専問題等についての集中審議が行われると存じますが、それが終了いたしました時点で、予算委員会においても宗教と政治のかかわりにつきまして集中審議を行いまして、国民の疑問、疑念を解きほぐしたら、解明したらどうか、かように考える次第でございます。／その際、秋谷会長との質疑で明らかにならなかった創価学会の真の指導者である名誉会長の池田大作氏を予算委員会に参考人として御出席をいただいて、この疑問解明に御協力をいただいたらどうかということを委員長に提案をさしていただきまして、私の質疑を終わらしていただきます」。

（7）実際には解任。喚問で「現在は無職」と発言している。

（8）『読売新聞』一九九四年六月三十日付朝刊によれば、造反した自社両党議員は次の通り。

◇第一回投票で、自民、社会両党で、村山富市氏に投票しなかった人。

【自民党】▼海部俊樹氏に投票＝赤城徳彦、伊吹文明、石橋一弥、稲垣実男、今津寛、片岡武司、河村建夫、佐藤剛男、鈴木宗男、田野瀬良太郎、武部勤、津島雄二、中尾栄一、中島洋次郎、中山正暉、野田聖子、野田毅、野呂昭彦、浜田靖一、堀之内久男、御法川英文、保岡興治、山口俊一、山本有二、渡辺美智雄▼白票・欠席＝宇野宗佑、大原一三、塩谷立、中川昭一、中曽根康弘、古屋圭司

【社会党】▼海部俊樹氏に投票＝大木正吾、大畠章宏、川島實、左近正男、土肥隆一、中村正男、堀込征雄、吉岡賢治▼白票・欠席＝網岡雄、石橋大吉、後藤茂、輿石東、佐藤観樹、佐藤泰介、嶋崎譲、関山信之、田口健二、田中昭一、田辺誠、永井孝信、日野市朗、細川律夫、山元勉、和田貞夫

◇第二回投票で、自民、社会両党で、村山富市氏に投票しなかった人。

【自民党】▼海部俊樹氏に投票＝赤城徳彦、今津寛、河村建夫、鈴木宗男、武部勤、津島雄二、中尾栄一、中曽根康弘、中山正暉、野田聖子、野田毅、野呂昭彦、浜田靖一、御法川英文、保岡興治、山口俊一、山本有二、渡辺美智雄▼白票・欠席＝伊吹文明、石橋一弥、宇野宗佑、佐藤剛男、塩谷立、田野瀬良太郎、中川昭一、中島洋次郎、古屋圭司、堀之内久男、山中貞則

【社会党】▼海部俊樹氏に投票＝大畠章宏、川島實、左近正男、土肥隆一、中村正男、楢崎弥之助、堀込征雄、吉岡賢治▼白票・欠席＝関山信之、田中昭一、田辺誠

◇参院の首相指名選挙で自民、社会両党で村山氏に投票しなかった人。

【自民党】▼河野洋平氏に投票＝清水嘉与子、鈴木栄治▼白票・欠席等＝鈴木貞敏、石渡清元、

小野清子、合馬敬、笠原潤一、木宮和彦、斎藤文夫、中曽根弘文、野間赳、野村五男、宮崎秀樹、村上正邦、吉村剛太郎、板垣正、大浜方栄、河本三郎

【社会党】▼海部氏に投票＝本岡昭次▽白票・欠席等＝北村哲男、種田誠、堀利和、佐藤三吾、松本英一〉

（9）地域総合整備財団、通称「ふるさと財団」は、一九八八年十二月に設立された。地方公共団体の依頼を受けて、地域振興に資する民間投資を支援するために都道府県、もしくは市町村が長期無利子資金を融資する（「ふるさと融資」の）際の総合的な調査・検討や貸付実行から最終償還に至るまでの事務を請け負う。

（10）一九八一年一月、最高人民法院特別法廷で、林彪ら「四人組裁判」（林彪・江青集団事件裁判）が行われ、王洪文に終身刑の判決が下った。

（11）党主席、党総書記として「改革開放」政策を進めた。一九八六年の民主化運動に理解を示したことから、翌八七年に総書記辞任。八九年四月の死去をきっかけに「天安門事件」が起きた。

（12）一九七九年六月の浸水被害を契機に、長峡川や小波瀬川など行橋市を流れる二級河川で河川激甚災害対策特別緊急事業が実施された。

第五章

知識と権限

介護保険、ＮＴＴ分割化

1996年10月の衆議院議員選挙で自見の応援演説をする
橋本龍太郎総理（ＪＲ小倉駅前で）

渡辺美智雄の死

伊藤　一九九五（平成七）年九月十五日に渡辺美智雄さんが亡くなりました。このときはどのように関係されていましたか。中曽根派を継承して、渡辺派になっていたわけですから、大きな影響があったでしょう。

自見　大きな大きな影響がありましたよ。実は私が秘密裡に入院させたんです。膵臓《すいぞう》癌でした。渡辺先生から「ちょっと自見、俺、慶應義塾大学病院にかかっているんだけど、癌の疑いがある」と聞かされたんです。九二年五月のことでした。

渡辺先生は、もともと糖尿病で慶應病院にずっとかかっておられました。糖尿病患者は膵臓癌になりやすいんです。「どこで手術したらいいか」と聞かれたんですね。「ちょっと待ってください」と言って、九大とかのいろいろな外科の教授に電話を掛けたんです。渡辺先生は、脇で電話のやり取りを聞いておられて、「自見、一番いい病院へ連れて行ってくれ」と言いました。当時渡辺先生は副総理兼外務大臣やった。みんなが「それなら、東京女子医科大学の羽生富士夫《はにゅうふじお》教授（消化器外科学）だ」と言うんですよ。僕は羽生さんを知っていましたからね。千葉大学（旧・千葉医科大学）出身の中山恒明《なかやまこうめい》という、天才的に手術の上手な人が東京女子医大にいて、一世を風《ふう》靡《び》したんです。彼の弟子の一人が作った宇都宮の病院には、中山恒明記念館がありますよ。羽生さんも中山さんの弟子です。東京女子医大教授になって、ものすごく手術がうまい。膵臓の手術を恐ろしいほどたくさん手掛けているんです。それで羽生さんに電話をしたら、「おう、自見君、連れてこい。ただ、副総理なら新聞社が来るかもしれんな。それなら偽名で特別室に入れとけ。弟子の開業祝いで今日は静岡にいるけれど、夜には帰る。俺がちゃんと言っておくからな」と言うわけ。それで僕は渡辺先生を車に乗せて、山崎拓さんと一緒に行ったんです。私一人だけというわけにいきません。それで女子医大の特別室にちゃんと入った。

　偽名を作らなきゃいかんでしょう。「渡辺先生、健康保険で入院したら、すぐに外に漏れますよ」と言ったんです。細胞診とかの検査で「おっ、渡辺美智雄？　細胞診。癌や」って、検査技師らは書類を見れば分かりますからね、すぐに人の口にのぼる。守秘義務はあるけれど、医者以外は結構ルーズなんですよ。有名人が来たら、オオッとなる。「先生、医療費は少々高くなるけれど私費で払うことにして、偽名にしないと駄目ですよ」と注進したら、「おう、それでいい」と承諾された。名前は「吉田稔」。昔、ウチの親父が死んだ後、私の病院をやっていただいた京都大学から来た立派なお医者さんの名からもらいました。カルテから何から全部「吉田稔」です。しかし副総理だから、ＳＰは付いてもらいましたね。

でも、結局はバレちゃった。渡辺先生は副総理で外務大臣だから、ＳＰに付いてもらったし、それに外務省にも伝えないけんということになった。それで役所に連絡したら、事務次官がやってきたから、夜中に一時間くらい病室にいてもらって、帰り際に「渡辺先生が癌だと知られてしまうから、ここに入っとることは絶対にマル秘やぞ」と山崎さんと念を押したんです。それでしばらくして僕が帰ろうと車を運転しとったら、ラジオから「渡辺副総理、緊急入院、手術」ともう流れてきた（笑）。言わんでもいいことに「山崎代議士と自見代議士もおった」と。新聞記者が事務次官をだいぶ攻め立てたようです。それからは毎日、病室の外にテレビカメラがずっとおった。何ヵ月もです。

ただしね、手術して、三年半もった。やっぱり膵臓癌だった安倍晋太郎さんは（一九八九年の手術から）二年で亡くなっています。医者の差ですよ。それくらい医者の腕って違う。我々はよく分かっているんです。読売巨人軍の王・長嶋クラスと草野球の選手くらい違うんです。

伊藤　「三年半」とは、渡辺さんは病院に入院したきりでしたか。

自見　いやいや、何度か退院されています。それで外務大臣を辞められましてね、弱気になった。弱気になったところに、小沢一郎が悪魔のようなささやきで、おだてたでしょう。「自民党を離党したら総理大臣にしてやる」って。ミッチャン、揺れたんですよ。それを必死になって押さえたのが山崎拓と自見庄三郎なんです。前に話した通り（一九九四年六月二十八日夜）、明日本会議で首班指名選挙があるというとき、渡辺先生は本当に機嫌が悪かった。俺たちが「先生、（離党して）総理大臣になりなさい」と言わんものだから。甘利や木村義雄がいなくなった後、残った自見庄三郎独りで渡辺先生に怒られておった。このときは、代わりに海部俊樹がチョロッと自民党を出て行った。

伊藤　渡辺さんが亡くなったことで派内への影響はどうなりましたか。

自見　今度は山崎拓さんが出ていくことになった。山崎派を作るとね。

伊藤　山崎拓さんはすんなりと後継者になれなかったということですか。

自見　そうです。山崎先生が派閥を出ていくことになった。私は最初の自民党学生部の頃、山崎さんが県会議員の頃から同志です。「近未来政治研究会」と称する山崎派ができたのが一九九八年です。渡辺先生が亡くなってから、しばらくは集団指導体制みたいになっていました。生きとるときは渡辺美智雄、山崎拓が主流だった。派閥の中でドンとしてね。ところが、渡辺先生が亡くなったら、フニャフニャになってしもうた。山崎先生を快く思っていない先輩たち、越智伊平《おちいへい》、武藤嘉文《むとうかぶん》、江藤隆美とかいろいろいましたからね。すんなりいかなくて、それで山崎先生が派閥を出ることになったんですよ。

第一次橋本内閣発足

伊藤　渡辺さんが亡くなられた後、第一次橋本龍太郎内閣が発足（一九九六年一月十一日）しました。自見先生は橋本内閣の成立を一所懸命推進されたそうですね。

自見　私はね、一九九五年九月の自民党総裁選挙の前に、密約したんですよ。村岡兼造《むらおかかねぞう》と山崎拓と自見庄三郎とまず会ったんです。で、「ＹＫＫの加藤紘一、山崎拓、小泉純一郎が三人まとめて橋本龍太郎を応援する。その代わり党三役のうち、ポストを二つくれ」と言ったんです。その場で村岡兼造が「よし分かった。それで行こう」と了承してくれた。それで橋本さんと相談して、加藤さんが幹事長に、山崎さんが政調会長になったんです。

伊藤　村岡さんが橋本さん側の交渉窓口だったのですね。

自見　当時の村岡さんは誰が見ても、橋本龍太郎の側近中の側近、橋本龍太郎を支えている存在でした。ＹＫＫは三人とも派閥が違うというのがポイントです。橋本サイドもＹＫＫを取り込みたかった。

伊藤　だけど、一九九五年の総裁選には小泉さんも出馬している。

自見　小泉さんは総裁選が無投票になることを嫌った。ＹＫＫは「反経世会」で三人がつながっていたけれど、小泉さんだけは少し外れているようなところがあった。

伊藤　自見さんはその前から橋本さんとは関係がありましたか。

自見　山崎さんは橋本龍太郎が厚生大臣のとき厚生政務次官やったです。僕は厚生族ですから、橋本さんに非常に可愛がられましたよ、派閥の関係というよりか、政策でね。同期生、五十八年当選組で最初に社会労働委員会の理事になったのは私ですよ。伊吹文明より先ですから。彼は衆議院議長にもなったけどね。

伊藤　とにかく、橋本総理を実現しようと動かれたわけですね。

自見　そう、私は「橋本龍太郎を総理総裁にする会」の事務局長ですから、ハハハハ、中核ですよ。自民党の多数派工作です。その代わりに、さっき言った通り、裏で「橋本龍太郎さんが総理になったら、ＹＫＫの三人のうち二人を三役に登用する」という密約をしたわけです。村岡と山崎拓と私で話をまとめた。その後で橋本龍太郎さん本人も来ましたよ。

伊藤　それはどこでしたか。

自見　確か、ホテル西洋銀座じゃなかったかな。そして山崎さん、加藤さんと会って了解を得たんです。

伊藤　その際、自見さんは山崎さんを担いだわけでしょう。

自見　私は山崎さんの一の子分だった。で、村岡さんは額賀福志郎を連れてきた。この密約を知っとるのは、現職ではもう額賀福志郎一人だけです。あいつは田中派の常として口を割らんからね。そうして橋本さんが総理総裁になったら、梶山静六が「ＹＫＫから二人？　あの小僧たちが」と怒り狂ってね、電話機をガーンと投げつけたんですよ、「ふざけんな！」って。しかしね、橋本龍太郎さん、ちゃんと約束を守ってくれた。だから加藤さんが幹事長になって、山崎さんが政調会長になった。すごいよ。やっぱり保守政治家が総裁になるとき、人事の約束をきちんと守らんと、全然信用されないんですよ、後々負けても。これが自民党の鉄の掟なんです。約束した人事を守らんやったら、これはもう人間扱いされません。

伊藤　でも、人事はあっちにもこっちにもいいことを言って、ということがあるでしょう。

自見　ええ。一人が大臣になったら、四人は泣いとるんですから。五人に「おまえ、してやる」「してやる」と言ってね。だいたい佐藤栄作の時代から「一人なったら四人泣いとる」と言うんです。それが政治の常だけど、橋本龍太郎さんは真面目に守ったよ。絶対に橋本派内から反対の声が出ていますよ。梶山静六なんかが反対の急先鋒《きゅうせんぽう》です。

伊藤　で、橋本内閣の時代に山崎政調会長が実現した。

自見　ええ。山崎政調会長と加藤紘一幹事長がグッと近づいた。

伊藤　自見さんは加藤さんとはそれほど親しくなかったでしょう。

自見　いや、ものすごく親しいです。私、ＹＫＫの事務方のようなことをしていましたから。福岡に加藤さんと小泉純一郎が来て飯を食うときはいつも私は一緒にいましたよ。

伊藤　でも、小泉さんとはあとで。（笑）

自見　大喧嘩するんだけどね。

伊藤　その頃までは親しかったわけですか。

自見　親しかったですよ。小泉純一郎って女の人から異常にモテるんです。クラブに行くでしょう。女の子が「純ちゃーん」と黄色い声でみんな出てくる。ルアーフィッシングってあるでしょう。擬似餌《ぎじえ》をやると、魚がピーッと寄ってくる。もう、あんな感じ。異常にモテる。あんな男と一緒にクラブなんかに行くもんじゃないですよ。「キャー、純ちゃーん」って、みんな小泉さんの脇に集まって、他の人は呆然としとる。あれくらいモテる人って、僕はあんまり知らんね。

伊藤　じゃあ、小泉進次郎もそうだろうな。

自見　そうでしょうな。それであの「お・も・て・な・し」をやったタレントを射止めたんでしょう。やっぱり侠気があって面倒見がいいと、モテるんでしょうな。気風がいいんですよ。さらしを巻いて腰にドス一本って、言うなれば高倉健の世界。

伊藤 純ちゃんの祖父、小泉又次郎《またじろう》が実際にそうだったでしょう。

自見 おじいちゃんは全身刺青の横須賀の大親分ですよ。戦前「刺青大臣」として有名やった。小泉純一郎の父純也《じゅんや》さんは、鹿児島選出代議士の書生だった。又次郎さんが幹事長をしとった立憲民政党で働いておって、目鼻立ちがしっかりしたなかなかの男ぶりやった。そうしたら又次郎の一人娘と駆け落ちしちゃったのよ。純也さんも度胸があったんやね。親子四代、そんなことが似ているかもしれんね。

自民党政務調査会副会長

伊藤 山崎政調会長の下ではどのような仕事をされましたか。

自見 まず、党政務調査会の副会長になって（一九九五年九月）、公共事業と通信を担当しました。二つ取っていいので、僕は公共事業と通信を取ったんよ。公共事業の担当は一番おいしいポストで、誰もがなりたがる。建設省、運輸省……、全部あるじゃないですか。一期下の木村義雄が「自見さん、公共事業担当が一番いいですよ」と教えてくれた。

伊藤 郵政との関わりは、そこからずっと続いたのですね。

自見 そう。通信部会長代理、通信部会長、政調副会長の郵政担当。そして郵政大臣。だから完全な族議員です。郵政省にとってはお客様でなくて、もう完全に身内なんですよ。その代わりに、いろいろなことをしてやったもの。

伊藤　郵政のために、いろいろとしてやるんですか。

自見　ある意味では、こき使われますよ。一所懸命やらんと、役人が信用してくれませんからね。

伊藤　マルチメディアなんていうのはやっぱりその一つですか。

自見　ええ、全くもってそうです。通信部会長代理をしたときからですね。それまでの七年間、郵政省という役所に行ったことがなかったでしょう。

伊藤　郵政の前に、まず公共事業のほうからうかがいます。これはやっぱり地元に利益を誘導するのにも有利なんですか。

自見　それは有利ですよ。ものすごい発言権があります。あの頃は、予算は自民党の政調会と大蔵省とが話して決めたんです。だから公共事業担当になったら、各省庁の公共事業担当の局長が政調会長室へ毎日来ますよ。で、山崎さんに挨拶して、帰りは自見庄三郎クンに挨拶して、その割り振りを決めていくんです。僕、よう分かったけれどね、予算を一％ぐらい伸ばしてやるとね、飛行機が離陸して、水平尾翼をちょっと上へやったら高度がビーッと上がるでしょう。それと同じで、たった一％でも、一〇年経ったら、ものすごく増えるんですよ。一％ずつ下げられたら、一〇年経つと、ものすごく減る。その仕組みが分かった。だから役人側も必死です。局長なんかもう役人生命を賭けて来る。うまくいかなければ、絶対に建設省の事務次官になんかなれません。こっちはもう何でもできますよ。あのときは環境省の産業廃棄物の廃棄事業にガンと増やした。ごみ処理場とか夢の島とかの予算を私が増やしてやったんです。

伊藤　選挙区にも還元できるわけですね。

自見　できますよ。前に話した北九州空港、運輸省です。私の執念ですから、「俺は、どこの建設会社を使えとかは言わんけど、飛行場だけは作ってくれよ。それだけしてくれたら、俺はおまえのところの言う通りにちゃんと働く」と。これで一発ガーンとかますんです。そうしたら相手はウーッとなって、「はあ、北九州空港だけは」となる。彼は役所に帰ったら航空局長に会って、もうワアワア攻め立てますよ。それが気の利いた役人、忖度《そんたく》の塊の役人。それをしない奴は全然偉くなりません。

伊藤　空港のほかには何をされましたか。

自見　飛行場。それから高速道路もあった。私は東九州自動車道建設促進議員連盟の幹事長をずっとしていました。会長は江藤隆美さん。そうやって一所懸命にやらんと、建設省なんか、予算をつけてくれませんよ。二兆円かかるんですから。四三六キロ、北九州からずっと九州の東側を鹿児島まで。

伊藤　前に国土政務次官をやって、だいたいのことは分かっていたでしょう。

自見　それもありますね。計画を作る部署は国土庁。四全総も国土庁ですから、なじみはあったわけで、それがよかった。国土庁って建設省とつながっているでしょう。自民党の国会議員のところに田舎の市町村長が来ると、七割が「道路を作ってくれ」と言うんです。市町村長の全陳情の七割は道路。道路予算はいっぱい要りますよ。で、私が建設省にガンと言うんです。その人に力があると見たら、ガッと予算が来る。今やったら、二階俊博《にかいとしひろ》さんのところに行ったら、和歌山県にはすぐに付くと思いますよ。昔は田中角栄の地元。もう無茶苦茶付いたんだから、上越新幹線も東北新幹線とほぼ同時でしょう(1)。絶対にあれは角さんですよ。あれは政治力の差です。誰が考えても、東京から仙台までのほうが国家の優先順位として上でしょう。でも、そんなのは関係ない。この前言ったように、一二〇の中選挙区があったら、一二〇人の代議士が命がけでその地域の代表として主張しないと、現実的には絶対に遅れるんですよ。

伊藤　そういう意味では、総理大臣の権威はやっぱり非常に大きいわけですね。

自見　だから今、山口県の公共事業がものすごく増えて、ダントツ一番ですよ。北九州市の隣だからよう知っています。

伊藤　忖度だけじゃなくて、「やれよ」と言うのかもしれないけれど、露骨に言ったら、あとでやられちゃいますよね。

自見　いやいや、それは政治活動ですから、お金を取りさえしなきゃ違反にはなりません。政治的判断です。お金を取ったら駄目ですよ。それはすぐに捕まります。

伊藤　通信担当の副会長としては、「ＮＴＴ（日本電信電話株式会社）分割問題(2)」が当時最大の懸案でしたが、そもそもこの問題はどこから出てきたのですか。

自見　鈴木内閣の第二次臨時行政調査会で審議して、電電公社の「民営・分割」は閣議決定になっとったんです。で、一九八五年に株式会社になって、民営化は済んでいた。ものすごい高値で株が売れたでしょう。先に民営化して、あとで分割しようという手順やった。我々のときがそれに当たった。

伊藤　株式会社といっても、株の大半は政府が持っているんですよね。

自見　最初は政府が持っとったんです。しばらく経って株の一部を売り出した。それでピッと値が上がったですよ。みんな儲かった。なかなか買えなくてね。たくさん持っとった政治家はおったんじゃないですか。それで、「分割」するって閣議で決まったから、分割せないかんわけですよ。それで、一九九五年に自民党からアメリカとヨーロッパに情報通信の調査に行ったんです。山下徳夫《やましたとくお》さんという官房長官経験者の電気通信調査会長。それから野中広務さんと自見庄三郎、大昭和製紙（現・日本製紙）の息子の斉藤斗志二《さいとうとしつぐ》の部会長代理で行くことになった。郵政省からはアイドルグループ「嵐」の櫻井翔《さくらいしょう》君のお父さんで、後に総務事務次官になった櫻井俊《しゅん》が課長として同行した。優秀な一番いい奴が民営化・分割、それからNTT担当の課長をしとったわけ。そうしたら直前に野中さんが幹事長代理になりましてね、行けなくなった。で、山下徳夫さんと自見庄三郎クンと斉藤斗志二の三人に、櫻井君の四人でアメリカとヨーロッパの電気通信状況を見て回った。

いろいろ聞きよったら、分割したあとで、一番儲かるのは携帯電話会社だと分かったわけです。ちらちらと、「東京の携帯電話会社と大阪の携帯電話会社はアメリカがいただき」みたいな感じでね。分割化して小さく切り刻んだら、おいしいところはアメリカが取っていくばい、これは大ごとやとわかった。アメリカから「民営・分割化せい」と言われて、ハイ、ハイと一所懸命したんです。今のNTTドコモ、日本でずいぶん儲かる会社になったでしょう。分割すれば、買収しやすい企業規模になりますからね。こいつら、その東京と大阪を分捕ろうと思っている。「これはいかんわい」と。

それで今度はイギリス、ドイツ、フランスへ行ったわけですよ。ブリティッシュ・テレコムは、マーガレット・サッチャー首相、ロナルド・レーガン米大統領の時代に民営化をやっています。新自由主義だったでしょう。そこを見たら、やっぱりなんかおかしいなあ、これは分割したら取られるばいという懸念を強くして帰ってきたんです。俺と山下さん、櫻井も分かったはずですよ。それでどうしようかということになって、それで「持株会社にして移すしかない」と。

でも、持株会社は法律的にできなかったんです。独占禁止法に引っ掛かる。戦前はご存じの通り、三井や三菱、住友が全部持株会社で財閥になったでしょう。富が集中して、大衆が貧乏になってファシズムにつながった。私でも知っています。だけど、「アメリカに取られるぞ」と帰って報告したら、自民党は頭が柔軟なところがありますから、「それはもうしょうがないな」となった。でも、社民党は絶対に駄目なんです。土井たか子は「駄目なものは駄目」やった。反独占の塊、「憲法九条の闘士」ですからね。それで考えたわけです。これは社民党を脅かすしかないと思って、ＮＴＴの宮津純一郎《みやづじゅんいちろう》さんという社長に僕は電話したわけ。「あんた、バラバラにされて一部はアメリカに取られるよ。それでいいか。嫌なら、持株会社法に賛成して回れ。オマエのところは選挙のたびに、労働組合が社民党を全部回って政治資金を配っとるやろうが」とね。社民党の国会議員はＮＴＴの金と組織を一番頼りにしているんだから。最大単産はＮＴＴの労働組合、全電通（全国電気通信労働組合）ですからね。「オマエら、労働組合幹部、社民党の国会議員を一週間で全部回れ。『ＮＴＴは生体解剖になる。それは困る』って。それでいいなら、それでいいよ。でも生体解剖が嫌なら、ちゃんと責任をもって土井たか子以外の社民党議員を全員回れ」と言った。そうしたら宮津さんは「分かりました！　自見さん！」って応じてね。ちゃんと一週間で、全社民党の国会議員のもとを回っていた。で、土井たか子以外はひっくり返ったんですよ。

伊藤　なぜ土井たか子だけは除いたのですか。

自見　土井たか子は党首だから、政策調整会議に出てこないからですよ（笑）。出てくるのは、自民党は政調会長。党総裁は出てこない。社民党だって政審会長ですよ。「また全電通が汚いことをやって」と怒るけど、「指示はどうも自民党から出とる」とすぐに臭いますよ。でも本当にひっくり返って、土井たか子以外はみんな賛成してくれた。それで一週間で完全にひっくり返って、一九九七年七月に持株会社法案、独立禁止法改正案が無事通った。(3)法律を作ったから、NTT東と西とドコモとか全部持株会社になって、アメリカは一部だけを取れなくなった。全部取ろうと思ったら、NTTは世界最大規模の通信キャリアですから、莫大な金が要る。アメリカはその頃はそんなに金がありませんでしたから、NTTを守れたんです。分割したら、国益に反すると私は思ったからね。アメリカというものはね、〝日本の防衛をしてやっとるんだから、時々、おいしいものを持ってこい〟って言うんですよ。

郵政省がやった持株会社はNTT一件だけです。残りの持株会社は、ほとんど金融会社です。三井、住友、三菱……、みんな持株会社です。銀行と証券会社。僕の地元の福岡銀行だって持株会社で、ふくおかフィナンシャルグループになりました。私は金融大臣を二年させていただいたでしょう。「持株会社を作るのに、俺は苦労したのになあ」と思ったものですよ。一番汗を流したのは郵政省なんです。あの省は運動量が多いんです。足で歩いて肉体労働をする〝体育会系〟です。戦後タブーとされた法律を破るのは得意、そんな力仕事は、郵政省しかしきらんのです。それで持株会社という法律ができた。

五期目の当選――初の小選挙区

伊藤　一九九六年十月の第四十一回衆議院議員総選挙は初の小選挙区制度下の選挙になりました。自見さんの選挙区は二つに割れたということですね。

自見　そう。分割されちゃった。それまでの福岡県第四区が現在の第十、第十一区になったんです。旧四区のうち、都市部の小倉と門司が十区になって、田川市、田川郡、行橋市、京都《みやこ》郡、豊前市、築上《ちくじょう》郡が十一区です。どこもだいたいそういう分け方をしたんです。

伊藤　どっちから出るかで大変だったのでしょう?

自見　ああ、大ごとやったです。元々は小倉ですが、大都会でしょう。大都会の人は、あっちこっちに揺れるんです。

自見礼子　主人の選挙の応援を一所懸命してくれるのは何と言っても小倉高校の同窓会なんです。でも、主人の母方は築上郡で代議士をしていました。どっちの地盤を取るか。田舎を取るか、都会を取るか。田舎は一回決めたら動かない感じの人が多いんです。でも、都会はそのときの風次第で、消費税が焦点になったら、自民党は票数がガタンと下がります。

伊藤　小倉っていうのはそういうところですか。

自見　それはもう昔から。一五〇年前（慶応二年）の幕長戦争で、高杉晋作に攻められて、自ら城を焼いて逃げたんですよ。二六〇年間支配しておった殿様も士族も、みんな逃げちゃった。豊津《とよつ》（行橋市近郊の京都郡豊津町、現・みやこ町）という田舎へ移った。だから小倉の街で士族は「腰抜け士族」と言われるんですよ。で、そのあとに来たのが炭鉱、製鉄所でしょう。全国から流れ者が来たんです。だから地域の秩序が全然ない。筋がない。

自見礼子　普通は指導者層がバチッとあるでしょう。小倉はそういうのがないんです。そのとき、そのときで流れてしまう。

自見　同窓会はよくしてくれましたけどね。

伊藤　結局、小倉のある十区を選んだじゃないですか。

自見　それは山崎拓さんが間に立ってくれたんです。山本幸三《やまもとこうぞう》という野党・新進党の男がいて、行橋にある京都《みやこ》高校出身なんです。で、僕は小倉高校でしょう。だから、山崎さんが「おまえは小倉へ行け」と間に立って分けてくれた。

伊藤　与党と野党を、ですか。

自見礼子　山本さんはどちらかと言えば、小倉から出たかったらしいんですよ。大蔵官僚だった方ですから、小倉のほうが銀行とか企業がいっぱいありますし、出身母体も強いと思われた。

自見　都会のほうがカネがあるんですよ。もう一つ言いますとね、消費税を導入したのは竹下内閣で、私の三回目の選挙でした。広い旧四区のときでしたが、小倉、門司では一万八〇〇〇も票が減りました。選挙期間中、票に足が生えて逃げるのが分かるんですよ。ところがね、田川市、人口一〇万弱の田川郡、それから行橋市――ここも一〇万人に足りないくらい――、小さな京都郡、豊前市、こういったところでは一〇〇〇票増えたんです、消費税反対運動の渦中でもね。結局一万七〇〇〇票減った計算になりました。だから、私は当選四回になるとき、中選挙区時代の福岡県四区では必ず通るシステムを構築したんです。共産党より少なかったら落ちるかもしれん。共産党より一票でも多く取って、絶対に落ちないように努力した。若い頃にそれを構築しないと駄目なんですよ。それをせんと、国会へ来て働けませんもん。その代わり、常に四市一五ヵ町三村のことが頭にありました。県会議員が一〇人いて、反乱が起きるのはその辺ですから。それこそ戦国大名のような心境でしたよ。

伊藤　ただ、それが小選挙区になったわけです。相手は誰になったのですか。

自見　相手は小沢一郎さんが作った新進党、元公明党の議員です。弘友和夫《ひろともかずお》さんという小倉高校の一年先輩が出てきました。

自見礼子　この選挙が一番大変でしたね。中選挙区だったら四人通っていたのが、小選挙区は一人しか通らなくなる。ものすごい激戦でした。弘友さんは公明党出身で、人柄はいいと言われていましたね。

自見　九州全体で創価学会系の候補が二人しか出てこなかったんです。私の福岡県十区と福岡県四区。だから、「絶対に自見を落とす」となっていたんです。あの頃、僕は「政教分離をしなきゃいけない」って声高に言っていましたからね。少し先になりますが、全国の「政教分離を貫く会」(二〇〇〇年二月結成)の代表世話人の一人は自見庄三郎クンなんですよ(自見の他、白川勝彦《しらかわかつひこ》ら一〇人、会員三二人)。自見庄三郎は全国的に公明党、創価学会から目をつけられていたんです。創価学会は小倉で「自見庄三郎を落とせぇ」「そうだぁ」「ワァー」って一万人集会をやったそうです。九州全域からあらゆる県のナンバーの車がやってきて、「自見を落とせー」って。佐世保の政治関係者が言うとった。「なんでかしらん、佐世保から創価学会員が一人もいなくなった」って。

伊藤　小倉あたりでも、創価学会はそんなに信者が多いのですか。

自見　多いですよ。北九州って重工業地帯でね。ドナルド・トランプさんが米大統領選で勝った「ラストベルト」[4]みたいな地域なんですよ。石炭の街、製鉄の街ですから、産業構造の転換についていけなかった人もたくさんいたんです。(商業都市の)博多とは違いましてね。共産党の支持者も一定程度いた。八幡もかつて福岡県二区でしたけど、小沢和秋《おざわかずあき》さんという東大出の新日鐵(八幡製鐵)から共産党の議員になった人がいましたよ。福岡県四区にも三浦久さんという人がおりました。

伊藤　一九九九年に自公が連立を組むようになってから、状況は変わりましたか。

自見　友党になったから、そこまで公明党さんは自民党に目くじらを立てられない。だけど、その五回目の選挙のときは事実上の一騎打ちで、最大の危機でしたね。私は「政教一致はおかしい」と言った。大戦ですから、喧嘩するしかないんですよ。こちらの言うことが正しいか、向こうの言うことが正しいか。やっぱり、おかしいと堂々と言ったんです。「政治は政治、宗教は宗教です」と、街頭演説はそればかりね。白川勝彦も狙い撃ちされた。このときは通ったけれど、次の選挙で落とされた。

選挙っていうのは、堅い支持者がいて、そのまわりに無党派層みたいな有権者がおる。そういう構造なんです。真ん中の、熱心な熱狂的な支持者がいない限り、選挙って通りません。支持者の方々は本当にありがたいです。だから、そういう人をどれだけ作りきるかなんです。

自見　それは一回でできるわけじゃないでしょう。

伊藤　できないですね。何回か、だんだん巻き込んでいってね。「あんたは大事なんや」と動機付けしてね。

自見　支持者の組織っていうのはあるのですか。

伊藤　あるような、ないような（笑）。でも、選挙になったら、みんなワッと寄ってきます。

自見礼子　支持者の名簿があるんですか。

伊藤　ええ、あります。で、名簿にある人たちのところに秘書さんが行って、いろいろなお話を聞いたり、「何か政治にこうしてほしいという具体的な要望はありませんか」って。

自見礼子　地元での奥さんの役割は、一番は何ですか。

伊藤　冠婚葬祭が主ですよね。

自見　面白いのですが、葬儀があって、私の事務所の所長が行ってもあまり感激しないけど、家内が行ったら感激してくれるんですよ。「先生が忙しいけ東京におるけど、奥さんが来てくれた」。

近代国家になる前の酋長《しゅうちょう》とその奥さんみたいで、そんな世界からまだ完全には変わっていないんです。そういう心理が人間の奥深くにあるんですね。「近代国家やから、俺は政治活動には女房を出さん」という人はだいたい選挙で落ちる。

伊藤　ちょっと先になりますが、自見さんが大臣になられたあと、奥さんも東京へ来られたでしょう。

自見　中曽根さんが言ったことを守ったからね。

伊藤　そうすると、地元は大丈夫なんですか。

自見礼子　地元は秘書さんが守ってくれます。私も時々参ります。

伊藤　その頃には選挙区は安泰だという感じなんですね。

自見　いつまで経っても安泰になんかならんですよ。選挙は上積みせないけんです。年配の方々は亡くなるし、そうしたら新しい人たちに加わってもらわないけんですからね。組織は常に新陳代謝をせないけん。谷伍平さんという立派な北九州市長さんがおられたでしょう。引退される前の四年間ぐらいご指導いただいたんですが、僕が初当選した後すぐに、「自見君、今日は票数が八万なんぼやけど、明日選挙したら四万しかないよ。もう四万票、失《の》うなっとる。四万票積み上げんと、次は通らんよ」と言ってくれました。よく覚えていますね。そんなものなんです。選挙でワーッと活性化してね、中心が活性化して、こうしてどんどん膨らむ選挙をやらんと、絶対に負けるんです。「あそこはちょっと動きが悪い」とか、「前にしてくれたけれど、あそこは動いていない。何が原因か」とか、候補者がコントロールしないといかんのですよ。

伊藤　分かるんですか。

自見　分かりますよ。それは命がけでやっていますから。選挙していない奴は、顔を横に逸らしますよ。目を見たら、すぐに分かる。分からん奴は、政治家になることはできませんよ。目は口ほどに、いや、目は口より物を言いますからね。こっちは口に出して言いませんよ。だけど、あの知事は応援してくれんやったな、なんでやろうかと、後からいろいろ分析しますよ。

「21世紀の国民医療」

伊藤　一九九六（平成八）年の一月に自社さ連立の橋本龍太郎内閣が、その年の十一月には自民党単独の第二次橋本内閣ができて、社民党とさきがけは閣外協力ということになりました。自見さんは医療関係の大きなお仕事が続きますね。

自見　その第一が、来る二十一世紀に向けての「21世紀の国民医療」（「21世紀の国民医療——良質な医療と皆保険制度確保への指針」一九九七年八月二十九日）という大レジュメですよ（与党医療保険制度改革協議会は一九九六年十二月発足）。当時、党の医療基本問題調査会で私はナンバー2、丹羽雄哉《にわゆうや》がトップでした。丹羽さんは厚生大臣を二回した人。茨城県選出で私より二期上の先輩。社会労働委員会でずうっと一緒でした。読売新聞の記者出身で、お父さんも衆議院議員（丹羽喬四郎《きょうしろう》）。

与党医療保険制度改革協議会は社会党の国会議員も、さきがけもおるわけです。堂本暁子《どうもとあきこ》さんという後に千葉県知事になった人が、さきがけの代表で、社会党が二人ぐらいおったかな。こっちは五人。丹羽雄哉と私と、労働省OBの長勢甚遠《ながせじんえん》、鈴木善幸の息子の俊一と木村義雄もいた。一ヵ月ぐらい話し合って、きちっと二十一世紀の医療政策を作って、高齢化社会に向けて、初めてビジョンを出したわけです。これは橋本総理にえらいお褒《ほ》めをいただいたんです。あの、人を褒めない橋本龍太郎にね。

伊藤　橋本龍太郎さんはそうなんですか。

自見　褒めない、褒めない。そのあとで僕、郵政大臣になっとるのね（一九九七年九月十一日就任）。今振り返れば、あれの論功行賞やったと思う。「自見君、なかなか頑張った」とね。この「21世紀の国民医療」が今でもまだ、大きな枠組みとして、厚生労働省（厚労省）の基本になっていますよ。

伊藤　これは異論があるとしたら、どこから異論が出るんですか。

自見　それはもういろいろありますよ。医療の場合、大蔵省は医療費がどんどん嵩むと言いますし、労働組合は個人負担が増えることに反対ですし、経済界も、会社の社会保険は労使折半ですから「拠出金が増える」と言って反対する。財政調整と言って、一番豊かな一二〇〇万人おる大企業の健康保険組合から法律で取り上げて、それをばらまく。これも経済界は本当は反対なんです。そもそも、六十五歳までの医療費と六十五歳以上の医療費は一対五なんです。だから高齢化社会になると、構造的に医療費がかかるわけで、その金が足らんのです。あおりを食って、薬価がどんどん切られるっちゅう問題も出てくる。

日本は製薬会社が弱いんですよ。アメリカにくらべると顕著です。薬というものは医療用に使う、医者が処方する薬が九割で、一般の薬局で売っている薬が一割。それで薬価はすべて厚生大臣の専決事項なんです。もちろん、大蔵省、大蔵大臣と交渉するわけですが、極端な話、厚生大臣が職務権限で決めていいのです。だから自民党と大蔵省は長いあいだ「自民党の医者の国会議員は厚生大臣にしない」という秘密協定を結んできた。大蔵省は医療費を上げられたらたまらんですから。だから、箕輪《みのわ》登《のぼる》さんも郵政大臣、中山太郎さんも外務大臣。でも、坂口《さかぐち》力《ちから》さんって公明党のお医者さんは厚生大臣になっちゃった。あれは秘密協定が自民党と大蔵省間のものだったからですね。

伊藤　自見先生もついになれなかった。

自見　厚生政務次官にすらなれなかったんだから。（笑）

医療保険制度改革

伊藤　今、話にも出てきた自民党医療基本問題調査会ですが、この調査会のナンバー2、会長代理になったのは一九九六（平成八）年十一月からですね。このときは医療保険制度全体の改革が問題になっていました。最大のポイントは何だったんですか。

自見　一番は被用者保険の患者さん（本人）高齢者の負担の仕方を定額から定率に変えたことです。ずっと定額負担で、変える前は五〇〇円とか一〇〇〇円とかだった。定額負担のほうが患者さんは減らないんです。ただ、計算がものすごく難しい。定率負担ならやりやすいんです。例えば医療を受けたら一〇万円かかりましたと。三割自己負担なら三万円です。わかりやすいんです。一回外来に行って一万円かかったら、その三割は負担してください、三〇〇〇円負担。ところが薬なんかをもらいますとね、定額負担になるんですよ。定額負担だと財政の計算なんかできないです。それで大蔵省がほとほと困っとった。しかし医師会が反対するんです。

伊藤　どうして反対するんですか。

自見　患者さんが減ると思うから。定額負担のほうが患者さんの出費が少ないんです。だけど、これはもう定率負担にしないと、日本の社会保障は体系的に成り立たないと、私は決心しましてね。で、社会部会と医療基本問題調査会で大問題になったんです。医師会は絶対反対です。医師会に反対されたら、自民党って中選挙区のときはなかなか難しいんです。それで、どうにかして医師会の同意を取らないとできんわけです。そうしたら、丹羽さん、人が悪くてね、「自見君、小委員会を作って医師会と折衝しなさい」と言うんです（笑）。小委員会は調査会のメンバーから丹羽さんだけが抜けた四人。僕は折衝係の委員長です。

自民党として正式に決定して、医師会と当たるようになったんです。日本医師会から副会長が二人来ましたよ。そして僕は、その二人に怒鳴られ続ける（苦笑）。僕はジーッと耐えてね。ひたすらお願いする。二日目以降も朝八時ぐらいから、あるいは夜九時、十時ぐらいからホテルで折衝するんですけど、怒鳴られるだけです。長勢が「自見さん、アンタ、よう耐えるね、あれだけ挑発されて」と言ったのを覚えていますよ。でも、耐えるのが政治家ですからね。そうしたら、だんだん私が気の毒になってきたのか、「自見君が言うんだから、まあ、しょうがないのかな」と。結局、五、六回目に副会長二人が賛成して定率負担を認めたんです。これは〝革命〟ですよ。最後は日本医師会長と池田勇人《いけだはやと》総理大臣の娘婿、池田行彦《ゆきひこ》さんが自民党政調会長で署名しましてね、それで長らく続いた定額負担が定率負担になったんですよ。(5) あれを変えたのは私ですよ。正しいと思ったらね、なんぼ怒られてもいいですよ。国家が大事なんですから。それが政治家っていうものなんですよ。

今でも覚えとる。のちに衆議院議長になった私の同期生、伊吹文明がね、私をライバルと思っとったんでしょう、「アラ？　自見ちゃん、こんなものがまとまったんか」って。どうせ、まとまらんと思っていたんでしょう（笑）。で、丹羽さんもびっくり。〝どうせ医師会に蹴飛ばされて泣き面かいて帰ってくる〟と思って、幹部連中は私を委員長に出しとるわけ。ところが、パシッとまとまった。そうしたら今度は自分たちの功績にするわけですよ。それが自民党の世界なんです。

伊藤　小委員会の長にしたというのは、そういう意味なんですね。

自見　そうなんですよ。それが政治っていうものなんです。でも本当に最後の最後になったらね、「仲間うちの自見君がそこまで言うなら、やっぱりそうかなあ。そういう時代かなあ」となる。最後には変わったの。

これを見ていたのが、財務省の厚生担当の主計官だった丹呉泰健《たんごやすたけ》。あとで財務事務次官になりましたけど、これがワルと言いたいような偉い男でね。厚生省よりも財務省の丹呉のところによっぽど情報が集まっている。その丹呉が「自見さんは医師会員だけど、日本国全体のことも考えてくれる。身を惜しまず苦労して泥を被ってくれる」と思ったんでしょうかね。何か医療問題が揉めてくると、私の部屋に遊びに来るようになりました。あいつが来たら警戒警報（笑）。「自見さん、またちょっと働いてもらわないといけません」てね。

介護保険制度

伊藤　この調査会では、高齢者の公的介護保険制度を創設したのですね。

自見　まさにそう。すごく努力したんですよ。介護保険の成立は党内では山崎さんが一番目の責任者、私が二番目の責任者で。今や介護給付費が一〇兆円ですよ。世界初、人類で初めての制度です。もう本当に苦労して作った。橋本龍太郎総理が「作れ」と言われたんでね。橋本さんが言い出しっぺなんです。あの人はもう根っからの厚生族やったからね。

伊藤　そうですか。

自見　本人も厚生大臣をしたし。当時、厚生関係の「四天王」っていましてね、斎藤邦吉さん、小沢辰男さん、両方厚生省出身、旧内務省。斎藤さんは自民党幹事長、小沢辰男さんは田中派事務総長をして、大臣を何回もしたでしょう。で、橋本龍太郎さんと田中正巳《たなかまさみ》さん。田中正巳さんは確か福田派で、三木内閣で厚生大臣をやった。橋本龍太郎さんのお父さん（橋本龍伍《りょうご》）も厚生大臣やったでしょ。一高―東京帝大―大蔵官僚で厚生大臣になった。龍太郎さんはその影響で厚生族になった。今考えたら、介護保険がなかったら社会は大混乱ですよ。核家族でお父さんお母さんが高齢になって、介護保険がなかったらと想像するとゾッとしますね。日本人のライフスタイルは全然ステーブルでないですよ。やっぱり橋本龍太郎さんは見る目がありましたね。法律を作るにあたって、日本国は良くも悪くも、各役所が法律に対して拒否権を持っとるんです。役所が駄目と言ったら駄目なんですよ。内閣は全会一致が原則だから。自治省（現・総務省）があれだけ反対した法律は、普通は通りませんよ。もう絶対に終わり。

伊藤　予算的には大変なんでしょうね。

自見　一〇兆円。予算的には苦しいですよ。四十歳以上からしか介護保険料を取りませんしね。最初、厚生省は案を作って、フニャフニャしとったんですよ。みんな、あまり作りたくなかったの。一番反対したのは自治省なんです。どうしてかと言いますとね、国民健康保険は市町村国保だったんです。人工透析の患者さんが一人出たら、市町村の健康保険料、医療費がガーンと上がるんですよ。そうすると、小さい市町村の場合、持ち出しになっちゃうんです。だから、市町村はホトホト、「国民健康保険法に騙された」と。市町村長は自主財源を自由に使えるはずなのに、国民健康保険の補塡をしなければならない。もうとんでもない金額なんです。だから介護保険について、「また同じことだろう」と疑心暗鬼になって、自治省出身の国会議員、奥野《おくの》誠亮《せいすけ》さんみたいな大長老や威張っとった片山《かたやま》虎《とら》之助《のすけ》とか一二、三人……内務省出身をはじめ、自治省、厚生省、労働省出身の国会議員でそれまで社会部会に来たこともない人たちが来て、ガンガン反対するんだもの。そうしたら二、三時間してもまとまらない。

政調会長は部会に来られませんから、私が医療基本問題調査会に政調会の副会長として、一番の責任者としておったんですが、到底収拾できない。二回か三回したけど、もう駄目。山崎政調会長が説得しても駄目。で、山崎さんが橋本龍太郎さんに言いに行ったんですよ。「まとまりませんから、この法案はできません」と。そうしたら「そんなこともしきらんで、あんた、政調会長か。もう一回せえ」とものすごく怒鳴られて。「総理総裁がそう言うならしょうがない」と帰ってね、また、「どうしようか」と相談してね。

それで、もう政治家は使わんで官僚を使おうとなった。大蔵省の主計局次長は三人おって、一人は社会保障担当です。それが武藤敏郎《むとうとしろう》ですよ。事務次官になって、日本銀行副総裁になって、東京オリンピックの大会組織委員会の事務総長をやっとったでしょう。それに自治省の財政局長。もう一人が厚生省の有名な岡光序治《おかみつのぶはる》が事務次官やった。特別養護老人ホームをめぐる事件で捕まった奴よ。逮捕されたけど、ものすごいやり手やった。その三人集めてね、政調会長の代わりに私が行って、「今から二ヵ月か三ヵ月、俺たち政治家は一切口を出さんから、おまえたち三省でまとめてこい。大蔵省も厚生省も自治省も一〇〇％満足することはないだろう。七割満足したら、ちゃんと妥協せい。あんたたちで本当に真剣にやってこい。総理総裁の強い意志だ」と申し付けて追い返した。三ヵ月経ったら、地方の自主財源に組み込まないような財政調整の仕組みをその三人がちゃんと考えてきた。みんながもう、渋々納得してまとまったんです。

伊藤　奥野さんたちはどうだったんですか。

自見　納得したんです。奥野誠亮が納得せんだったら駄目ですよ。法律ができませんよ。自治省の一番のボスですから。財政調整で渋々納得した。大蔵省も納得、厚生省も納得。渋々ですよ。それまで厚生省は自治省から主要財源を分捕っていたんよ。それが祟ったんです。

ただ、法律はできたけれど施行は遅れたんです。(6) 施行の一年前に北九州市と福岡市、山崎拓さんと私の選挙区では試験的に早く導入してくれました。地域に指定されて小倉北区だけ一年早くした。医師会が諸々やりますわね。今でも覚えているけれど、在宅でも、介護保険の必要な人を計算して集計すると、一〇〇人おったら、やっぱり誰をどこに回すとなって、事務員が一〇〇人に一人は要りますよ。

伊藤　その事務員にはどこの人をあてるのですか。

自見　当時は医師会の人をやりよったんですが、結局、考えたら地方公務員を増やさないけんです。二〇万人ぐらい。自衛隊員が今二四万人ぐらいいますから、もう一つ自衛隊を作るぐらい地方公務員を増やすことになる（笑）。なんぼなんでもこれはひどいと思いましたよ。でも、今はそうなっています。だから、市町村に介護保険課ってのが作られて、これ、地方公務員です。みんな知らん顔しとるけど。

伊藤　結局、地方の負担じゃないですか。

自見　地方の負担。介護保険料を取ってるから、自治省が地方交付税、交付金でなんぼかちゃんと補塡はしてあると思いますよ。

しかし大きな整備ですな。世界で最も進んでいるんです。全面的な公的介護保険と言ったら日本国ですよ。橋本龍太郎さんの執念です。一遍潰れたんですから。日本人のライフスタイルを変えたんですよ。ありがたいものですよ、訪問介護とか来てくれるんですから。それを僕はゼロから創設したんです。大喧嘩をおさめてね。（笑）

伊藤　これ、どういう制度なのかなと思っていました。実は今、僕の家内がお世話になっているんです。

自見　そうでしょう。そういう方は助かっているはずです。龍ちゃんには本当に先見の明があった。公的介護保険は、岡光という超有能な事務次官がおったからできたと思っています。あと、和田勝《わだまさる》君という目から鼻に抜けるような秀才が岡光の下におったけど、課長だか何か（大臣官房審議官〔医療保険・老人保健・介護問題担当〕、高齢者介護対策本部事務局長）で、そいつも連座してクビになっちゃった。今は私立大学教授（国際医療福祉大学など）をしとる。私の子分で、よう言うことを聞いた。彼も事務次官になれたはずだから、無念やろうけどね。

老人保健施設

伊藤　介護保険に続いてうかがいますが、老人保健施設のほうにも関わっておられるのですね。

自見　老人保健施設、略して「老健施設」と言うでしょう。日本では、特別養護老人ホームと病院の中間施設として老健施設を三〇年以上前に創設しました（一九八六年）。だんだんと高齢化社会になってきて、中間施設を作ろうという機運になりましてね。大きな病院を作るにはだいたい一〇〇兆円ぐらいかかりますよ。特別養護老人ホームは福祉目的なので、一〇〇％国がみる。社会福祉法人です。病院は医療法人です。病院でもあるし、生活もできるという施設が必要になってきたわけです。

特別養護老人ホームは言ってみれば、もう〝生活〟です。ある意味で養老院のようなもの。経費は国が出すわけです。所得の高い人は、有料老人ホームに入りなさいと。富士山の麓とか琵琶湖のそばにあるようなものですよ。これは放ったらかしとっていいんです。福祉や社会保障はやっぱり貧しい人たちのことを考えなければいけない。そういう流れの中で、その間の施設を作ろうとなったんです。

ところが、厚生省事務次官の幸田正孝《こうだまさたか》が、社会保障の知識がない人でも経営者になれるようにしていたんです。最初の原案をそうしてあったの（老人保健法〔一九八二年制定、翌年施行〕。一九八六年十二月、同法改正の公布〔一部負担金の引上げ、加入者按分率の段階的引上げ、老人保健施設の創設〕）。厚生省の課長補佐が「自見さん、あれ、大ごとですよ。法律の原案に設置者という言葉がありません」と言うんです。確かに、法案に「管理者は医師でないといけない」とは書いてあるけれど、設置者という言葉がない。これが騙しなんです。

例えば、食堂を経営したとするでしょう。その社長さんは管理栄養士でなくてもいい。大きい食堂をするなら、その食堂に管理栄養士を一人置きなさい、社長は建設業者でもパチンコ屋でもいい。厚生省はこういう建て付けの法律にしたかったの。だから法案には管理者についてしか書かれていなかった。厚生省は別の政令でそれを定めるつもりやったわけです。仕掛けたのは事務次官の幸田。幸田は自見庄三郎にしてやられた。まあ、幸田さんは幸田さんの立場でね、土建屋とか金を持っている人たちがどんどん参入したほうが老健施設が全国に普及すると考えたのでしょう。それに医者が医師会を通じて、あまりに威張っとるから、ガツンとやってやれという思惑もあったと思いますよ。武見太郎が絶大な権力をふるった二五年間は保険医総辞退などもあって、厚労省は医師会に対して陰ながら不満をもっている役人が多かったですね。そういう時代もありました。

アメリカでコロナであれだけの人が死んだのはほとんど全部ビジネスでやりよるからだと思う。普通の老人ホームは儲からないんです。超金持ち相手の老人ホームだけが儲かる。一〇億円も財産を持っているような人はよい施設に入れるんですよ。しかし一般人が入る老人ホームはビジネスを重視した経営をしとるわけ。どんどん合理化したほうが儲かる。ニューヨーク近くの老人ホームは七〇〇ベッドあるという巨大な老人ホームです。経営があまりよくないから、金融ファンドが経営陣に乗り込んできた。そうしたら、ベテランの看護師とか保健師のクビを切っちゃった、人件費が安くなるからね。そして入所者には、経費のかからないような食べ物を出すわけです。

さっきの話に戻すと、僕は急いで騙されていたことを日本医師会に言ったら、日本医師会もひっくり返った。それでガーンと法律を修正させた。これは私の自慢話の一つなんですよ。厚労省の老人保健課長と何かの会合で会ったときに、「俺が修正したのを知っとるか」と尋ねたら、何も知らない。役人という人種はね、自分たちが何かヘマをして、無理やりに政党から修正させられたことについてはすべて役所の歴史から消すんです。それをちゃんと分かって、政治家がコントロールせないかんです。コントロールをしない政治家はバカです。そのことを私に言うてきてくれた男は極めて有能なやり手でした。今でも仲がいいですよ。ある意味、厚労省を裏切ったわけやけど、このあいだも会ったときに、「オマエのおかげで日本の医療は助かったんやな」と褒めてやった。次に会ったら「オマエのおかげで、日本の老人ホームでは人がたくさん死なずに済んだ」と言ってやろうと思っています。

伊藤　老人医療は、自見さんの仕事の中でかなり大きなウェイトを占めているのですね。「ライフワーク」と言えるくらいに。

自見　ええ。老人医療はもちろんのこと、精神病の問題もかなり熱心にやりました。精神障害者の処遇に関する法案をまとめたり、全国精神障害者家族会とかにも関わりました。自民党の中では、ありがたいことに、私が中山太郎さん以来一五年ぶりに医者から国会議員になったと知られとるんです。医療の専門家だから、委員会を作ったりするときには必ず「自見君がいないといけん」となる。特に大臣をやったあとは、病原性大腸菌Ｏ－１５７とか、食品衛生法、鳥インフルエンザでも、私は必ず対策本部の事務局長か会長代理をしていますよ。医学の問題は自見さんが入らんと物にならんとね。

薬害エイズ問題

伊藤　同じ頃、薬害エイズ問題が起きて、自民党「薬事行政のあり方検討小委員会」の委員長になっておられますね。

自見　血友病は主に第Ⅷ凝固因子というものを補塡しないと血が止まらなくなる病気です。遺伝的に第Ⅷ因子の欠損だということが判明して、欠乏因子をずっと輸血せないけんのに、その輸血する薬にエイズウイルス（ＨＩＶ）が混じっていた。当時アメリカから輸入した誰や彼やの売血で。そんな非加熱の血液製剤によって、血友病の患者さんがエイズを発症したわけ。当時、エイズはなかなか治らん病気でしてね。今は結構治療できますけど、大ごとだったんですよ。自民党の一番上の委員長は小沢辰男さんやった。あの人が団長で私もアメリカへ行って、エイズ患者にも会いました。

あれは要するに組織の問題なんですよ。薬務局に生物製剤課長というポストがあって、それは技官なんです。国立大学の医学部を出た人がなっていた。薬務局長は東大法学部を出た人。(7)生物製剤課長は、これはやばい、輸入を中止せないけんと分かっていたはずなんですよ。ところが、薬務局長は文科系です。私はしみじみ考えてね、権限のある人は知識がない。知識のある人には権限がない。それであれだけ悲劇が広がってしまったのではないか。後から法律によって有罪になったのは生物製剤課長なんですよ。局長は無罪。しかし、現実には局長がやっぱり責任者で、省議にも参加するんです。僕はものすごく矛盾を感じたんです。それが、理科系のポストを引き上げる運動をした一つの理由ですよ。これは官僚機構の矛盾ですね。〝文官が技官に罪をなすりつけた〟という噂もあったんですよ。僕の印象では、文官って賢くて法律を知っていますからね。その点、技官は純粋、純朴なところがありますから。早くに事態を収拾できなかったことがまことに残念です。

伊藤　でも、自見さんは技官の親分でしょう。

自見　医者だから必然的にそうなるんですけどね。このときは、すみません、やられちゃった。だから、後から人事院の内規を改正して、技官でもちゃんと局長になれるようにしてやったんです。だから技官は今でも喜んでいますよ。建設省の道路局長には技官がなれる。事務次官は技官と文官のたすき掛け。あれが一番いいんです。

シルバー人材センター

伊藤　シルバー人材センターについてうかがいます。労働政策推進議員連盟の対策委員長をしておられましたよね。

自見　これも大ごとやった。労働省出身の長勢甚遠がなかなかのやり手で、頭がよく働くんですよ。「自見さん、自見さん、ちょっとアンタ」って持ってきたんです。シルバー人材センターというのは、高齢者を再雇用するために、そもそも一九八六年に「高年齢者等の雇用の安定等に関する法律」というのが定められて、法的に認められたわけです。それで、日本全国あちこちにシルバー人材センターが設立された。九六年にこの法律を改正して、シルバー人材センターを統廃合して、都道府県ごとに指定される「シルバー人材センター連合」の活動拠点としました。これがこの議連の課題やった。

何でもそうですけれども、一つの制度を立ち上げるときには、まず法律を作らなくちゃならない。制度を作ったら、一年か二年かのうちに、税制上の措置を埋め込む。

伊藤　よくわからないのですが、それは高齢者が減税されるということですか。

自見　人材センターは人材派遣業だから、当然賃金を払うでしょう。本来はそこに税金がかかる。それを、国が高齢者の再雇用を推進していたから五五万円までは控除にしていたんです。しかし、大蔵省主税局がいつものやり方で「それは減税措置の安売りだ。統廃合しないと、税の優遇措置をやめるぞ」と指摘してくる。それで長勢さんが「アンタ、大蔵省との喧嘩に強いから」と頼んできたわけです。僕は「ああ、分かった。俺がやろう」って引き受けた。（笑）

当時、関英夫《せきひでお》さんという労働省事務次官経験者が、シルバー人材センターの全国の理事長、全国シルバー人材センター事業協会会長をしていた。要は、大ボスがいるということです。労働省の担当課長は、今、広島市長をしとる松井一實《まついかずみ》君やった。労働省はその年にシルバー人材センターの法改正があると分かっていますから、そんなときは優秀な奴を置いとる。労働省は制度を継続・拡充したいと考えているし、大蔵省はそれを潰そうとしている。大ボスから、大蔵省の案は飲めないぞ、と言ってくるたびに、その松井が毎日、「助けてください」とか言って僕のところへ来るわけです。僕はそのたびに大蔵省主税局に、何人かの仲間を連れて喧嘩をしに行くんですよ。前にもお話ししました通り、福岡県は伝統的に労働組合が強いですから、全国のパイロット・スタディになります。労働省の中に福岡閥があるくらいです。ですから、福岡県の各市町村で独立していたシルバー人材センターを統合して、福岡県シルバー人材センター中央会にして、税の優遇措置はそのままということで決着したのです。

各都道府県に連合会があって、中央の会長は労働省の元事務次官。役人がいつもやる手ですよ。我々は役人のそんなビヘービア（behavior）は百も承知ですから、天下りが増えるだろうとね。でも、人材センターは今、非常に盛んですよ。実によく機能している。高齢者の働く場所を確保するのはいいことですからね、必ずしも高賃金やフルタイムでなくても、社会の機能としていい話ですから私、乗り出していったんです。で、「一切の減税措置をやめる」と大蔵省が言うのを、「ふざくるな！」と大喧嘩した。でも、大喧嘩しているだけだと、まとまらないものなんですよ。国会議員がガンガン言って、恐怖で震え上がらせるぐらい言わなければ、まとまらない。自民党の国会議員って、当時はそんなものなんです。役人なんてそのぐらい言わんと聞く耳を持たない。「ああ、そうですか、ハイ」で終わりです。「貴様、そんなことを言ったら──」と裂帛《れっぱく》の気合で怒鳴って初めて役人の耳に入るんです。

伊藤　そうですか。その迫力で押していくのが大事、というお話なのですね。

自見　これが仕事、国家のためになるんですから。国民のためです。私、自分のためには絶対にそんなことはしません。

自民党副幹事長就任

伊藤　一九九六（平成八）年の十一月に自民党副幹事長に就任されました。

自見　まあ、政務調査会の副会長、副幹事長あるいは副総務会長なんていうポストは、大臣になるまでに、だいたいの人が経験するものなんですよ。そう特別なことではないんです。五、六人、各派閥から一人ずつかな。だから、四〇人、五〇人に一人。最近は副幹事長が二〇人以上もおる。安倍政権で増やしたんでしょう。みんなポストが欲しいんよ。副幹事長を経験してから大臣になる人が多いです。僕はね、当時は中曽根派の枠で郵政大臣になっています（第二次橋本改造内閣、一九九七年九月）。だから中曽根さんに恩義があるんです。同期生の甘利は、私の次に大臣になっていて（小渕内閣、一九九八年七月に労働大臣）、僕までが実質〝中曽根派〟の枠だったんです。

伊藤　当時、中曽根派の中で自見さんはどういう立場だったのですか。そこがわかりにくい。

自見　半分別居状態ですけれど、まだ中曽根派なのです。正式に分離・離脱する前だから。それから派が分裂して山崎派ができる。山崎派の「近未来政治研究会」が旗揚げするのは、一九九八年十一月ですからね。

伊藤　じゃあ、それまではずっと中曽根派の会合には出ていたのですね。

自見　そうです。毎週木曜日十二時から例会で飯を食っていましたよ。昔、我々が若い頃は必ず中曽根さんが来て話をしていました。総理大臣になってからはそんな暇がなくなって、櫻内義雄《さくらうちよしお》さんが代わりに派閥会長になった。中曽根さんが総理大臣を辞めて、また復帰されたけれど、櫻内さんが会長代行みたいになって、中曽根さんはあまり来られんやったです。それからしばらく経って山崎派へ移ったんです。僕が山崎派に行くときに、中曽根さんからものすごく怒られた。「おまえには期待しとったのになあ」と。本当ですかね、あれは（笑）。あの人は何でも言うから。でも、中曽根さんはその後も意外と、私を可愛がってくれましたよ。だから後に私が郵政民営化に反対して自民党を追い払われて、国民新党の参議院議員になって、また入閣した際に面会に行ったときも、中曽根さん、会ってくれました。

伊藤　副幹事長時代の幹事長は加藤紘一さんですね。

自見　ええ。加藤さんとは一緒に訪米しましたよ。上院議員出身の国防長官室で、ウィリアム・コーエン国防長官に面会しました。幕僚ばかり一三人もおって、全員、背丈が二メーターぐらいあるの。その真ん中に背広の国防長官がおったんですよ。もう筋骨隆々で、椅子にふんぞり返って座って、顎を上げて天井を見るような感じやった。金正恩《キムジョンウン》でも震え上がるぐらいすごかったですよ。あれ、面白かったなあ、一生忘れん。国防長官室で写真を撮りました。政治家ですから選挙を戦う人には非常にサービスがいい。加藤紘一さんはものすごくモテましたよ。次の総理大臣という感じやったから。

伊藤　副幹事長ごとに分担があるのですか。

自見　国会担当だとか政策担当だとかありましたね。各派を代表して幹事長室へ行っとるんですからね。当時一番多かったのが田中派（小渕派「平成研究会」）、それか福田派（三塚派「21世紀を考える会・新政策研究会」。後に「清和政策研究会」）、宏池会（宮澤派）、僕がおった中曽根派は、こやなかったかな、四番目。五〇とか六〇くらいおったかね。三木派（旧河本派「番町政策研究所」）は小さかった、だいたい五つくらいの派閥があって、中選挙区時代に定員五人だとすると、「各派から候補が五人出る」って、渡辺美智雄先生が言っておられましたね。あれは政治家を鍛えますよ。

今の若手、三回生ぐらいまでは、ひよっこで駄目らしいね。この前、旧郵政省出身の技官で、審議官クラスまでいって辞めた役人と飯を食ったんですよ。彼は私には本音を言いますもんね。「自見さん、現職のときは言えなかったけど、今はもう当選一〜三回の自民党国会議員は全然駄目」と言うので、「どこが駄目か」と聞いたら、「ホワンホワンして、責任感もないし、食いついてもこない。だけど、威張るだけ威張る」って。彼は技官の一番のボスみたいな奴です。全世界で社員が一万人ぐらいおる外資系の会社の日本の会長もやった。「自見さん、アメリカの会社はすごい。やっぱり日本は負けるはずだ」と言っていましたね。

伊藤　政治家のスケールが小さくなっているということを、最近よく聞きますね。

自見礼子　お役所にはそれぞれに頭がクリアでとても有能な方がいらっしゃるけれど、その方たちを動かすのはやっぱり政治家の仕事なんです。有能な方たちにとっても、政治家に能力を引き出してもらわないと、もったいないんですよね。その意味で、政治家の役割ってとても大きいと思うのですけれど、今、政治家という仕事が皆さんにあまり尊敬されていないように感じます。

伊藤　政治家の能力が落ちているんでしょう。

自見礼子　それもあるのでしょうけれど、国民の皆さんが尊敬していない職業に、若い人たちだって、「なりたい」と思わないのではないでしょうか。

自見　いや、八〇年前に戦争で大敗北して、三一〇万人も国民が死んで、国の富の三割をなくしたのは政治家の責任ですよ。信用がなくて当然ですよ。

伊藤　それもわかりますが、戦後のほうが政治家の迫力はあったんですけどね。

自見　やっぱり、小選挙区になったのが原因ですよ。「政治改革」と言ってね。

自見礼子　あれをやりたかったのは小沢さんでしょう。

自見　小沢さんと新聞社。

伊藤　政治家の中で、中選挙区に戻そうという意見はないのですか。

自見　小選挙区で上がってきた人に、中選挙区に戻すという発想はないですよ。小選挙区で生まれてきた人は、それ以前の中選挙区を知らんもの。菅義偉《すがよしひで》さんですら初当選から小選挙区だから、議員としてはご存じない。まったくもって亡国の仕組みです。

伊藤　「三角大福中」といったようなトップクラスの政治家はもう今はいないでしょう。

自見　でも、私は、決して諦めてもないし、油断もしていないですよ。一九六〇年代にフランスのカルチエ・ラタンで学生運動が起きとったとき（五月革命）、日本はなーんも、せんやった。それがある日突然、学生運動に火がついたからね。今でも若者って何かで火がついたら、突然ワーッとなりますよ。特に三十代後半から四十代後半、就職氷河期だった人、非正規社員が多かったですからね。その世代に火がついたら社会的に大ごとになりますよ。リーマン・ショックを機に、あそこが社会の「ローカス・ミノリス・レジステンティエ」（locus minoris resistentiae〔医学用語〕＝抵抗減弱部、抵抗力低位部）なんです。日本社会の弱点ですよ。

（1）一九七一年制定の「基本計画」三路線（上越・東北・成田）のうち、東北新幹線は一九八二年六月二十三日（大宮―盛岡間）開業。上越新幹線は同年十一月十五日（大宮―新潟間）開業。成田新幹線計画は失効した（現在、京成とJRが運行）。
（2）日本電信電話公社は一九八五年に民営化され、日本電信電話株式会社（NTT）が発足した。しかし、NTTの独占力が維持されたのが問題視され、日米構造協議（一九八九～九〇年）でも、NTTの分割・再編が協議された。その結果、NTTは一九九九年までに持株会社のNTT、東西の地域会社、長距離通信会社などに再編されることとなった。移動通信のNTTドコモは、政府措置として一九九二年にNTTから分離されていた。
（3）一九九七年六月、独占禁止法が改正され、持株会社の全面禁止などが改められた。NTTは一九九九年七月に持株会社に再編成された。なお、上場企業の持株会社第一号は、同年四月に移行した大和証券グループ。
（4）米中西部―北東部に位置する鉄鋼や石炭、自動車などの主要産業が衰退した工業地帯。
（5）高齢者について定額負担が導入されていたのは、昭和五十八（一九八三）～平成十二（二〇〇〇）年のあいだ。
（6）介護保険法は一九九七年十二月十七日に制定されたが、施行されたのは二〇〇〇年四月一日。
（7）当時の薬務局長は小林功典で東京大学法学部卒。薬務局生物製剤課長は松村明仁で北海道大学医学部卒業。前任の郡司篤晃は東京大学医学部卒業。小林はのちに社会保険庁長官となる。

第六章

橋本行革

第２次橋本内閣に郵政大臣として初入閣
（1997年9月11日）

郵政大臣就任

伊藤　一九九七（平成九）年九月十一日、第二次橋本改造内閣で郵政大臣に就任されました。初めての入閣ですね。

自見　当選五回で大臣になりました。この頃は五、六回が〝適齢期〟でした。

伊藤　そうすると、橋本内閣改造では、そろそろかな、と思いましたか。

自見　いや、そんな余裕もなかったと言うか、水面下で山崎拓さんを政務調査会長に留任させるための運動を前日まで一所懸命しとったんです。山崎さんはその頃はまだ中曽根派でしたからね。一番反対しとったのが派内の先輩同僚だったと、前に言ったでしょう。越智伊平さんや武藤嘉文さんとかね。この世界では、派閥の先輩同僚は足を引っ張るもんですよ。そういう人たちは大臣を経験しているけど、政調会長なんていういいポストを、後輩がやるのを快く思わない。武藤さんは渡辺さんの二番目の子分でした。渡辺派ができたときも、武藤さんは二番目。山崎拓さんは当選回数がまだ少なかった。越智さんも大反対でしたね。

越智さんはお金持ちでね。戦後満洲から引き揚げてきて、戦後まもなく四国に電気通信設備業の越智電気商会（現・四国通建）を創業した立志伝中の人なんです。世渡りの天才でね。今治《いまばり》市議、議長になって、それから県会議員になって県会議長も経験して、今度は（一九七二年十月に）衆議院（旧愛媛二区）の補欠選挙で国政に出てきた。越智さんには本当に勉強させてもらった。可愛がってくれましてね。越智さんは体が小さいから、男の嫉妬心を湧かせないんです。体をすぼめるようにしてものを言って、ちょっと大丈夫かなと思わせるのだけれど、頭の中では別のことをよう考えていてね、それはすごい人やった。私なんかは、ちいと頭はよかったのかもしらんけれども、越智先生から人生学、処世術をずいぶん勉強しましたよ。処世術の天才やった。大臣も三回しましたかね。

伊藤　そういった人たちが山崎さんの足を引っ張るわけですか。

自見　そうですよ。やっぱり「自分のほうが上」というようなことです。お年寄りの嫉妬って怖いんです。

伊藤　それを防ぐために奔走していたわけですか。

自見　そうそう。派閥の中を説得するわけです。若い衆五、六人で、先輩に文句を言いに行けばいいんですよ。〝文句〟と言ったって、喧嘩をしたらいけんですよ。「山崎拓先生は後輩ですけど、一つ、道を拓かせていただけませんでしょうか」と行けば、先方も何のために来たのか分かりますからね。ああ、山崎拓はだいぶ固めとるなと。そういうのが力関係になるんですよ。だから最も大事なのは、派閥の中を説得してくれという話なんです。

伊藤　それじゃあ、自見さんご本人は事務所で待つとか、そういう感じじゃなかったんですか。

自見　そんなうまい話はないですよ。政調会長なんてポストが棚からぼた餅なんて、この世界、滅多にない。

伊藤　いやいや、そうじゃなくて、ご自分のこと。テレビでよく、事務所で電話がかかってくるのを待っているのが映るじゃないですか。

自見　自分のことは放ったらかして、考えていなかった。そんな甘い状況じゃなかったです。そんな人は自民党では偉くならないですよ。

有名な話だけど、竹下登さんが言ったんです。「自民党には第一のコースから第四のコースまである」と。第一のコースは、一回だけ大臣をする。第二のコースは二回やったかな。要するに、幹事長と重要閣僚を二つした人が第四のコース、総理大臣になるコース。第三のコースが重量閣僚とかいろいろする人。だいたいが第一のコースですよ。昔、六回、七回、八回当選したら一遍は大臣にしてやってね。まあ、一遍大臣をすれば、勲一等旭日章（現・旭日大綬章）なんです。でも、やっぱり早く大臣になった人でないと、その後頭角を現しません。それが五回くらいですね。谷垣禎一も五回半でなったし、町村信孝もそう。後に衆議院議長になったでしょう。同期の伊吹文明もこのとき労働大臣になった。派閥の場合、誰が先に大臣になるかって意外と大事なんです。私なんか五十一でなったでしょう。伊吹さんはもう六十ぐらいやったかな。やっぱり若くしてなるほうがいいですよ。

伊藤　大臣に任命されるとは、あまり想定していなかったんですか。

自見　いや、その日組閣があるってことは知っとったし、「五期やから、そろそろ俺も適齢期だな」くらいは思っていた。でもね、それは人のために一所懸命する人間でないと、政治家なんて、駄目なんです。渡辺美智雄先生に言われたんです。「政治家の世界でボスになるには、誰でも選挙のときが一番厳しい。そのときに自分の選挙を放ったらかして、一日でも二日でも子分のため、部下のために応援に行かないで、なんで自民党の幹部になれるか」と。それが渡辺先生の思想なんです。この世界、人を助けてやらないと駄目なんですよ。人を助けてやったからこそ、何かが返ってくるんです。

日本テレビの氏家齊一郎さんというボスの話を前にしたでしょう。氏家さんは確か副社長時代に更迭されて、五、六年は冷飯食うていますよ。それを見ておった西武百貨店の堤清二《つつみせいじ》さんが、氏家という人間を見込んで、ホテル西洋銀座に事務所を一つ与えとったんです。僕はホテル西洋銀座で、氏家さんと何度か会ったことがありますよ。山崎拓さんとも昔から仲がよかったね。山崎さんは要するに渡邉恒雄―氏家ラインなんです。そもそも中曽根康弘さんは渡邉恒雄とものすごく仲がいいでしょう。中曽根さんが（田中角栄内閣で）通産相の頃、私が遠縁にあたる蔵内修治先生との関係で、派閥研修会で宣誓した話を前にしたでしょう。そのとき、読売新聞ワシントン支局長を終えたばかりの渡邉恒雄が講演に来ていましたよ。一時間ばかり話すのを聞いて、へえ、こんな奴がおるんやなと思った。朝日新聞とは違う、景気のいい話をしていましたよ。よう覚えとる。それくらいあの二人は仲がいいんですよ。

「中間報告」

伊藤　話の方向が見えてきませんが。（笑）

自見　待ってください。つながります。郵政大臣になる二週間ぐらい前に行政改革会議の「中間報告」が出たんです。それが一九九七年の九月三日です。

伊藤　橋本内閣の行政改革の目玉ですね。

自見　「中間報告」では郵政省の簡易保険を即民営化、郵便貯金はしばらくしてから民営化。郵便だけを国営のままとしたんです。

行政改革会議「中間報告」より、以下抜粋。

①郵政三事業

・郵政三事業については、すべて民営化すべきであるとの意見もあったが、論議の結果、実現可能性及び民営化へのプロセスのあり方にも配慮する必要があり、また郵便局のネットワークの活用を図ることも必要である等の観点から、当面、次のようにすることが合意された。

ア）簡易保険事業は民営化する。

イ）郵便貯金事業については、早期に民営化するための条件整備を行うとともに、国営事業である間については、金利の引き下げ、報奨金制度の廃止等を行う。

ウ）資金運用部への預託は廃止する。
エ）郵便事業は、郵便局を国民の利便向上のためのワンストップ行政サービスの拠点とするなどの変更を前提として、国営事業とする。
オ）国営事業であるものについては、国庫納付金を納付させる。
カ）国営事業として残るものについては、総務省の外局（郵政事業庁）として位置付ける。

郵便をそのままにしたのは、田舎ではなかなか採算が取れないですから、今でも国営でなければやっていけないんです。それから、ここで総務省の外局に置かれるとされたものの中に、情報通信があります。

「中間報告」より、以下抜粋。
・（総務省）外局として置かれる諸機関のうち、郵政事業庁は、郵便事業等を担当するもの、また、通信放送委員会は、電波監理等を含む通信・放送行政を担当するものである。ただし、情報通信産業の振興に係る事務は、同委員会ではなく、産業省の所管となる。

情報通信産業がこれから伸びるということは、知っとる人は知っとったんです。元々、郵政省にはテレコム三局と言われているものがあったんです(1)。放送と情報通信、基盤整備の三つの局で電電公社なんかを監督しとった。この三局は全部廃止となった。

伊藤　廃止ですか。

自見　廃止！　面白いんですよ。公正取引委員会みたいな三条委員会（通信放送委員会）を作って、電波の中立性とかは郵政官僚に、産業育成は全て通産省にやらせるというわけです。[2]通産省は五〇人しかおらんのですよ。三課で五〇人。郵政省は三局で五〇〇人おるんです。それなのに通産省が上に来るというわけです。ある意味で分かるんです。アイツらは産業政策に手慣れているので、橋本さんが言う突拍子もないことでも平気なんですよ。私も通産政務次官をしていたし、通産省のことは知っています。親戚の久良知章悟も通産省の局長でしたからね。

　で、話を元に戻すと、組閣のあった日は日本テレビの社長室で、氏家さんと話していたのです。夕方四時二十分頃に携帯電話が鳴りました。氏家さんも、今日は内閣改造があるし、自見君は当選五回だからとピンと来たんでしょう、「自見君、電話を取りなさい」と言うてくれた。電話の主は山崎拓さんで、いきなり「スマン」と謝るんですよ。「自見、オマエ、郵政大臣に決まった」って伝えられたんです。「スマン」の意味はね、ヘマをしたら政治生命を失ってボロボロになるということです。その直前の自民党の選挙公約集に「全国特定郵便局長会制度の堅持」と書いておった。要するに特定郵便局長会を守るってことですからね。

伊藤　「中間報告」では、それを守らないというわけではないでしょう。

自見　いや、簡易保険事務を民営化するというのですから、郵便局の簡易保険をやりよる人がおるじゃないですか。そういう人たちの身分が失《の》うなってしまうんです。郵便貯金も大きい分野ですね。それもしばらく経ったら民営化されると。

伊藤　郵便事業だけが残る。

自見　郵便だけ国営。だから簡易保険と郵便貯金をやりよる人は、その日から、「オマエら、国家公務員の身分じゃなくなるぞ」というわけです。それはみんな大反対ですよ。明治以来、郵便局長は国家公務員という誇りを持っていたのにね。それが「なんで俺たちが辞めないけんか」となった。これは怒りどころではありません。そういう事態になるのがよく分かっていましたからね。だけど、「郵政大臣に決まった」と言うからね。

それで首相官邸の組閣本部へ行ったら、総理大臣の橋本龍太郎さんが真ん中におって、右側に加藤幹事長と山崎政調会長と森総務会長、左側に村上正邦《むらかみまさくに》さん、参議院のボスと幹事長の五人が龍ちゃんを囲んでいました。何か言わないけんでしょう。「総理、郵政大臣にご指名いただきまして、ありがとうございます」と挨拶したんです。龍ちゃんがその場で「馬鹿、オマエ、こんな郵政大臣、『ありがとう』なんて言うことじゃないんだぞ」と言われたの（笑）。後から聞いたら、最初に橋本さんが郵政大臣に任命しようとしたのは谷垣禎一だと。若い頃、郵政政務次官をしていたので当然ですね。ところが、谷垣はこれは大ごとだと分かっとるわけです。郵政省を生体解剖しなければならん。ヘマしたら、政治生命は終わりです。東大を出ているし、お父さんの谷垣専一《せんいち》さんも文部大臣やったから、〝父の遺言で郵政大臣だけはするなと言われました〟とか（笑）。父親が死んで、あいつは（一九八三年の）補欠選挙で通ってきたでしょ。なんか知らんけど「父の遺言」で逃げとるんです。

その次に当たったのは町村信孝なんです。あいつも頭がいいでしょ。郵政大臣になったら大ごとだと分かっているんです、東大を出た偉い人は情報も多いしね。私も薄々は知っていましたよ。でも、その時の内閣の方針として、小泉厚生大臣だけが「留任」と決まっていたんです。まあ、橋本さんの方針でしょうね。そうしたら小泉さんは森派（三塚派）かな。派閥の幹部会があるんですけど、あの奇人変人が郵政民営化論者だというのは自民党中、みんな知っとるでしょ。同じ派閥から郵政大臣が出たらマズい。町村が傷つくというので、「我が派からは郵政大臣は出さない」と決定しとるんです。アイツが先輩にお願いしたわけです。「派閥の決定ですから」と彼は逃げて、文部大臣になった。谷垣は科学技術庁長官になった。私はそんな個々の経過は知らなかった。その頃は山崎さんのために動き回りよったわけですからね。まあ、私は郵政省が大ごとだということはよく知っていましたよ。通信部会長もしたし、これは〝生体解剖事件〟だ、生きとるまま肉を開かねばならん、こんなことはいけん、大ごとやと思っとった。だけど、やっぱり僕は九州男児でしょ。国家のためなら、花と散っていいと。これが政治家の心意気ですから逃げなかった。

伊藤　相当な決心が必要ですね。しくじったらクビでしょう。

自見　それはもう度胸と決心です。よう生きとった。結局、総理大臣の言うことに全部反対したんだからね。

伊藤　橋本さんはどの程度の腹積もりだったんですか。「中間報告」の線で行こうとしていたんですか。

自見　それは強く、簡易保険事業は民営化、アメリカの言う通りやと考えておったですね。もう

五、六年ぐらい前から毎年アメリカが言ってきとったですからね。宮澤喜一さんはすごい人で、「あんな対日要求は、右から聞いて左に抜いておけばいいんだ」と。しぶとかった。ところが橋本さんという人は真面目に取り組んだんです。一つぐらいはアメリカの言うことを聞いてやらないけん、と言うわけ。

伊藤　就任に当たっては「絶対に郵政を守るぞ」と意気込んだんですか。

自見　面白かったのがね、龍ちゃんは貴族のような人なんですよ。自民党の下々の情報があまり入ってきてなかった。だから僕が大臣になって三日目ぐらいに、野中広務に「自見君は通信部会長をしていたらしいね」と言ったんですって。そんなことも知らんのよ。私が医者だから、当然ずっと医療のことばかりしとったと思うとったんですね。〝自見だったら、俺の言うことを絶対に聞かせられる〟と思われたんじゃないですか。橋本さん、厚生族ですからね。ところが、私は九州男児。勝算はなかったけれど、潔いんですよ。嵐の中の船出です。どうやって総理の考えを変えさせようか、とずっと考えていましたよ。

橋本総理の考え方

伊藤　総理は特に何も指示はしないわけですか。「あの線で行ってくれ」とか。

自見　総理というのはそんなものですよ。それを遂行するのが国務大臣ですから。

伊藤　でも、それに全然従わなかったわけでしょう。

自見　全然従わなかった。我ながら悪いことをしたと、この齢になってみて思いますよ。総理大臣の面子の一つくらいね……。でも、どこか一つでも認めたら、郵政が断たれていたわけですから、全面否定するしかない。

伊藤　しかし、結果として「郵政省」の名称はなくなった。

自見　それくらいはいいんです。名を捨てて実を取る。

伊藤　でも、郵政民営化の道も開いたでしょう。

自見　いやいや、だから僕は「郵政公社」にしたんですよ。公社ならば、やっぱり「官」ですからね。

伊藤　だけど、例えばヤマト運輸などの民間が荷物だけではなくて、郵便にも参入する可能性も開いたわけでしょう。

自見　まあ、それぐらいは競争しないとね。小泉さんは「クロネコヤマト族」と言いよった。自民党ってそんなことが多いんですよ。クロネコヤマトは小泉純一郎のためなら命がけでやったんです。

伊藤　ヤマト運輸は小泉のバックに付いていましたか。

自見　それはもう付きますよ。大臣になって一週間経って、「どうして橋本龍太郎さんは郵政事業にこんなに厳しいんだろうか」と思って、総理大臣の頭の中を知らないといかんと思って、官邸の総理大臣執務室で橋本龍太郎さんと二人だけでじっくり会ったんですよ。あの人は田中派―竹下派―小渕派。郵政事業は全部あの派閥が牛耳っていたでしょう。田中角栄さん、竹下さんの弟子筋が急に〝民営化〟なんて言い出したので、おかしいなと思ったんです。当時、小渕恵三さんが郵政族の日本一のボスです。派閥の領袖は小渕さんで、橋本さんが総理大臣をやっていたでしょう。彼らが郵政省の幹部人事を決めて、完全に支配していたんです。田中角栄が郵政大臣ポストを、格好だけ中曽根派にくれたんですよ。これが真実です。だから中曽根派でありながら、中山正暉《なかやままさあき》も竹下内閣で郵政大臣になりました。郵政大臣は人畜無害、お飾りなんです。決定権は全部、田中派系が持っていたわけです。「自見さんが田中派やったらよかったのにな」という郵政官僚の本音を何回も聞きましたよ。

伊藤　結局、橋本さんとの話はどうなったんですか。

自見　それが面白かったんですよ。よう分かった。僕は黙って、龍ちゃんの郵政事業に対する悪口をずっと聞いたの。「ああ、そうですか」って。

まず、橋本さんの選挙区（旧岡山二区）のことやった。加藤六月《かとうむつき》さんっておったでしょう。（福田派系の）加藤さんと橋本さんの喧嘩は全国で有名だった。「六龍戦争」と呼ばれたくらい、中選挙区で二人がいがみ合っていた。「だいたい、特定郵便局は全部、俺じゃない、加藤六月一人を推している。けしからん」と言うわけ。ここから問題が来ていたわけですよ。選挙のたびに特定郵便局長たちが血眼《ちまなこ》になって加藤六月を応援していた。「けしからん」と。それから「郵政省は、総理大臣である俺のところに全然来ない」と言ってたんです。当時、特定郵便局長は一万八〇〇〇人ぐらいおって、集会をしたり、首相官邸の周りを取り巻いて「反対、反対」と言いよったりするのに、役人は俺のところに誰も来ないじゃないか。卑怯な奴らだ、と言うわけです。

まだあるんですよ。龍ちゃんは直前まで、村山内閣の通産大臣で、同じ内閣には社会党の大出《おおいで》俊《しゅん》が郵政大臣の時代があった。「国会の止め男」と呼ばれた社会党の闘士です。そんなときに、これからは情報通信が大事だから、世界情報通信会議のG7をしようとなったんです。サミットの本体とは別に環境大臣会議とかをやりますよね。で、情報通信の主体はやっぱり郵政省で、従が通産省なんです。龍ちゃんと大出俊が一緒に国際会議に行ったんですが、役人は大出俊を立てるわけですな。メイン・ミニスターです。それがもう気に食わんの。「自見君、あの大出俊を立てるなんて何てことかっ！」と。情報通信なら郵政省が法律上優位ですよと言いそうになったけれど、「ああ、そうですか。そんな不始末がありましたか」と。遠慮なく私をガンガン怒ってもらって、肚《はら》に溜まったものを吐き出させた。心の内を話したので、あの人はあれから楽になったと思いますよ。

それで、よしよし、分かったと思ったんです。当時は二〇ぐらい役所がありますね。中選挙区時代は、橋本龍太郎と加藤六月で半分に分けとったんですよ。官僚機構としては自民党を二人通さないけんからね。郵政省とか建設省は加藤六月、厚生省は上から下まで全部橋本龍太郎。保育園は厚生省ですね。そうせんと二つの議席を取れないんだから。私の選挙区だって、「自見さんはお医者さんだから」と厚生省とかは推してくれましたけど、建設省の関係なんて、誰も応援してくれませんよ。私は「中選挙区で、過半数を取るためにはしょうがないんじゃないですか」、さらにもう一つ、「総理大臣にまでなったら国家のことを考えるのに、個々の議員のときの利害なんてそんな小さいことを言ったらいけませんよ。なんぼ加藤先生が敵でも、同じ自民党なんだから、それを包含して物を考えなければいけませんよ」って、龍ちゃんを説教してやった。龍ちゃん、しかめ面しとったかもしらん。でも、言わんとわからんからね。「国際会議でも、主が郵政大臣、従が通産大臣だから仕方ないですよ。政治的に偉いのは総理就任直前の橋本龍太郎だと誰もが知っているけれど、そこはやっぱり呑み込んでいただかないといけません。官僚機構として、逆をするのは難しいんじゃないですか」とか、暴れっ子をあやすように言うてやったんです。そうしたら、カーッとなっていたのが落ち着いてきたんです。通産大臣のときに、郵政省からだいぶいじめられたんだなと、橋本さんの心の奥が見えたわけです。

役所に戻ってから、事務次官と官房長に向かって「オマエら、必ず一週間に一回、総理大臣に会いに官邸へ行け。何か仕事を作って行け」と厳命したんです。大臣に聞いたら、総理に相談せえと言われましたとか、嘘っぱちでも何でもいいんですよ。高級官僚なら、気を利かせてやらないけん。でも、怒られるだけなんですよ。けれど、怒られることが大事なんですよ。人間の世界では、言い訳をしちゃあ駄目なんです。そうしたら偉い人の気持ちがおさまるもんなんですよ。

伊藤　怒られるというのは意味があるんですね。

自見　怒られるのは大事なんですよ。怒られるときは、両手をテーブルについて頭を下げて「はあ、はあ」とやる。そうすると相手が吐き出す。それは効果がありますよ。私はそんなことをしとったんですよ。面罵《めんば》されて哀れな顔をして帰るんです。そうすると、後から「ちょっと悪かったな」とかね、そう思われたらシメたものなんです。相手が和らぐ。

大事な話がまだ一つあるんです。ロッキード事件で有罪になった佐藤孝行《さとうこうこう》さんが閣僚になったでしょう（第二次橋本改造内閣で総務庁〔現・総務省〕長官兼中央省庁改革等担当相）。その入閣に関しては、山崎拓さんが政調会長でしたからきちんと根回しして、社民党党首の土井たか子さんの了承も取っとったんです。佐藤孝行さんの入閣はずっと断わられていた。五回ぐらい見送られていたそうなんです。加藤六月さんも「灰色高官」と言われたけれど、大臣になりました[3]。そうしたら、佐藤孝行さんも勝負師ですからね、ロッキードの関係資料を風呂敷いっぱいに持って、中曽根さんの前にドンと置いたという話があるんですよ。中曽根さんはもう震え上がっちゃってね。派閥の（元）領袖として大臣推薦権がありますから、龍ちゃんに「何が何でも入れてくれ」と頼んだんです。ところが入閣したら、あらゆる新聞社がガンガン、ボロクソに書いて、六〇％くらいあった支持率が二週間で四〇％に急落して、内閣に力が失うなった。それでね、郵政が生き延びたんです。恐ろしい因果関係です。あれ、佐藤孝行さんの入閣がなければ、郵政省はあの時点でバラバラに解体されていましたよ。僕はそう思うね。郵政は怨念の神社を作って、佐藤孝行さんの碑を建てて拝まないけんですよ。「ありがとうございました」ってね。実際、内閣支持率が下がったから、橋本龍太郎さんもそこを考慮して、「郵政解体全面突破」をしなかった。私は今この年齢になったら分かるね。政治の力学はそんなものなんです。政治学の論理じゃない。実際的なんですよ。

「最終報告」

伊藤　しかし、「中間報告」をひっくり返すのはとんでもないことでしょう。たいていは少し色を付けて、お茶を濁しておしまいではないですか。ところが、自見さんはその元の方針をほとんど崩してしまった。

自見　もう全く崩しちゃった。特定郵便局長会を全力結集させたんです。自民党に毎日一〇〇〇人ぐらい来させて、ワンワン言わせて、部会に乱入させた。全逓、全郵政も反対ですからね。社民党、民主党とかそんな支援政党は関係なかった。本体が潰れたら、アイツらも組合運動をできなくなる。そもそも全逓、全郵政（全日本郵政労働組合）は末端で、特定郵便局長は管理職。ずいぶんひどい目に遭うとるんだけどね、この件では一致して珍しく手を結んだ。労働組合の委員長が、「自見大臣、頑張ってくれ」と来るんやからね。実は今でこそ話すと、全逓の委員長は私の故郷の小倉郵便局の出身で個人的には親しく付き合っている人だったんです。二週間ぐらい、それはすさまじい戦やったですよ。

伊藤　全逓や全郵政との関係はそれまではなかったのですか。

自見　いや、通信部会長をしていた頃からありました。特に全郵政は民社党系で、強硬派じゃなかったですからね。一方の全逓は強硬派で、過激でしたがね。

伊藤　「最終報告」（一九九七年十二月三日）に向けて誰かが作文したんですか。

自見　全部、僕が作文したんです。助けになる人は誰もいなかったですからね。私と事務次官だけですよ。他の局長なんか頼りにならなかった。
伊藤　しかし、郵政改革は橋本内閣の目玉商品だったわけです。橋本さんとしては目玉商品がそうなってしまっては大変じゃないですか。
自見　そうそう。でも、自見が抵抗するしね。諦めてくれたんです。
伊藤　それはやはり自見さんの説得の効果ですか。
自見　説得というより頑張りですよ。総理は当然、僕のクビを切ろうと考えただろうと思いますけどね。火曜、金曜日に閣議があるでしょう。どこかの週で「今日決着する」という山場があったんです。ちゃんと谷垣（科学技術庁長官）とか、鈴木宗男（北海道開発庁長官兼沖縄開発庁長官）とか、島根のお殿様、亀井久興《かめいひさおき》さん（国土庁長官）にもちゃんと根回ししておいたので、僕に賛成してくれたんですよ。地元で特定郵便局長が応援してくれていますからね。
伊藤　だけど、小泉厚生大臣は絶対反対でしょう。
自見　意外と黙っていたんです。
伊藤　黙っていたんですか。なぜだろう。
自見　あいつも「自見というウルサイのがおる」と思ったんじゃないですか。山崎さんの子分のことをよく知っていますからね。
伊藤　しかし、後々まで小泉さんとの確執は続くでしょう。
自見　ええ。でも、個人的には仲が悪かったわけじゃないんですよ。前にお話しした通り、ＹＫ

Kで、私は事務局の一人でしたからね。純ちゃんからよう話は聞きよったですよ。飯やら一緒に食ってね。山崎、加藤、小泉、自見……谷垣も事務局におったね。それから三木派やけど高村正彦《こうむらまさひこ》もおった。中心のメンバーは高村、谷垣、自見くらいやったね。亀井善之《かめいよしゆき》がおったときもあった。同じグループで、仲がよかったんですよ。自民党は細川護熙内閣時代は一〇ヵ月間野党でしたから、勉強会もしましたよ。

伊藤　小泉さんとの関係は複雑で、政策的な対立はここからつながっているわけですね。

自見　そう、ずっとね。あの人はやっぱり民営化路線やからね。

伊藤　完全民営化で利益を得るのはアメリカだけですか。さっきのお話だと、ヤマト運輸などもそうですね。

自見　政治って複雑なんですよ。アメリカが何か言うてくると、必ずおこぼれに預かる日本の業者や業界、会社があるんです。それで「敵はアメリカ」ってことにしておくんですよ。いつものやり方です。「アメリカにやられたら仕方がないな」と言いつつ、そのおこぼれをもろうて、結構儲けている日本の会社、業界がいっぱいあるんですよ。

伊藤　一所懸命担ぐわけじゃなくて、むしろ批判する。

自見　だから面白いんです。アメリカ政府がガーッと言ってきて、どうしてやろかと観察してみると、日本の業界が頼みに行っている場合がたくさんあるんですよ。例えば、大店法《だいてんほう》（大規模小売店舗法）改正（一九九一年改正、二〇〇〇年に大規模小売店舗立地法が公布された）。あの頃、ダイエーやイオンとか大型スーパーがアメリカに頼みに行ったんですよ、「大店法はけしからん」と。

日本は戦前に小売業の法律を作ったんです、昭和十七年体制、ママさんパパさんストアを保護していたんです（「小売業ノ整備ニ関スル件」など）。商工会議所の中に商調協（商業活動調整協議会）があって、そこで揉んで、みんなが賛成しないと大型店舗は進出できなかった。通産政務次官当時の問題だったからよく覚えていますよ。「大きい店を出店したい」という陳情が二〇〇〇件もあったんです。ところが、商調協でにっちもさっちもいかない。それで、ダイエーとかがアメリカに頼んだんです。アメリカの製品は、小さな商店では売れません。百貨店や大きなスーパーでしか売れない。僕は通産政務次官時代、大店法の改正で国会答弁もしたんですよ。だから、あれには私、責任があるんです。裏は全部知っています。一から十まで全部、アメリカの圧力なんです。大臣や事務次官、局長はみんな分かっとるんです。ただ、国会では一言も言わない。「アメリカの圧力」と言ったらいけない。それは自民党のタブーですからね。「アメリカの圧力がどうだったか」「天皇陛下が何を言われたか」「野党になんぼ金をやったか」の三つが、自民党のタブーなんです。なんぼやったか、絶対に言っちゃいけない。クンクンと臭っておるんだけどね。口が堅いのは田中派系でした。角栄さんがものすごく教育しておったからね。野党もあの派からしか、金をもらわないいんです。

伊藤　話を戻すと、「最終報告」では「郵政三事業の一体化」となったんですね。

自見　「国営三事業の一体化」です。公団・公社にして、身分は公務員にするという案がまとまったんです。

行政改革会議「最終報告」より、以下抜粋。

2（3）具体的編成

〈省庁編成案〉（注）省庁等の並べ方は、とりあえずのものである。

①総務省

ア　任務・行政目的

○内閣及び内閣総理大臣の補佐・支援体制の強化の一環として位置付け

○行政の基本的な制度の管理運営、地方自治制度の管理運営、電気通信・放送行政、郵政事業、及び固有の行政目的の実現を任務とした特定の省で行うことを適当としない特段の理由がある事務を遂行（略）

オ　電気通信・放送行政

現行の郵政省の通信政策局、電気通信局及び放送行政局は、2局に再編し、総務省の内部部局とする。なお、これに伴い、現行の郵政省と通商産業省との分担は、変更せず、総務省及び経済産業省に引き継がれるものとする。

カ　郵政事業

総務省に、郵政三事業に係る企画立案及び管理を所掌する内部部局として郵政企画管理局（仮称）を置き、同事業の実施事務を所掌する外局（実施庁）として郵政事業庁を置く。郵政事業庁は、5年後に新たな公社（郵政公社）に移行する。

キ　外局

a　郵政事業庁

郵便事業、郵便貯金事業・郵便為替事業・郵便振替事業、及び簡易生命保険事業等の実施。
5年後に新たな郵政公社に移行する。

伊藤　公社というのは、どのあたりから出た案なのですか。

自見　最後に、山崎拓政調会長と野中広務幹事長代理、自見庄三郎郵政大臣の三人で赤坂プリンスホテルで話したんです。五十嵐郵政事務次官を待たせておって、三人で「どうしようか」と。私が「国営のままでいいじゃないですか」と主張したら、野中広務が「それでは橋本内閣はもたない。せめて公社にしてくれんと困る」と言う。それで私が降りて、妥協案として公社化が決まったんです。山崎拓は「それでいい」と。「国の直営」から「公社」に一段階落としたけれど、身分は国家公務員としたのがミソですね。

伊藤　「民営化への一歩だ」というふうに理解してもらうのね。

自見　「一歩だ」と理解させればいいんですよ。

伊藤　でも、一歩じゃないでしょう。

自見　一歩じゃないですよ。私は強固に反対したし、全国の特定郵便局長も反対した。

伊藤　もう一つ、通信のほうは一応別でしょう。郵政三事業と通信のほうと、それから郵政省をなくして、旧自治省と併せる考えは前からあったのですか。

自見　それは省を減らさないかんわけですから、どこかと〝結婚〟せな、いけんのです。戦前の

年賀状元旦配達出発式で（東京都中央区日本橋郵便局、1998年1月1日）

逓信省を念頭に、運輸省と郵政省を一緒にするという「大逓信省構想」が七、八割ぐらい進んでおったんです。私もそれでよいと思っていた。戦前、情報通信は全て逓信省が担っていたからね。

伊藤　しかし、郵政省がなくなるわけですよね。でも、自見さんご自身の本『郵政省蘇る――〝民意〟が勝った行政改革』のタイトルは意味深長です。

自見　本質は残ったということです。名前はなくなっちゃったけれど、実態はあまり変わらなかった。当時、郵政公社をつくったからね。

伊藤　橋本内閣の目玉の公約は「実現した」と、みんなが理解できたんですか。

自見　まあ、言いくるめたんですな。国の直営事業が公団・公社に一段階降りたんですからね。それでいいとね。まあまあ、しょうがない。全くの妥協ですよ。

伊藤　一方で、『郵政省蘇る』を読むと、「真っ黒の族議員の代表」だと指摘されたそうですね。

自見　ええ、私は真っ黒な族議員です。お医者さんだけど、私くらい郵政事業を知っとる人はいなかったんじゃないですか、繰り返しになりますが、部会長代理を二年して、部会長を一年して、逓信委員長をして、郵政大臣ですからね。これくらい立派な郵政族議員は他にいないですよ。

伊藤　二流官庁だろうけれど将来性はあった。それを見越していた人は他にいましたか。

自見　いや、その頃はみんな、あまり気がついていなかった。部会長をしていた頃、郵政の電波事業に興味のあった人は五、六人ぐらいしかいませんでしたね。勉強会をしたら、そこに野田聖《のだせい》子《こ》がいたよ。彼女はなかなかの者だよ、あの頃からおった。

伊藤　自見さんの評価は郵政大臣を務めて、上がったんですか、それとも、あの野郎と下がったんですか。

自見　それは両様あるでしょう。旧郵政族、郵政省の人にとっては神様みたいなもんですよ。〝地獄〟へ行け、と宣告されたのが生き返ったんですからね。

伊藤　「郵政三事業」がバラバラにされたら、郵便局がどうなるか分からなかったでしょうね。でも、特定郵便局もだいぶ変わってきているでしょう。

自見　民営化されて、ひどく息苦しくなって鬱憤《うっぷん》が溜まっているんですよ。

伊藤　やっぱり小泉さんのせいですか。

自見　ええ、そうです。ぜひ言いたいのはね、僕は通産と郵政を合わせて、情報通信庁を作りたかったんです。そうじゃないと、互いに足を引っ張り合うんです。部会長時代から聞いていました。郵政省側に寄って仕事をすると、その会社が通産省からいじめられる。通産省の補助金を取ったら、郵政省からいじめられる。二重行政は本当によくない。役所って、そういうことをやるんですよ。日本人って縄張り根性が強いからね。そうすると企業も萎縮しちゃうんです。だから、一緒になったほうがいい。その行革のときに情報通信庁を作れなかったことが、政治家として本当に心残りです。郵政三事業が解体されそうになって、防戦する一方で余力がなかった。しかしあのとき、情報通信庁にしておくべきでしたよ。そうしたら、今日の日本の情報通信がこれほどまでに下り坂になっていなかったはずです。GAFAにやられていない。当時、NTTは世界で一番大きなキャリアだったんですからね。

通信のデジタル化

伊藤　郵政大臣としての大事なお仕事に、通信のデジタル化がありますね。

自見　テレビの地上デジタル放送が開始されたのが二〇〇三年ですが、一九九七年、九八年にその道筋をつけたのは私ですからね。九七年十一月に北海道拓殖銀行、山一證券が相次いで破綻して、景気が最悪の状態でしたから、閣僚の一人として、私も何とかせねばと必死に考えたのです。地デジ化を断行すれば、数千万世帯がテレビを買い替えます。それだけじゃありません。デジタルはアナログに比べて電波の周波帯が三分の一で済む。残りの三分の二で、携帯電話や自動車の自動運転といった未来の技術に利用できる。

そもそも、人間の頭はデジタルなんですよ。神経細胞からアセチルコリンという物質が出てきてバッと伝達していく。アナログじゃありません。人間の体はデジタルなんです。「0か1か」です。だから進歩した。社会もデジタルだから、「デジタルで文明が変わる。デジタルは文明を変える」と思ったわけです。それまで郵政通信部会長代理を二年、通信部会長を一年して、三年しっかり勉強していたから、ハハァ、これは人間の体に近いことをしているという確信があった。

そういう確信を持っていたから、大蔵省が反対しようが、足元の郵政省の事務次官が反対しようが、心の中では「オマエら、バカや」と思ったけれど、グッとこらえて「オマエらも苦労したな。しかし、ここは俺の言うことをよく聞け。俺が決定者だから」と。頑としてやり通したんです。

伊藤　でも、NHKはじめ、放送局もお金がかかるから、反対するのは官庁だけじゃありませんよね。

自見　もちろんです。NHKは一〇年間で六〇〇〇億円、民放連は四〇〇〇億円、設備投資のためにお金を出さにゃいかんわけです、もう普通なら反対ですよ。だけど、郵政大臣が遮二無二《しゃにむに》なって五〇〇億円も補正予算を取ってきたから、まあ従うか、と渋々なったんです。

でも、これをやったことによって、経済波及効果は二〇年間で二四九兆円となったのです。

伊藤　そんな規模になりますか。

自見　総務省が二〇〇九年に地デジ化による経済効果を試算したんです。それによれば、二〇〇一年～二一年の二〇年間の経済波及効果は二四九兆円。内訳は、放送局やテレビの買い替えが七七兆円、新たな放送サービス事業が一〇八兆円、携帯電話など空き周波帯の新サービス事業が六四兆円。私が起業家なら今頃大富豪になっていますよ。（笑）

ただ、この時はテレビの地デジ化にとどまらず、最新の通信技術を使った遠隔地教育・遠隔地医療にも取り組んでいたのです。東大の講義を全国の大学に同時配信するとか、離島の医療のために東大病院や虎の門病院と結んで治療するとか、NHKのインターネット同時放送とか、そんなアイディアもあって、概算要求まで出していた。その年は金はつかなかったけれど、普通、概算要求まで行ったら、次の年には八、九割は決まるものなんです。なのに、二〇年間、何もしていない。新型コロナウイルス感染症のときに、こういったものは役に立ったはずなのです。残念でなりません。私は、町村文部大臣と合同で、「教育分野におけるインターネットの活用促進に関する懇談会」の報告書(4)をまとめたんですよ。併せて遠隔診療の概算要求も厚労省から出していましたが、あとから見ると、この二つとも全く育っていなかった。金がついていなかったのです。日本は決めるべき人が決めていないんです。責任を持っていない。だからこれだけ停滞したんですよ。僕はそれを本当に実感しています。

石炭政策の終焉

伊藤　これは自見さんの選挙区のほうに関わりが深いと思われますが、一九九七(平成九)年に三井三池炭鉱が閉山して、日本の炭鉱はほぼ終焉を迎えましたね。

自見　僕の選挙区で最も大事とも言えるのが石炭対策でした。田川市、田川郡がありますからね。石炭対策では、いわゆる「石炭六法」によって、年間一五〇〇億円の予算が付いたんです。「石炭から石油」となって、石油が入ってくるのに税金を掛ける原重油関税。それを石炭対策として右から左に持っていった。四〇年間です。だから、石油業界が「自見さん、なんで俺らがずっと石炭の面倒を見なければいかんのか」と、税制調査会前にいつも文句を言いに来よったんです。「もうやめてくれ」とね。結局やめたんですね。通産政務次官当時、大臣は中尾栄一さんでした。「自見君、俺の山梨県には炭鉱はない。今度第八次石炭政策をどうするかは一番大事だから、オマエに任せる」と言ってくれたんです。炭鉱って各種団体の問題を抱えていて大変なんです。いろんな人たちが全国から集まってきていた。明治以来続いてきた日本の石炭産業を終焉させたのは、自見庄三郎クンなんです。

伊藤　よく説得できましたね。自民党の三井三池閉山対策本部の事務局長もされていましたが、これはどういう役割なんですか。

自見　要するに石炭政策とは後始末ですからね。その頃、「炭炭格差」と言ってね、外国産と国内産で価格差が三倍もあったんです。オーストラリア産のほうが強粘結炭で、カロリーが高い。それを輸入したらトン当たり六〇〇〇円。国内で掘ったら一万八〇〇〇円。これがずっと続いたわけですよ。採掘個所の深部化・奥部化によって、とても深い所から掘ってくるのでね。平均一〇〇〇メーターぐらい下から掘ってくる。一方のオーストラリアは露天掘りです。その差額を石炭業界に補助しとった。

伊藤　炭鉱の利権みたいなものですか。

自見　利権、利権、利権。炭鉱に人がおったからね。最盛期は炭労という強烈な組合組織の影響力が絶大やった。炭労は三井、三菱、住友を抱えていますからね。日本の資本主義において、三井、三菱、住友を潰すわけにいかないんですよ。何とか終わらせてやって、上手に足を洗ってやらないと、日本の産業政策全体がおかしくなる。石炭政策から引き揚げるときに泥田に足を突っ込んだら、三井不動産も三菱重工も終わるんですよ。何が終わるって、銀行が潰れてしまう。だから国が補助したんです。これは意外と知られていません。銀行は石炭にいっぱい貸し込んでおったんです。

伊藤　三菱銀行も三井銀行も。

自見　三菱も住友も三井も莫大《ばくだい》にね。住友石炭鉱業（現・住石ホールディングス傘下の住石マテリアルズ）という会社がありましたよ。個人のものじゃないけれど、国家を挙げてどうかせんと、戦後復興してきたのが大ごとになる。だから石炭六法という法律が作られたんですね。

伊藤　監督官庁はどこになるんですか。

自見　通産省に石炭庁というものがあったんです。重工業課、軽工業課と言う前に、昭和二十年から石炭庁があった。戦後復興のエネルギーは石炭でしょう。昭和二十年代には五〇〇〇万トンぐらい、どんどん掘っていたんです。傾斜生産方式と言って、ご存じのように、石炭と化学肥料と鉄鋼だけに集中したんです。何もかもをする金はなかった。国破れて山河ありという状態でしたからね。その辺を実にうまく通産官僚がやったんです。それは確かに認めなければいけんです。実にうまくやったんです。分散して投資しても駄目だ、どこかに重点的にやろうって。日本の産業を一番伸ばすにはどうしたらいいか。それは鉄と石炭と化学肥料だと。

伊藤　その後エネルギー源が石油にどんどん変わっていくわけですね。元々、石油はアメリカから買っていたと思いますけれど。

自見　そのうちに石油が世の中にあふれてきたわけですよ。特にサウジアラビアとかアラブ諸国ね。ハーバード時代から仲のいい、『ジャパン・アズ・ナンバーワン』を書いたエズラ・ヴォーゲルさんが「日本がエネルギー転換を世界中で一番上手にやった国だ」と言っていますよ。日本は石炭をやめたから、「一バーレル＝一ドル」という安いエネルギーを、中東から安定的に三〇年間輸入できたんです。それが高度経済成長の最大の基礎だと書いています。全部、石炭業界の犠牲の下に成り立ったんです。石炭を切り捨てたわけですよ、はっきり言えばね。

伊藤　切り捨てたけれども、補助金みたいなかたちで延命もしていた。

自見　完全に切り捨てられませんからね。離職金だとか何やらかんやらお金をいっぱいやりながらね。労働省は石炭失業者には、仮に遊んどったとしても給料をやったもんですよ。緊就（炭鉱離職者緊急就職対策事業）、特開（特定地域開発就労事業）とかの失業対策事業ね[5]。これも私の係だったけれど、労働省へ行って金をむしり取ってくる。炭鉱労働者の後に職業転換して、どこへ行っても働けん人は国がいよいよ日雇いで雇った。でも、自民党の票田じゃないんですよ。社会党の票田ですからね。

伊藤　じゃあ、これがうまく終結しちゃうと、社会党は地盤を失うことになりますか。

自見　そういう点があるんです。だから、だんだん福岡県でも弱うなった。炭労が駄目になって。炭労は最盛期に三〇万人おったんじゃないですか。

伊藤　今、炭労なんていう言葉は全然聞かないでしょう。

自見　聞いたことのない人が多いんじゃないですか。でもね、厳しい危険な作業をしているので、石炭労働者は組織しやすいんですね。パッとまとまるんですよ。それは世界共通。ものすごく同胞意識が強い。

日本では北海道の太平洋釧路炭鉱が最後まで残りましたが、二〇〇二年に閉山したので、日本国内で石炭を掘っているところはゼロです。

伊藤　炭鉱の跡を観光地にしているところがありますね。

自見　常磐《じょうばん》炭田（福島県南東部から茨城県北東部にかけて分布）の跡地はハワイアンセンター（現・スパリゾートハワイアンズ）になりました。(6)かつての産炭地を振興するために、産炭地振興法（産炭地域振興臨時措置法）という法律を作り、産炭地域振興事業団という公社・公団まで作ったんです。北海道の夕張《ゆうばり》に、南大夕張という炭鉱があったでしょう。夕張はそれはもう、優等生やったんですよ。通産省の言うことを聞いて、ちゃんと補助金を取ってきてね。ところが小泉が補助金を切っちゃった（二〇〇一年に産炭地域振興臨時措置法が失効）。そうしたら夕張市は日本で最初に破綻した自治体になった。

伊藤　これでおしまいになったんですか。

自見　いや、要するに石炭政策は結局、四〇年続けたんですよ。私が対策本部の事務局長になったのは最後の頃やね。政策というのは財源がないといけないから、石油業界から原重油関税を取りよったことはさっき言いました。それが山中貞則《やまなかさだのり》が税制調査会会長のとき、自民党の税制調査会は「五年をもって終了する」と明言したんです。ところがね、それで終わらなくなった。僕が悪役になって、山中貞則に揉み手をしながら、ウニャウニャ頼んで、またちょっと延長を認めさせちゃってね。だけど、その次の五年で本当に終わった。

伊藤　それでは、さらに五年間続いたということですね。

自見　二〇〇一年に石炭対策特別会計を終了して、原重油関税から石炭に当てることはやめた。そのかわり、銀行から一六〇〇億円を借りてきて、それを五年間で返して、二〇〇六年に完全に終わったことになります。私は郵政大臣を辞めたあと、自民党の福岡県連会長になったんですよ（一九九八年〜）。石炭って、ちょっと北海道にありますけど、ほとんどは福岡県の問題なんですよ。麻生渡という通産省出身の知事が「今年の福岡県の一番大きな問題は石炭政策です」と言いよったんですよ。そうしたら村上正邦さんって知恵のある人でね、私が県連会長をしとったとき、みんなに根回しをしとるんですよ。仲の悪かった山崎拓をはじめ、麻生太郎、古賀誠とかね。村上正邦が「今年、福岡県の最大の問題は石炭政策をどうするかだから、自見県連会長に一任しましょう」と言ったんです。本音はみんな、石炭にあまり関わりたくないわけですよ。それで「いいよ」とスッと決まった。そうして、通産省と地元と国会、一任された私が一人で交渉してまとめたんです。

そのとき、通産省に北畑隆生《きたばたたかお》という石炭部長（資源エネルギー庁石炭・新エネルギー部長）がおったの。こういう大きな問題を抱えているときは、役所の一番優秀な奴を置くんですよ。で、結局私のおかげで着実に点数を上げたので、アイツは後に経済産業事務次官にまでなったんですよ。だから私は「オマエ、俺がおったから事務次官になったんだろう。おい、忘れるなよ！」と釘を刺すと、「ウゥー」っとね、覚えてますよ、わかってますよということです（笑）。彼は石炭政策の幕引きをうまくやったんです。僕が泥を被って、みんなお膳立てをしてやったんですから。そんなふうにして役人に貸しを作るわけです。そうすると何かのときに効くんですよ。僕は露骨に恩に着せるんです、品がないから。（笑）

伊藤　終わる際にはセレモニーを催したりしたのですか。

自見　そんなの、終わるときは何もせんですよ。始めるときはやるけどね。政策の終わりというのはええ加減なもんやから。

伊藤　でも、明治維新以来の日本の産業にとって石炭は最大の基幹産業でした。

自見　石炭がなかったら、日本は工業国家になっていませんよ。日清・日露戦争も勝てなかったし、逆に言えば大東亜戦争もしなかったでしょうけど。

伊藤　やっぱりエネルギーは国の政策でしょう。石炭―石油に続くエネルギー政策をしっかり考えなければならない。

自見　地熱、風力、太陽光……。だけど、僕の母方の曽祖父（久良知寅次郎）が炭鉱経営者で、それこそ十九世紀に国会議員になったでしょう。高祖父は筑豊炭田を一番最初に掘った人ですよ。それを私が完全に終わらせた。途中、親戚の久良知章悟が通産省の局長時代に、産炭地合理化で九州の炭鉱を整理したんですよ。何かの因縁ですね。

（1）郵政省のいわゆる「テレコム三局」は、通信政策局と放送行政局と電気通信局を指す。
（2）通産省は橋本行革で経済産業省となった。「中間報告」の時点では産業省という名称が使用されている。
（3）ロッキード事件「全日空ルート」に絡み、衆参両院のロッキード問題に関する調査特別委員会の秘密会で「灰色高官」リストが提示され、二階堂進、佐々木秀世、福永一臣、加藤六月の名が取り沙汰された。
（4）この懇談会は、文部省・郵政省共催、自見郵政大臣と町村文部大臣の発意で設置された（一九九七年十二月～九八年四月）。
（5）失業対策事業（一般失対）、産炭地域開発就労事業（開就）と合わせて失業対策四事業と呼んだ。
（6）常磐ハワイアンセンターは一九六六年に開業。

第七章

ＹＫＫの内実

「加藤の乱」。衆院本会議の「欠席」を表明する加藤紘一
(2000年11月20日、朝日新聞社提供)

「加藤の乱」

伊藤　一九九八（平成十）年七月の参議院議員選挙で、自民党が大敗を喫して、橋本内閣が退陣しました。

自見　負けた結果、私も郵政大臣をクビになったんですよ。

伊藤　その後、小渕恵三内閣（一九九八年七月三十日～九九年四月五日）ができるわけですね。ここまで、小渕さんについてのお話が少ないように感じますが、小渕内閣との関係はどうだったんですか。

自見　小渕恵三さんは田中派、郵政族のトップだったでしょう。あそこの派閥は「総合デパート」と言われていましてね、社会保障のトップは橋本龍太郎さん、郵政族のトップは小渕さん、土建・建設屋の親分は金丸信さん。そういうふうに分けとったんですよ。各界にドンがおって、田中角栄さんの下におったわけです。だから強かったんです。その強いという意味は、そこの省庁出身の全国区選出の参議院議員を出すということです。郵政省からは、ずっと田中派系の派閥から自民党公認で出ていた。土建屋さんは、金丸さんのお眼鏡に適った建設官僚が出馬する。だいたい二期一二年やるんですね。そしてまた、次の役人に交代させるんです。もう完全に田中支配やったですね。利権も特定郵便局もなんもかんもね。それで格好だけ、中曽根派に大臣ポストをくれた話は前にしたでしょう。お飾り大臣みたいなものなんですよ。だから、あの派閥の都合の悪いことをすると、すぐに刺されるんですよ、グサッとね。でも私は小渕さんとは親しかった。野中広務さんが代貸しみたいな感じでしたよ。

郵政族の一番のボスが小渕さん。彼はあんまり小さいことはせんで、実際の采配は野中さんがしよった。でも何か事があったら、小渕さんが号令を下しよったね。あそこの派閥（経世会—平成研究会）では、小渕さんのほうが橋本さんより偉かった。だから私、小渕さんに一遍、郵政の問題で文句を言ったことがあったんよ。小渕さんを使って橋本さんに圧力を掛けたわけです。橋本内閣の外務大臣だった小渕さんのところに行きましてね、「あんた、郵政族の一番のドンやないですか。なんで郵政省をちりぢりばらばらに解体するんですか。橋本さんを少し諌《いさ》めてくれ」と、僕はガーンと言ってやったんですよ。そうしたら小渕さんがちゃんと閣議前に橋龍と二人だけで話をしていましたよ。橋本さん、顔面蒼白やったと思う。小渕さんが「言ってきたからな」と語っておられた。それも郵政解体が橋本さんの思う通りに行かなかった原因の一つですよ。

伊藤　小渕さんとYKKの関係を教えてもらえますか。

自見　山崎拓さんと加藤紘一さん、小泉さんは小渕内閣を支援しなかったんですよ。だから初めから敵になっちゃった。橋本内閣で幹事長と政調会長を取ったでしょう。でも、小渕内閣では取れなかった。干されちゃった。

伊藤　そういうことですね。よくわかりました。

二〇〇〇年四月二日に、その小渕さんが脳梗塞で倒れて、四月五日に森内閣になります。このとき、いろいろごたごたがあって、その延長線上に「加藤の乱」が起きるわけですね。

自見　最大の問題は小渕さんが倒れたあと、総裁選挙をしなかったことです。幹事長の森喜朗さんとか、幹事長代理の野中さん、官房長官の青木幹雄《あおきみきお》さん、参議院議員会長の村上正邦も嚙んどった。それにアクの強いほうの亀井（静香・政調会長）も入れた「五人組」で次の総理大臣を「森」と決めちゃった。手続きが悪かったんです。ちゃんと投票しておけばよかった。あるいは、両院議員総会を開いて、他に立候補はいませんかとやればよかった。でもやっぱり、反主流派を恐れたんですよね。主流派を維持したかったもんで、よう分からん感じのまま、森さんになりましたよ。

伊藤　これまでお話をうかがっていて、森さんの名前もほとんど出てこなかったですね。

自見　森さんとＹＫＫ、特に加藤、山崎とは基本的に仲がよくないです。ＹＫＫは基本的に、反田中角栄派、反小沢一郎です。

伊藤　二〇〇〇年十一月、野党の森内閣不信任決議案をめぐって、いわゆる「加藤の乱」が起こります。自見さんから見た「乱」を説明してください。

自見　僕はＹＫＫの幹部、〝事務局長〟みたいなものですから、よく知っていますよ。山崎派からは〝事務局〟に亀井善之と私が二人出とった。加藤派では谷垣禎一と川崎二郎《かわさきじろう》。それから鹿児島県選出の小里貞利《おざとさだとし》もあのグループのボスやったね。九州新幹線を走らすのに一所懸命頑張りよったけれど、小里さんはものすごい知恵の働くヒト、策士やったと思うね。

伊藤　どういう意味ですか。

自見　あの人はね、橋本内閣で行政改革担当大臣だったんです。彼が郵政大臣の私に「会いたい」と言ってきたんです。それで山崎さんに相談したら、「オマエ、絶対に会うな。会うたら、オマエが言うたことの逆さまをすぐに新聞記者にしゃべるぞ。自見のような純情可憐な政治家じゃないぞ」と釘を刺されたんです。でも、そういうわけにもいかないから、私は一対一で会ったんですよ。そうしたら会談後、新聞記者に「自見郵政大臣は郵政民営化を呑んだ」と早速言いよった。拓さんの言う通りやった。それは全部打ち消しましたけどね。政治の裏を、みんな知っとるんです。でもね、やっぱり裏技より、表技のほうが強いんですよ。

伊藤　そうでしょうね。

自見　政治は大義名分がないと駄目です。だから僕はあのワルをあまり評価していないです。騙されましたからね。そういう輩がゴロゴロおるんです。あっち向いて言うことと、こっち向いて言うことが違う。今の外交を見てもそうでしょう。国内で言うことと、中国、韓国で話すことが違うんですよ。だからあんな揉めるわけです。隣の国と揉めていいことはないんです。

伊藤　森内閣の不信任決議案というのはなぜ出たんですか。

自見　森内閣はあまりにも国民の人気がなかったんです。「神の国」発言があって、それから

「加藤の乱」のあとだけど、アメリカの潜水艦と「えひめ丸」がぶつかった事故が起きて、事故の報告を聞いてもそのままゴルフをしとったと言います。[1]森さんという人はね、デリカシーがないんですよ。細やかな心配りというものができん人だと思う。まあ、悪い人じゃないのかもしれんけどね。

伊藤　しかし、政治生命は長いですね。東京オリンピック・パラリンピック競技大会組織委員会会長もやっているじゃないですか。[2]

自見　一番しぶとい。日本の政治って、とかくああいう人が長生きするんですよ。これが日本の政治文化なんです。国家のためにどうすればいいのかという思想があんまりないんです。自民党ってワンワン言うだけで、思想のない人間のほうが「保守政治家」として長生きするところがあるんですよ。

伊藤　ＹＫＫは森さんに対してどういう態度をとっていましたか。

自見　加藤、山崎はずっと「反森」「反主流」ですね。加藤さんは、森さんを降ろして自分が総理大臣になろうと思っておられた。「反森」「反主流」として、森内閣を潰そうと思ったわけですね。野党の出す内閣不信任案をめぐって、水面下で菅直人と連携していたんです。加藤さんが菅直人に電話しているのを聞いて、僕はびっくりしたよ。あの二人はどこかの線で仲がいいんですよ。リベラル同士で気が合ったのかもしれん。民主党が出した不信任決議案にＹＫＫ（の加藤、山崎）が乗っかるわけだから、大平内閣の不信任案[3]と一緒です。あのときは結局、福田派が野党に乗って、不信任案が通ったでしょう。それで解散に打って出て、ご存じのように衆参同日選挙のさなかに大平さんが急死して、自民党は奇跡的大勝利を収めた。あのときと同じ構図なんです。ＹＫＫの加藤派と山崎派の数と野党を合わせたら不信任案は通るんです。それで今度は野中広務が必死になって、「加藤の乱」を潰しにかかった。

伊藤　自見さんご自身はどうだったんですか。

自見　僕は一貫して、山崎さんを応援していましたよ。それに、僕の票読みは一票も違わなかったです。僕が考えるに、最大の失敗は、月曜日に投票したということです（衆議院本会議は二〇〇〇年十一月二十日〔月〕午後十一時二十四分延会し、翌二十一日〔火〕午前零時十分から明け方近くまで続いた）。

伊藤　なぜですか。

自見　あのね、金曜日にしないと駄目だったんです。土曜、日曜日が入ったら必ず壊れるんです。（公認権などで）脅かされるんです。日曜の夜に加藤派はいっぱい離れました。山崎派はほとんど崩れなかった。派閥を作ったばかりでしたからね。ところが、加藤派はボロボロ落ちたんです。金子《かねこ》一義《かずよし》という飛驒高山の代議士がいたでしょう。後で国土交通大臣にもなりましたがね。正直な男で、僕とは仲間でした。彼が日曜日に僕に電話を掛けてきて、「自見ちゃん、もう駄目や」と言う。「どうしてや」と聞いたら、「配下の県会議員みんなから、『今度もし不信任案に賛成するなら、私はあんたを応援しません』と言われた」と答えるんです。そう言って離脱しちゃった。この戦はもう負けだなと思いましたよ。

どの地域でもそうですが、自民党の県会議員は利権構造の中に組み込まれていますから、土建屋と仲がいいんですよ。県会議員に、土建屋を采配しとる一人、二人のボスがおるんですよ。そこへ党本部の有力者がガーンと電話をするんです。〝なあ、アンタ、殿はご乱心しとるけど、諫めてやらないかんぞ。そうでないと、今度のダムや高速道路の仕事、やらないぞ〟とね。そうしたら、みんな干上がりますから。こういう構造があるんですよ。

伊藤　そういうことって露骨に言うものですか。

自見　一対一のときは露骨に言います。一対一のときには絶対に録音なんか録りませんからね。聞くところだと、もしも携帯電話とかで録っとったら、だいたいは次から破門です。公共事業グループに入れさせない。そのことはみんな知っていますからね。良くも悪くも自民党の政治献金の半分以上は土建屋からなんです。地方の土建屋とかを通じて来るわけですよ。自民党の地方って、やっぱり腐敗してますもん。僕は土建屋と関係ない。そもそも市会議員、県会議員を頼りに選挙に出た国会議員じゃないですからね。僕は全部、自前で後援会を作ったでしょう。だから地方議員に影響されない。だから、逆に地方議員からは人気がないんです。郵政大臣を終えて、ようやく初めて自民党福岡県連会長になったくらいです。三十八歳で衆議院議員になったとき、福岡の地方議員たちは〝この小賢しい若造、こんちくしょう〟とか思ったんですよ。みんな偉いし、歳も取っているからね。こちらもじっと耐えに耐えて、決して本音は言わずにみんなを立てて、頭を下げてきたんです。今は本音を言っていますけどね。一〇年ぐらい経ってようやく、だんだんと変わってきた。こっちが大臣になったら、県会議員の古手もだいたい言うことを聞くようになった。そんなものなんですよ。だから我慢、我慢が大事なんです。

前にも言いましたが、僕の親戚に県会議長をやったのが二人います。だから県会議員がどんな人種か、ある意味で知っています。親類の蔵内修治衆議院議員も県会議員には人気がなくて泣かされたほうなんです。僕は衆議院議員と県会議員を同時に見ているから、「この人は」と勘が働く。国会議員にとって、県会議員はなかなか扱いが難しいんですよ。用心しとかんと寝首をかかれますからね。

伊藤　改めて振り返ると、「加藤の乱」は自民党の国会議員が、自党の内閣を潰そうとしたということですよね。本来、自民党としては、森内閣を守らなきゃいけない。それを加藤派は守らないと言ったわけです。

自見　それほど加藤さんと森さんは仲が悪かったんですよ。僕ももう、森内閣を潰さにゃしょうがないと、YKKの中堅幹部として思っていましたからね。

伊藤　気持ちとして、森内閣があまりよくないと思っていたことはわかりますけれども、自民党の代議士という立場として、森内閣を守らなきゃしょうがないのではないですか。

自見　いや、総裁の責任は大きいんですよ。森内閣が発足して、すぐに解散総選挙[4]があったんです（二〇〇〇年六月二日解散、同月二十五日投開票）。そのとき、私は「森の不信任案を通さないけんから、私を通してくれ」と選挙区で言って回りました。公認が貰えたのは、柔構造の自民党ならではでね。「みなさん、俺を通してくれ。東京へ行って、日本を救わなきゃいかんから」と。それで圧倒的に通ったんです。

伊藤　このとき、小沢一郎は関わっているんですか。

自見　小沢一郎さんもやっぱり自民党を揺さぶってやろうということで、裏で関わっていますね。小沢一郎と加藤紘一って、国会議員の息子同士(5)でしょう。意外とあの二人、仲がいいんですよ。「いっちゃん」「こうちゃん」と呼び合うくらい仲がいいんです。いつだったか、僕は聞いたことがある。小沢一郎っていう人は、だから強敵なんですよ。どこにでも触手があるんです。気をつけていないと怖いよ、あの人は。（笑）

伊藤　しかし、「加藤の乱」と言っても、「山崎の乱」ではないわけですね。

自見　ＹＫＫでは加藤さんがトップだったからね。加藤さんが長男、山崎さんが二男、三男が小泉純一郎です。総理大臣になるのは加藤紘一さんだと、みんなに暗黙の了解がありましたよ。だって、宏池会の会長ですからね。保守本流でもあるし。小泉さんは森さんと同じ派閥だったから距離を置いていた。しかし、加藤さんと山崎さんはぴったんこやった。突っ込んでいったのは加藤紘一にごく近い親衛隊と山崎派ですよ。我が派は鉄の結束ですよ。だけど加藤はバラバラ落ちちゃった。後に古賀誠が派閥の領袖になったわけです(6)。

伊藤　結局、森内閣不信任案は否決されました。

自見　否決（投票総数四二七、不信任案賛成一九〇、反対二三七）。我々はみな、本会議を欠席しました。票読みで、もう負けたのは分かりましたからね。金曜日の段階なら勝っていましたよ。土曜日と日曜日に切り崩された。だから僕は月曜に投票するのは絶対反対やったんです。

小泉内閣発足

伊藤　結局、「加藤の乱」から五ヵ月後、二〇〇一年の四月二十六日に森さんから小泉さんに内閣が替わりました。自見さんは総裁選挙(7)では小泉さんを積極的に応援されたんですか。

自見　ええ、僕はもうYKKと一体ですからね。

伊藤　「YKK」と言ったって、YKしかないですよね。

自見　加藤さんも反対はしなかったね。だけど、加藤さん自身は非常に面白くなかったと思いますよ。YKKでは自分がトップだったのになり損ねたからね。小泉さんは総裁選には前から積極的に出よった。無選挙というのは面白くないですからね。あの人は三回目で通ったんです。

伊藤(8)　YKKのYは山崎さんでしょう。一つ前の総裁選挙に立候補したけれど、うまくいかなかった。

自見　うん、落ちちゃった。その後はもう出なかったね。

伊藤　山崎さんはあまり影響力がなくなったんですか。

自見　いや、そんなことはないです。

伊藤　そうですか。そうすると、小泉さんが総裁選に出たときは応援したんですか。

自見　もちろんです。総裁選の最初の個人演説会は、自見庄三郎クンがしてやった。第一声は北九州の小倉で挙げたんですよ。山崎さんが話を決めてきたから、私のところで二〇〇〇人を街頭演説で集めた。

伊藤　それじゃあ、小泉さんは、自見さんにだいぶ恩義があるわけじゃないですか。

自見　ものすごくありますよ。でも、あの人は恩とか何とか全然通用せんから、そこが普通の人とは違うの。私は郵政問題が出るまでは、小泉さんを支えていたんですから。小泉内閣で山崎さんが幹事長になって、僕は組織本部長になったんです。ナンバー5です。二〇〇一年七月の参議院選挙を取り仕切って、参議院のドン、青木幹雄さんと四七都道府県全部まわって、六四議席もとったんですよ。歴史的勝利ですよ。

総裁候補として北九州市小倉北区で街頭演説に立つ小泉純一郎と。中央は町村信孝（2001年3月19日）

伊藤　それだけ小泉さんを押し立てたのにね。

自見　勝たせたしね、泥水を被って彼を押し上げてやったうちの一人なんですよ、自見庄三郎クンはね。でも、彼にはそんなことは関係ない。

伊藤　そうですか。

自見　政治の世界って、そんなのがいっぱいおるんですよ。でも、国民には人気があるんですよ。「自民党をぶっ壊す」とか言ったでしょう。しかし、ぶっ壊したのは田中派の地盤だけ。自分が所属した福田派の利権とかは全然崩していない。よくよく見たら、郵政省、建設省、公共事業……、全部田中派の流れの利権だけを潰した。政治家をやったら分かりますよ、「うっ、やりよるな」と。どこの利権を崩しよるのか。

伊藤　小泉さんのそういう実働部隊とは、どういう人たちなんですか。

自見　山崎さんも幹事長ですから恐らく応援しましたよ。それから、やっぱり財務官僚ですよ。ご存じのように、日本の公共事業はずっと多かったんです。利権ですからね。財務省（旧・大蔵省）はそれをものすごく削りたかったんです。小泉さんが〝公共事業は敵だ〟と目の敵にしてくれたから、もう大喜び。小泉内閣はアメリカと財務省が支えたようなものですよ。彼はもともとが大蔵族だったでしょう。衆議院大蔵委員会にずっとおったんですよ。大蔵政務次官もしたんじゃないかな（一九七九年、第二次大平内閣）。

伊藤　しかし、小泉さんを応援して助けてきた自見さんが、小泉さんとは盟友関係にならなかったんですね。

自見　本当のね……。それはもう郵政民営化がアメリカの利益にしかならないことでしたから。保守の政治家として、日本の利益にならないことに賛成できないのは当然でしょう。

伊藤　あれは一応、自見さんが郵政大臣のときに片が付いたはずでしょう。

自見　そうそう。ところが、それを彼が変えたんだから。二〇〇五年になって、郵政の公社化を変えようと、また違う法律（郵政民営化関連法案）を出してきた(9)。

伊藤　その法律は橋本内閣の中間報告みたいな——。

自見　それに近いやつ。アメリカが「いいよ、いいよ」と言ったやつに戻すということですよ。

伊藤　そのことは総裁選前には、ある程度分かっていたんですか。

自見　いや、総裁選になる前はごまかした。要するに小泉さんはどちらにも取れるような公約を出しましたよ。反対が多いからね。

伊藤　だけど、郵政民営化関連法案を出してきたときは、もうはっきりしていて、その採決の際に反対したわけでしょう。

自見　反対した。自民党の中で反対した人は結構おったんですよ。綿貫民輔《わたぬきたみすけ》さんだとか、亀井静香だとか、野田聖子だとか、結構多かった。五〇人ぐらいの一団がおったけれど、だんだんと切り崩されていった。でも、僕のところには誰も来んやった。確信犯で、行ったら逆に怒られると思ったんやろうね。反対派でも誰でも行っていい部会があったから、そこでガンガン反対しましたよ。みんなが「自見庄三郎クンは一番狂信的な反対者だ」と言っていましたよ。なんせ橋本龍太郎さんに対して、郵政大臣としてちゃんと反対したのは自見庄三郎だと、誰もが知っていますもん。政治家ってそうでないといけませんよ。仲よくするのはいい。しかし、信念を曲げたらただの「お世辞家」ですよ、「政治家」ではないんです。日本の国益のために働くんですからね。「オマエら、お世辞家になったらいけん」と、渡辺美智雄先生がいつも言っていました。何もかんも原理原則で言うたら堅物ですよ。それは駄目です、政治家になれません。しかし、芯だけはね、やっぱり売ってはいけない。自分の信念がなきゃあ、政治家になんかなっちゃあいけません。そんな輩が多いから政治が堕落するんですよ。

伊藤　肝腎の山崎派はどうだったんですか。

自見　山崎派はもう小泉さんにべったりやった。拓さん自体もね。

伊藤　となると、自見さんと山崎さんとの関係は悪くなったわけですか。

自見　個人的には悪くならないけどね。まあ、やっぱり山崎さんも、子分の私よりも小泉さんに付いて行くほうがよっぽど大事やったんです。あの人もなかなか処世術がうまいですから。そこまでは非難しませんよ。自民党の上のほうになると、処世術のうまい人の塊ですからね。

伊藤　郵政民営化関連法案は二〇〇五年七月五日に衆議院を通って（賛成二三三票、反対二二八票）、八月八日に参議院で否決されたでしょう（賛成一〇八票、反対一二五票）。

自見　うん。それで八月八日に衆議院を解散しちゃった。衆議院で法案は通って、参議院で否決されたんですよ。それなのに、なんで衆議院を解散するんですか。そんなの、憲法上も全くおかしいんですよ。要するに小選挙区制ですから、総裁にしか公認権がないということを、彼はよう知っとったんです。小泉さんも山崎さんも加藤さんも、本来は中選挙区制に大賛成やったんですよ。小泉さんは自民党総務会で猛反対したんです（一九九一年）。通っちゃったけどね（一九九四年）。でも、今度自分が総裁になったときは逆なんですよ。総裁になったら小選挙区が強いということをよう知っとった。それをきちっとやったのは小泉が初めてですよ。今でも私は中選挙区論者です。小選挙区をやり続けたら国家が滅びますよ。

伊藤　小選挙区というのは、要するに白か黒かということですね。

自見　白と黒。だから日本人は「和を以て貴しとなす」と言って、ダラッとして、反対でも賛成でも、みんな、顔を立ててやるんですよ。それが伝統的な自民党のやり方なんです。国会でも、みんな顔を立ててやって、なんとなしに丸くおさまるんです。調和なんです。「和を以て貴しとなす」は、日本人の文化に合っとるんです。日本人ってやっぱりそうですよ。社内競争をしてもね、相手を蹴落としても、殺しにまでは行かないです。そこはやっぱり上に立つ人が、勝った人が温情をもって、負けた者を遇する。小泉さんみたいに、「反主流派を皆殺し」とか、そんなことはせんですよ。

伊藤　しかし、ＹＫＫそれぞれの帰趨は興味深いですね。三人のリーダーが結束すると言っても、その場限りの話になってしまう。

自見　若い頃は一致していても、だんだん統一行動が取れなくなっていくんですね。

伊藤　やっぱりエサがぶら下がってくると、変わらざるを得なくなる。

自見　それが政治の弱さ、脆さでもあります。自民党というのは利益団体ですからね。

伊藤　自見さんもそういう立場になっていたとしたら、仲間を裏切りますか。

自見　いや、それはないでしょうね。私は栄達を求めませんから。

伊藤　その割には、結構ちゃんと出世したじゃないですか。

自見　それは結果として、出世しとるだけです。浅ましいことをしなくたって、ちゃんと仕事をすれば、なるものにはなるんです。

「郵政選挙」――初の落選

伊藤　いわゆる「郵政選挙」（第四十四回衆議院議員通常選挙、二〇〇五年九月十一日投開票）で、自見さんは自民党公認を取れませんでした。このことは初めから分かっていたのですか。

自見　いや、そんなことは思っていなかったですよ。

伊藤　やっぱり公認の有無はかなり大きいものですか。

自見　結果として、ものすごく大きかったですね。

伊藤　ああ、結果としてね。

自見　あのときは小泉さんがテレビ、マスコミでワーッと、「ワンフレーズ・ポリティクス」をやった。「ワンフレーズ・ポリティクス」ぐらい、阿呆なことはない。人間の思考を一個だけに限定するなんて、私はそんな政治には絶対に反対ですね。ある意味で、共産主義者に近いですよ。

伊藤　公認が取れないということは、無所属で立候補するということですね。

自見　そうです。自民党に党籍はあるけれど、無所属で出たんですよ。

伊藤　その結果、落選されたわけです。で、僅差でしたか。

自見　いや、僅差じゃない。九万七〇〇〇と六万五〇〇〇で、結構開いとったんです。(10)

伊藤　七回の選挙を戦ってきて、地盤が固まっていたのではないのですか。

自見　小倉というのは大都会ですから、地盤なんか固まったりしないんですよ。六回目の選挙は八万八〇〇〇で二番手が四万七〇〇〇くらいですから、ダブルスコアだったし、七回目の選挙は城井《きい》崇《たかし》が民主党で出たけれど、僕が九万一〇〇〇で、城井が七万九〇〇〇やった。六回目は敵なしだったし、七回目も一万以上開いとる。だけど、大都会なら一万、二万は瞬間です。マスコミの報道一つで世論が変わる。

伊藤　しかし、この郵政選挙でＹＫＫはどうなったんですか。

自見　ＹＫＫは党内では、だんだん加藤さんと山崎さんが孤立してしまってね。で、小泉さんは総理大臣ですからね。山崎さんは小泉さんを一所懸命応援したんです。加藤さんは非常に複雑な立場でした。

伊藤　自分のなるべきところに小泉がなったと。

自見　だから、そのあと小泉さんと加藤さんはうまくいかなかったと、山崎さんから聞きましたね。

伊藤　自見さんは、山崎さんとは親分子分の間柄で親しくしていたのに、見放されてしまったのですか。

自見　山崎さんから？　ああ、最後はね。電話一本でしたよ。自分で説得に来なかった。

僕はこのとき、「理念なき郵政民営化に反対する十

「郵政選挙」では自転車も使って選挙活動（2005年）

の理由」[11]と書いたパンフレットを作って、二万枚まいた。要するに、利用する国民にとって民営化後の国々の例を見ても料金が高くなるか、税金による補塡が増えるだけで何らいい点がないし、国民にとって何の利益もない民営化を推し進めるのは小泉総理の個人的思い入れのみであると、分析したものなんです。

自見礼子　パンフレットのことで、私からひとつだけお話ししてよろしいですか？　主人は人に説明するのが上手じゃないんです。いろんなところに一緒に行ったりすると、なんでこの人、こんなことを言うのかしら、このあいだ言っていたあの話をしてくれれば、みんなわかりやすいのに、と思うことがたびたびあったんです。この人が考えていることを、どうにかしてうまく引き出さなければといつも思っていて、私は選挙区では主人のいい通訳になろうとしていました。前に伊藤先生が、政治家の奥さんの仕事って何ですか、と聞いてくださって、その時は冠婚葬祭です、とお答えしたんですが、冠婚葬祭プラス通訳です。

自見　選挙区の人が「お前の話はようわからんが、奥さんの話を聞いてようわかった」って言って演説会場から帰りよる。家内はね。英語のスピーチコンテストで長崎県で一番だったんです。

自見礼子　二番ね。

自見　でも、英語力だけじゃない、国語力もあった。中学生の時、作文コンクールで九州で一番、金賞やった。賞品をたくさん貰うとる。長いこと知らんかった。演説っていうのは国語力。

自見礼子　そんなことと関係ないんですけど。主人は、有権者の人たちも、自分と同じくらい政治に関心があって、政治に対する理解力があるという「前提」で話すの。だから、私にはちんぷんかんぷん。主人の話すことはいつもちんぷんかんぷん。私には政治の言葉もわからないし、政治の世界もわからない。そんな私が主人のそばにいて、何ができるかと考えたら、私は主人の通訳ができると思った。普通の人は私と同じくらい政治のことはわからないんですから。

この郵政民営化騒動になった時、私は主人に言ったんです。普通の有権者の方々にとっては政治も距離があるし、郵政も民営化も距離がある。普通の人にはわからないことだらけなんですよ、まず、私にわかるように一〇項目書いて、って言って、それで書いてもらったんです。それだけ読んでもわからないから、それをまた説明してもらって、それを今度は私が書いたんです。それにまた主人に肉付けしてもらって。外国の民営化がどうとか、歴史のこととか。二日間徹夜しました。それでようやく私にも主人が言っていることが正しいと理解できたんです。私が理解できて、私の言葉で有権者の方に向けて書けば、あなたが言うよりもわかってもらいやすいから、と書いたのが「十の理由」というパンフレットなんです。

伊藤　じゃ、最初から説明を紙にして配ろうと考えていたわけじゃないんですね。

自見礼子　それはありませんでした。

伊藤　それで二万枚配ったんですね。

自見礼子　実際に配ることができたのは一万枚ぐらいだったと思います。国会で審議があるその前に配りたいということになったんですが、時間がないんですよね。地元のスタッフと特定郵便局長の奥さんが五、六人上京してくださって、ホテルに泊まり込みで宛名書きをしてくれました。皆さん手弁当で、ご家庭のことをなげうって飛行機で飛んできてくださった。パンフレットを印刷して、大きい茶封筒に入れて、宛名を書いて、衆議院議員全員、参議院議員全員、県知事さん全員、市長さん、町長さん、村長さん、市会議員、町会議員、村会議員全員に送りました。だから、主人だけが一所懸命にやったわけじゃなくて、もちろん主人はトップで頑張ったけれど、その下にものすごく頑張ってくれた人たちがいたのです。主人のまわりには政治家や官僚がいます。だけど、政治家や官僚だけなんです。その後ろにはその人たちに関わる女性もいっぱいいる。私が特に苦労したという話をするつもりはありません。私は主人の妻だから当たり前のことだと思うけれど、特定局の奥さんたちもいるし、その家族もいる。

自見　小泉純一郎にも出している。国会議員やから。山崎拓さんがものすごいいい文章が書いてあったって言うんです。郵政民営化反対を毛細血管まで入れ込んだな、と山崎さんは面白おかしく言うとった。

自見礼子　国民新党に後から持っていったときに、党首だった綿貫民輔先生がこれはとてもよく書けているよと言ってくださった。国会では民主党の原口一博《はらぐちかずひろ》さんがそれを手にもって、こんなのを自見先生が書いていらっしゃると、NHKの国会中継でそれを見せて、最初と最後のページを読まれました。テレビに主人がうーむと腕組みしているところが映されましたね。小泉さんはこのパンフレットは嫌だったと思うんだけど、それを作るにも作るまでの経緯があって、協力してくれた大勢の特定郵便局の奥さんたちがいて、その方たちの情熱があった。

でも、その局長さんたちの半分くらいは、そのあと、やめてしまわれました。郵政民営化があまりにもひどい制度だって。それも私にはショックでした。郵便局の中に仕切りができたり、これまで顔見知りだった人たちに対しても、身分を証明できるものを二つ以上持ってこないと郵便物を渡せないだとか。そういうのを私は知っています。郵政民営化は苦労している地元の人たちが報われない制度だと思いますし、それを反対している人がたくさんいたのに、国会議員はほとんど振り向いてくれなかったと思っています。そのあと主人が郵政選挙で落ちたのも本当に理不尽だと思いました。それで主人が浪人した一年一〇ヵ月の間、私、必死になって勉強しました。主人のまわりにある本も片っ端から読みました。政治も選挙も郵政も。それで、やっぱり主人の言っていることは正しいと思ったんです。小泉さんの言っていることは間違っていると思いました。

自見　小泉純一郎はパンフレットを読んで激怒したらしいですよ。本当のことを書いとったからね。その通りになりましたよ。あれは郵便局の金を自由にアメリカのウォール街に使わせるという話なんです。アメリカはあの頃、お金がなかったから欲しかったんですよ。

伊藤　アメリカはどうやってそのお金を手にしたのですか。

自見　国有のままじゃ動かせないでしょう。民営化されれば株式を買えばいい。M&Aをしてもいいし、役員を送り込んでもいい。で、結果として日本は郵便局を民営化して、たった七年間で三四〇兆円あった貯金のうち一七〇兆円を失ったんですからね。この国ではアメリカといい関係にないと、総理大臣になれないですよ。アメリカの助けがないと、民主党の鳩山由紀夫内閣、菅直人内閣みたいに潰れちゃうんですよ。まあ、アメリカにしてみれば、日本は戦後、軍備も全然せずに、アメリカの核の傘のなかでぬくぬくして、朝鮮戦争でも、ベトナム戦争でも一人も死なせず、楽ばっかりしてお金を儲けて、「おまえら、丸々と肥ったじゃないか。駄賃ぐらい持ってこい！」というのが本音ですよね。

それにもう一つ言えば、小泉さんは、橋本内閣の厚生大臣時代に郵政公社化法案に署名しているんです。私が一所懸命頑張って、完全民営化するのをやめさせて公社化させた。そのとき、彼は賛成して、私の脇で署名したわけです。総理大臣になったら気持ちがもう本当にコロッと変わった。そこに弱みがあるんですよ。大臣で署名するというのは、ものすごく重いことですから。

そうそう、この前、たまたま国会近くのキャピトル（ザ・キャピトルホテル東急）で小泉さんと会うたんですよ。「おう、総理」と声を掛けたら、純ちゃんは顔をそむけながら「オォーー」とか言ってどこか行ってしもうた。あれ、純情なところがあるね。タヌキじゃないところがある。自見君の顔だけは見たくないんでしょうね。僕は正論を枉《ま》げませんから。まあ、枉げていいこともあるけどね。いつも正論だと堅苦しいですよ。しかし、一番のポイントをユルユルにしたら、国家が崩壊しますよ。

日本パレスチナ友好国会議員連盟

伊藤　小泉内閣の頃、たとえば二〇〇一年八月のサウジアラビア訪問のように、中東に何度か行かれているでしょう。これはどういう理由があるのですか。

自見　僕は、日本パレスチナ友好国会議員連盟の事務局長をしたんですよ。会長がいなかったたんですよ。

伊藤　イスラエルではなくて、パレスチナのほうですか。

自見　答えは簡単なんです。木部佳昭さんという河野一郎さんの秘書から衆議院議員になった方の話を前にしましたよね。その人が長い間、日本パレスチナ友好議員連盟の会長をされていたのですが、引退された。で、山崎拓さんが事務局長をしとったの。拓さんもずる賢い人やから、これはやっぱりパレスチナだけじゃいかんなと。ＰＬＯ（パレスチナ解放機構）、ヤセル・アラファト（ＰＬＯ議長）に偏り過ぎていると考えてか、自分は辞めて、「自見、オマエに譲ってやる」と言ったの。それで彼はまたフリーな立場に戻って、ちょうど自民党幹事長になった。保守党、保守新党だった二階俊博、公明党の冬柴鐵三《ふゆしばてつぞう》の「自公保」三幹事長が一緒に中近東へ行っていましたよ。拓さんのバックには、出光興産がありますからね。出光興産のおかげで国会議員になれたんだから、石油族なんですよ。今でも。出光興産と仲がいいんです。石油利権族です。私も家内が出光さんと親戚ですからね。家内の姉さんが出光家のお医者さんと結婚しとるんです。

伊藤　それじゃあ、自見さんは石油族でもあるんですか。

自見　いや、石油族じゃない。僕は石炭族ですよ。だけど出光興産は私をずっと可愛がってくれてました。出光昭介《いでみつしょうすけ》さん（出光興産創業者・出光佐三《さぞう》の三男）という、ものすごく変わった社長がおって、「政治家は嫌いだ」と言われて、政治家とのつき合いは、後から社長になった従兄弟（出光裕治《ゆうじ》）がしとったんだけど、出光昭介さんがじかに会う国会議員は、自見庄三郎と山崎拓だけでした。僕の最初の後援会長だった柳田桃太郎先生も、門司の市長さんをして、出光さんのおかげで参議院議員になれたんです。だから、柳田桃太郎は完全に出光さんの子飼いの国会議員。参議院は柳田桃太郎、衆議院は山崎拓なんです。私は選挙区の関係でね、なんぼかパーティ券なんかを買ってもらっていました。出光さんは好きですけどね。

自民党離党、国民新党に参加

伊藤　いよいよ、自民党から離れるわけでしょう。

自見　離れた最大の原因は山崎拓なんですよ。落選して拓さんに会ったら、「落選した国会議員は一番最初、直近の国政選挙に出なさい。野党でも与党でもいい。まず国会議員として復帰することが一番大事だ」と。それが山崎拓の考えなんです。

伊藤　野党でもいいんですか。

自見　野党でもいい。要するに国会議員という議席をまず得ること――。国会議員になったらよう分かりますよ。与党にいようと野党にいようと、国会議員というのはやっぱりものすごいポジションなんですよ。だから仲間に戻ってこいと。それで「国民新党という新しい政党を、綿貫民輔さんと亀井（静香）で作っとる。みんな郵政で小泉総裁に首を切られた奴の集まりだから、俺が紹介してやる」と言われたわけです。

伊藤　それで、自民党を脱党してそっちへ行ったと。

自見　脱党じゃなくて、小泉に首を切られたんよ。除名まではなかったけれど、離党勧告やったかな。二〇〇五年十月の自民党党紀委員会で、郵政民営化関連法案に反対した衆参両院の議員と前議員の五〇人が処分された。

伊藤　離党勧告というものは、即離党ということになるのですか。

自見　離党勧告を受けての離党は、復党も視野に入っとる。ただ、離党勧告に従わない場合は、最悪、除名処分が下ります。

伊藤　それじゃ、受け入れざるを得ない。

自見　このときの党規委員長が森山眞弓《もりやままゆみ》。あの人が法務大臣のとき、名古屋の刑務所で看守が囚人を殺したりして、暴行事件が続いたんですよ（二〇〇一年十二月〜二〇〇二年五月）。それで野党が「絶対に森山眞弓法務大臣の首を取る」って息巻いた。それからもう一人、同期の大島理森《おおしまただもり》。友達だし、衆議院議長になって威張っとったけど、アレも当時は風前の灯火やったんですよ。農水大臣時代に、地元（青森県八戸）の公共工事の「口利き」があったと、『週刊文春』が毎週のように報じたんですよ。それにまた野党が乗ってワンワン質問する。そうしたら小泉総理から山崎さんに「何が何でも森山眞弓法務大臣と大島理森農林大臣の命を守ってくれ」と言ってきて、それが予算委員会の筆頭理事だった僕に降りて来たんですよ。

伊藤　それはまだ自民党のときの話ね。

自見　そう。「守ってくれ」と総理から言われてよく考えたんです。野党の筆頭理事は細川律夫という弁護士で、僕とは気が合った。弁護士って法務行政にものすごく興味があるんです。「細川、俺、一個だけ頼みがあるんや。オマエ、法務行政は知っとるやろう。俺は何も知らん」と。

彼が何かしゃべり出したよ。「よう知っとるな、よう勉強しとるな、やっぱり偉いなあ。弁護士先生は違うわ。ところで細川、今の行刑をどう変えたらええか。俺はさっぱり分からん。医者やけ、人間の身体は分かるが、囚人がどんな待遇とかそんなの何も知らんわ。どう変えたら日本の行刑が近代的になるか、六項目ぐらい書いてくれ」と頼んだら、彼は書いたよ。「細川よ、俺がこれを全部実現させる、責任持って。その代わりな、オマエ、頼むけな、森山眞弓法務大臣と大島理森農林大臣の首を取らんでくれ。俺とおまえと約束しよう」と言ったら、「よし、わかった」と約束してくれた。

伊藤　で、取引は成功ですか。

自見　取引成功。乗ってきた。それで法務省を呼びつけて、事務次官と官房長が来た。「貴様ら、明治以来、法務大臣の首を取られたことはないんぞ。何ビクビクしとるか、阿呆。これを呑め。週の終わりまでに俺のところへ回答を持ってこい。そうでないと総理大臣も、法務大臣の首を取られるのを心配しとるぜ」と通告したんよ。一週間経ったら、「ちゃんと六項目全部する」と書いとったよ。で、細川に見せた。「細川、これ、法務省が全部呑んできた。オマエな、俺と約束したやろう。もう森山大臣と大島大臣の首取らんといて」「俺は約束したよ。わかった」。それであの二人は救われたんです。あ、大島は引責辞任したか。でも、私は人のためにしてやったことを、わざわざ「アンタのためにやった」といちいち言わないです。そうしたら森山眞弓が法務大臣を辞めたあと、自民党の党規委員会の委員長になってね、「自見庄三郎君に離党をお願いします」と来たけね。電話一本でもしてきたら全然違うのにね。〟自見さん、予算委員会のとき、私はご迷惑かけて。まあ立場上しょうがないから出しました〟とか、一言でいいんですよ。そんな義理も人情もないね。ふざけとるよ、今でも怒っとるんです。

伊藤　自民党を離党して、次の二〇〇七年七月の参議院議員選挙で、国民新党公認で比例代表で初当選されました。次回は国民新党時代をうかがいます。

自見　与党から野党、野党から与党、それから野党になった。面白いよ、波瀾万丈。やっぱり政治家というのは野党と与党と両方経験せんとね、本当の政治家じゃない。

伊藤　それはそうですけれど、郵政選挙で落選したことを今どう思いますか。

自見　ちょっと私、のぼせ上げやったね。もし当選していたら、僕の次に郵政大臣になった野田聖子と一緒ですよ[12]。

伊藤　自民党に復帰できましたか。

自見　ええ、復帰したでしょうね。

伊藤　国民新党時代のお話は興味深いですね。どうして、ああいう政党が存在し得たのかと思いますか。

自見　初代代表の綿貫さんの意地ですね。あの人はトナミ運輸、一部上場企業のオーナーで、本職は神主さん。国民新党は少人数だったけど、キャスティングボートを握ったからね。

（1）「神の国」発言は、森内閣発足間もない二〇〇〇年五月、「神道政治連盟国会議員懇談会」結成三〇周年記念祝賀会の挨拶で、森首相が「日本の国、まさに天皇を中心としている神の国である」などと発言したもの。野党やマスコミ、各種団体から批判を浴びて、支持率が急落した。「えひめ丸」は愛媛県立宇和島水産高校の練習船で、二〇〇一年二月十日に緊急浮上した米海軍原子力潜水艦に衝突され沈没。船の乗員三五人のうち九人が死亡した。

(2)森は二〇一二年に政界を引退。二〇一四年に東京オリンピック・パラリンピック競技大会組織委員会会長に就任したが、二〇二一年二月に女性蔑視発言で辞任した。

(3)一九八〇年五月、野党が第二次大平内閣に対して不信任決議案を提出すると、自民党の福田派、三木派、中川グループなど反主流派が本会議を欠席し、決議は可決された。大平は内閣総辞職を選ばず、解散総選挙に打って出た。与野党ともに不信任案の可決を予想していなかったことから「ハプニング解散」と呼ばれる。大平は選挙期間中に体調不良を訴えて五月三十一日未明に東京・虎の門病院に入院、六月十二日に死去。史上初の衆参同日選は自民党が大勝した。

(4)森首相の「神の国」発言を受けて、二〇〇〇年六月二日、野党が内閣不信任決議案を提出、森は解散総選挙に打って出た。森は選挙期間中に「(無党派層は)寝てしまってくれればいい」と発言、物議を醸した。

(5)加藤紘一の父・加藤精三(一九〇〇~六五)は衆議院議員五期。小沢一郎の父・小沢佐重喜(一八九八~一九六八)は衆議院議員一〇期。運輸相、建設相などを歴任。

(6)「宏池会」の反加藤グループは二〇〇一年に堀内派を結成し、その後二〇〇七年までに丹羽・古賀派、古賀派と変遷を重ねた。古賀は二〇〇六年から二〇一二年に政界引退を表明するまで会長の座にあった。

(7)二〇〇一年四月二十四日に実施された自民党総裁選には、届け出順に麻生太郎(河野グループ）、橋本龍太郎（橋本派）、亀井静香（江藤・亀井派）、小泉純一郎（森派）の四人が出馬した。
（８）一九九九年九月二十一日に実施された自民党総裁選に出馬したのは、小渕恵三（小渕派）、加藤紘一（加藤派）と山崎（山崎派）の三人。
（９）郵政民営化法案が提出されたのは二〇〇五年通常国会（五月二十六日）。その後、七月五日に衆議院を通過するが、八月八日の参議院本会議で否決。小泉は「民意を問う」として、衆議院を解散した。
（10）自民党本部が「刺客」として送り込んだ西川京子が九万七七四八票、自見は六万五一二九票。
（11）「理念なき郵政民営化に反対する10の理由」は二〇〇五年六月に二万枚作成され、国会議員や関係各所に配布された。以下、全文記載（参考資料を除く）。

私は小泉政権が進めている郵政事業の民営化に強く反対し、衆議院の本会議でも反対票を投じました。第１２３代郵政大臣を務め、１３０年続いた郵政事業を熟知する政治家として理念なき郵政民営化に反対しているのです。以下、私が反対する理由を挙げて説明いたします。

1．国民の多数は民営化に反対
平成17年3月〜4月に全国47都道府県の全県議会が、郵政民営化に反対又は慎重にやるべきだという意見書を総理大臣と関係大臣に提出している。福岡県では平成16年6月に、北九州市では17年6月に議決した。民営化に賛成の県は一つもなかったと言う事実をマスコミも総理大臣も国民に知らせていない。

共同通信社が平成17年6月18・19日に実施した全国電話世論調査の結果

「民営化を進める必要はない」

「この国会にこだわらず議論をすべきだ」が合わせて72・1%

「この国会で成立させるべきだ」の21・7%を大きく上回った。（平成17年6月21日佐賀新聞）

小泉総理の言う「国民の理解」は得られていないのが本当だ。

2．過疎地・へき地の切捨て

平成の大合併前、日本には約3200の市町村があった。郵便局は全国2万4700あり、すべての市町村に郵便局が最低1カ所ある。日本最大の民間銀行・みずほ銀行でも全国に店舗が627（出張所を含む）しかない。

現在（平成15年度末）、537の町村では、郵便局以外の金融機関がない。過疎地域で郵便局以外に金融機関の役割を務めていた農漁協は平成9年度末から15年度末までに30%も減った。民営化して1兆円の「社会・地域貢献基金」を作ってもその利子は180億円程度に過ぎない。2兆円としてもその倍でしかなく、これで過疎地の赤字局の経費補填をしても焼け石に水である。

民間企業とは、採算性を重視し、利潤を追求することがその経営の責務であり、赤字経営は許されない。過疎地の郵便局の多くは赤字だから遅かれ早かれ消滅せざるをえない。

国家には損得を度外視してもしなければならないことがある。公共性の高い事業は国家の役割である。義務教育と同様、郵便・貯金・保険のユニバーサルサービス（全国一律、どこでも）は地域社会の保全に対する当然の義務である。特に、過疎地に住む人々への温かい配慮を忘れてはならない。

アメリカの例でも明らかなように、インターネットとEメールの普及で、商業用や家庭用の郵便物が増加している。アメリカでは、郵便と宅配便などの物流はきちんと「棲み分け」ができている。「棲み分け」の成立が郵便の安定した成長を可能にする。この成長分野の「棲み分け」をどう調整するか、これが政治の役割である。

３．郵便料金は全国ばらばら、九州は２００円に値上げ

民間会社はコストに応じた料金が大原則。距離や扱い量によって料金が変わるのは採算性から言って当然だ。専門家の試算では、民営化されると現在50円の「はがき」の料金は、東京都だと20円に値下げ、過疎地の多い九州では２００円に値上げされる。現在は、郵政３事業の黒字地域東京と東京周辺、大阪と大阪周辺、名古屋と名古屋周辺のみである。50円を維持しようとすると、民営化したイギリスのように結局は巨額（１２５０億円）の税金を投入して補塡しなければならなくなる。

４．郵便局員の給与はすべて「自前」

郵政事業に携わっている公務員26万人の給与（年間約２・４兆円）は、郵便・貯金・簡易保険の３事業で得た利益で人件費を全て賄っているのだ。他の公務員と違い国民の税金を１円たりとも使っていない。公務員だから税金で給料を支払っているので税金のムダ遣いと思っている人もいるがそれは間違い。だから26万人を非公務員にしても、それは公務員の数を減らすだけで、国庫には何のメリットもない。

５．各国の郵政民営化は失敗ばかり

民営化したドイツ、イギリス、ニュージーランド等の国では民営化に際し郵便料金は上がっているし、結果としては大失敗に終わっている。

ドイツでは、全国約3万の郵便局があり、すべて直営であったが、約1万3千に減少し、かつ直営の郵便局はわずか5千局となった。これが社会問題となり、政府は郵便局を1万2千局以下にしてはならない、との政令（ただし国会承認が必要）を作らざるを得なくなった。2分割した郵便事業のドイツポストは、ドイツポストバンク（郵貯事業）が85％の郵便局からの離脱を示唆したため、ドイツポストバンクを子会社化せざるを得なかった。ポストバンクの株式の50％以上を政府が保有していたのでこれができた。民営化を実施したベーチェ元郵政相は私に「分割しても過半数の株式は絶対に政府が保有しておかなければならないよ」と語っていた。ポストは民営化したものの、100グラム以下の郵便に関しては独占権が認められている。

イギリスでは民営化後、ブレア首相は昨年、過疎地の郵便局が廃止され、社会問題となった。このため存続補助のために1250億円の政府支援を決めざるを得なくなった。

アメリカの郵政公社（U.S.P.S＝70万人の国家公務員を抱えている）のラニオン総裁（フォード自動車の元副社長、全米の最高民間経営者賞受賞者）は「広いアメリカのどこへ出すにも同一料金（30円くらい）である郵便はがきの仕組みは絶対に公営でないとできない。民営化が好きなアメリカ国民でも郵便を民営化すべきだという人はいない。大切なことは公営で効率化を図ることだ」と私に語った。また3年前に大統領の下の諮問委員会は「郵便は引き続き公営、公務員でやる事が米国にとって最適である」との結論を出した。またフランスでは、現在も公法人形態を堅持している。

6．「郵政公社」でやってみようじゃないか

公社発足後、常勤職員が2万人減っているなど人員削減の効果は上がり、合理化・効率化も進んでいる。

公社は民間のように税金を納めていないと言われているが、必要な資本を確保した後は50％を国に納める制度になっている。法人税の約40％より高い納付金（一種の税金）を支払うようになっている。

公社発足後まだ2年。４年の第一期中期経営計画の半分が終わったところだ。経営状態も一定の成果を挙げている。最初の一期も終わっていない現在、その経緯も見ないで、経営形態を変えてしまう民営化を急ぐのはあまりにも危険だ。郵便制度は明治４年創業以来１３０年間、国の直営事業だった歴史を持つ。時代の要請に合わせて作られた郵政公社のあり方をもっと長い目で見ることが必要だ。

郵便、簡易保険、貯金の郵政3事業のうち利益の9割以上は郵便貯金で得ている。三つの事業をばらばらにすれば、郵便事業は多額の支出を必要とし、税金による補塡が必要だ。郵政公社の3事業一体の経営は特に郵便事業を維持する上で絶対に必要である。

7．ムダ遣い資金はすでに是正

３４５兆円（平成16年度末）にのぼる郵貯・簡保資金が財政投融資に流れ、これが放漫運営・ムダ遣いされているという批判がある。しかし、特殊法人などに融資された財投資金が戻ってこない割合は2～4％と言われている。これらは政策の「コスト」とも言うべきで、財投のすべてが焦げついたわけでは決してないのだ。しかも、４年前の平成13年に、郵貯の全額預託義務を廃

止し、財投債（国債の一種）を発行して金融市場から一括調達する財投改革で是正されている。これまで財投に預託された資金は平成19年までに返還されることになっており、順調に実行されている。（参考資料1）

また、財投を受けていた特殊法人は財投機関債で直接金融市場から調達できるようになった。その結果、財投融資額はすでにピーク時から6割削減されている。郵貯・簡保資金が財政赤字を生み出している、という議論があるが、財政赤字の補塡は国債を発行すればよいわけで、財投債を郵貯が買わなくても財政赤字自体が減るわけではない。「火事が起こるのは消防自動車があるからで、消防自動車をなくせば火事がなくなる」と言うに等しい。

ドイツでは個人の預貯金の約半分は公的金融機関に預けられている。その資金は官民を問わず貸し付けられており、きわめて経済は好調で、世界一の輸出国となった。個人の預貯金を経済の活性化にどう役立てるかが大切である。

わが国の発行国債の4分の1は郵貯・簡保資金で買われている。わが国の長期金利が1％上昇すれば、国債の利払いに1兆5千億円（18年度）の追加的な財政支出が必要。郵貯は国債の安定発行にも大きな役割を果たしている。民営化するとこの安定が保たれなくなる危険性もある。（参考資料2）

8．民営化を求めるアメリカは「国営堅持」

会社の株を買い占めれば、その会社の支配権を握れる。財政赤字に悩む米国、米国金融資本は分割民営化された各社の株式を買い、経営権を握ることで、郵貯・簡保資金345兆円をこの赤字の解消に充てることを狙っているのだ。国民の汗の結晶である345兆円の郵貯・簡保資金を結果として外資に売渡すことになる。外資の融資を受けたライブドアによる放送会社の株買占め事件は記憶に新しい。日本政府の担当者は民営化法案作成のために17回も米国と交渉している。民営化は国民の資産を米国による日本買占め資金に回す結果となるのだ。（参考資料３）

アメリカでは２００３年に財界人、学者、福祉活動家らがメンバーとなった「米国郵便庁（ＵＳＰＳ）に関する大統領委員会」が大統領の諮問に答えて、報告書を出した。それによると、「郵便ネットワークの改革」について「ユニバーサルサービスの維持に必要な郵便局は、たとえ大幅な赤字であっても、閉鎖すべきでない」と明確に「郵便局によるユニバーサルサービスの維持」を位置づけた。

米国は身勝手だ。国内では「ユニバーサルサービスの維持」を守りながら、わが国には「民営化」を迫る。郵貯・簡保と他業務（郵便）の資本、会計の完全分離を求める。郵便業務だけで採算が合うはずがない。結局、赤字局＝へき地局、都市の中小局の切捨てにつながる。米国の内外政策の使い分けを認めるわけには行かない。いままで日本政府はこの身勝手な要求を拒否し続けてきたのだ。

9．「郵政民営化」は公約じゃなかった

政府や多くのメディアは「郵政民営化は直近の衆院選、参院選での公約だ。だから民営化を実現しなければ公約違反になる」と説明している。

しかし、これは間違っている。

衆院選での公約を説明したマニフェスト「小泉改革宣言――自民党選挙公約２００３」では郵政事業改革の項目で「郵政事業を２００７年４月から民営化するとの政府の基本方針を踏まえ、

日本郵政公社の経営改革の状況を見つつ、国民的論議を行い、2004年秋頃までに結論を得る」とある。

「基本方針を踏まえ」とは議論の足がかりにすることで、その通りになることではない。「国民的論議を行った後に民営化するかどうかの結論を出す」ことなのだ。

これは、「民営化」について意見がまとまらず、どちらとも取れるようにした「玉虫色」の表現だった。現に当時の額賀政調会長は「論議の結果、イエスもノーもありうる」と発言している。

郵政公社発足後わずか2年、国民も「郵政民営化は急務ではない」と考えている状況で「国民的論議」を尽くしたとはとてもいえない。政府は「玉虫色」の一方だけを強弁しているのだ。

10. 安全・安心な金融機関があってもいいじゃないか

自分の貯金を株や投資で増やすことを望まず、ハイリスク・ハイリターンよりローリスク・ローリターン、安心・安全な金融機関に預けておきたい人々にとって、国家の後ろ盾がある郵便局、郵便貯金の存在は必要な事だ。現に国民の85%が郵貯を、55%が簡保を利用している。

130年間の郵政事業の歴史を1日で崩してしまう事はできるが、一度崩したものは二度と元には戻らない。

民間の企業を中心とする市場経済・市場主義は1929年の世界大恐慌を見ても明らかなように大失敗を起こす事がありうる。わが国でも「失われた10年」間の土地・株式の暴落で、1千兆円もの国富が失われたと言われている。民間企業だけに任せておけば、時々取りかえしのつかない大失敗を犯すものである。「市場の失敗」をできるだけカバーするためには、国が関与する公社の郵便局があることが必要である。

郵貯や簡保が膨らんだのは、民間の金融機関がバブルを加速させたあげくに崩壊したからにほかならない。この間に国民の不安を和らげたのは郵貯・簡保だった。

要するに利用する国民にとって民営化後の国々の例を見ても料金が高くなるか、税金による補塡が増えるだけでなんら良い点がない。国民にとって何の利益もない民営化を推し進めるのは小泉総理の個人的思い入れのみである。

政治とは長い歴史や物事の成り立ち経緯という縦糸と国内・国外を含めた国際情勢という横糸を巧みに織り上げた布のようなものだ。深い洞察と歴史観、哲学が必要なまことに理性的で高尚な仕事であろう。ただ勘に頼ってのみ行う民営化は日本社会の現状を無視した、拙速、先見性なき悪政である。私は理念なき郵政民営化に強く反対する。

(12) 二〇〇六年十二月、小泉政権を引き継いだ安倍晋三首相の意向で、自民党党紀委員会は郵政造反議員十一人の復党を全会一致で認めた。

第八章

民主党政権と国民新党

郵政民営化法改正案可決で、大臣席で起立する自見
（2012年4月27日）

郵政民営化関連法案成立

伊藤　大事なところですので、小泉純一郎政権時代の郵政民営化のあたりから、もう一度確認していきます。

二〇〇五（平成十七）年十月十四日に参議院本会議で、郵政民営化の法律が通りました（郵政民営化法、日本郵政株式会社法、郵便事業株式会社法、郵便局株式会社法、独立行政法人郵便貯金・簡易生命保険管理機構法、郵政民営化法等の施行に伴う関係法律の整備等に関する法律）。分社化して、それぞれの株を全部売却してゆくということですね。だけど、実際にはその株を売却するところまでは行かなかったわけですか。

自見　株は一部売却されています——。二〇一二年四月二十七日に私が法律を変えるまでの七年間、あの法律は有効に機能しましたからね。小泉さんが作った法律は一〇年間の時限立法で、七年間は施行されたけれども、私がストップをかける法律を通したわけです。政府の保有する株式が三分の一を超えてさえいれば、あとは売ってしまっていいというような法律ですから。どんどん売られたら困る。政権交代のあと、まず売られるのをストップさせる。その後どういう仕組みにするかという内容の法案を作った。政権交代して最初にやったのが郵政の株式売却阻止法案でしたね。そうしないとプログラムはずっと進んでいきますから。

伊藤　郵政民営化や医療改革など、要するに小泉内閣がアメリカに言われて取り組んだ改革について、「全部失敗」と言っておられますね。

自見　ええ。それは政治の役割が分かっていない人がしたことなんです。市場原理主義は人々を幸せにしません。金儲けのためにするんですよ。金を巻き上げて、日本のことを何も考えていないわけですよ。「郵政民営化」と言うけれどね、肝心のアメリカの憲法には、郵便は国営である、と書いてあるんです。[1] 歴史的にも、アメリカ独立戦争のときにベンジャミン・フランクリンという「独立宣言」を起草した人がいますね。あの人は郵便局長やったんです。[2] イギリスの植民地での独立運動ですから、もろに権力との闘いなわけです。レキシントンでまず反乱軍に「集まれ」と言いたい。ところが反乱軍は集まらんわけです。それでどうしたか。彼は全部に封書を出したんです。来る何月何日何時、レキシントンのどこそこに集まれと。そうやって反乱軍を集めた。植民地闘争のさなか、イギリスは人が好いのか、信書を開封しなかったんです。信書の自由は民主主義の大原則の一つですからね。そこをまんまと突いて全てうまくいったんです。しかし、将来どうなるかわからない。人民が反政府の権利を保持するために、法律に高らかに「信書を検閲してはならない」と謳い、それが今でもあるわけです。それで郵便は今でも国営なんです。

前に、フォード自動車出身の経営者が郵政長官をしていましたよ。僕はその長官に会ったときに聞いた。彼は「自見さん、私はフォード自動車で年間の最高民間経営者賞に選ばれたこともあるから分かるが、郵便という仕事は全然利潤追求じゃないんだ。憲法上、保障された国民の権利であってビジネスとは違う。アメリカで郵便局を民営化するというような馬鹿なことを言う人は一人もいない」と言っていた。彼は、私企業というものと公共性のある事業との違いをよく分かっていましたよ。偉い人やなと思った。自分の国ではそうなんよ。ところが、日本に対しては「民営化せえ、民営化せえ」と言う。そうしたら小泉と竹中平蔵《たけなかへいぞう》が進めてしまった。水道の民営化法案（改正水道法、二〇一八年十二月六日成立）もそう。あれは新自由主義、市場原理主義の典型です。竹中は安倍政権にもひっついておった。というのは、竹中は菅義偉の親分で、竹中が総務大臣兼郵政民営化担当大臣のとき、菅は副大臣やった。菅を総務大臣にしたのも竹中ですから。

伊藤　竹中のほうが上なんですか？

自見　そう。竹中のほうが上なんですよ、先生。

伊藤　それは信じられないなあ。

自見　私にも信じられませんよ。（笑）

伊藤　郵便局で働いている人たちは国家公務員だったけれど、小泉改革で公務員ではなくなったわけですね。

自見　公社を民営化したわけです。公社のときは準公務員でした。

伊藤　それを復活させても、公社には戻せないでしょう。

自見　民営化のプログラムをストップさせたときも、公社にはもう戻さなかった。このときはユニバーサルサービスを実現するだけで精一杯やった。日本の郵便システムというのは、東京と東京の周辺、大阪と大阪の周辺、名古屋と名古屋の周辺の郵便貯金事業と簡保事業だけで黒字が出て、他の地域は全部赤字なんです。九州も郵政三事業は赤字、四国も中国も北海道も。三地域の黒字を内部留保として持っとるおかげで、ユニバーサルサービスが可能になる。それは郵政省時代も、公社化してからも、これが日本国の構造なんです。富は東京と大阪と名古屋にしかないんですよ。田舎は貧乏なんです。だけど、みんな国民なんだから「平等」という概念なんですよ。田舎は貧乏だから警察署はいらないということはないでしょう。しかし、資本主義は、貧乏な地域に金なんかやることはない、金持ちだけでうまくやればいいんだという思想に行きついてしまう。それは恐ろしいことなんです。人種間の対立の強い国には、そういう差別が実際にある。アメリカにはそういうところがあるでしょう。公的医療保険もないし、生活保護の受給条件も厳しい。福祉にあまり金を使いたくないんですよ。

人々の暮らしの基盤を市場経済に委ねて不安定化させてはいけない。私はやっぱり政治家である前に医者なんです。主人公は常に「人」であって、カネとかマーケットとかではないのです。

伊藤　自見さんの郵政民営化批判の底流に、医師としての平等の感覚があって、市場原理主義的な格差や差別に対する反発があるのですね。

自見　人種間の対立の強い国は、そういう格差と差別が実際にある。

伊藤　小泉政権下のいろいろな〝改革〟は、自見さんに言わせると、アメリカ並みに「弱者切り捨て」と言うことですか。

自見　全くその通りです。規制緩和の名の下に医療政策も大きな影響を受けました。二〇〇六年四月の診療報酬改定は医療保険制度が始まって以来、最大の下げ幅となりましたし、同年七月の「骨太の方針2006」は、社会保障費を毎年二二〇〇億円削減するという二〇〇二年から続けられていた政策をさらに継続すると示していました。

今や、世界中で社会主義がほとんど潰れてしまいました。その反動としてドナルド・トランプも登場しましたからね。トランプさんは「プアホワイト」に支持された。炭鉱や製鉄所、自動車工場の労働者です。四〇年前には最高の業態だったのに、みんな駄目になっちゃった。

伊藤　ある意味で、それは日本のせいじゃないですか。

自見　産業構造は常に変化していくから、頭を使っておかなきゃいけない。だから私はデジタル化に取り組んだわけです。

初の参議院議員選挙

伊藤　二〇〇五年九月十一日の第四十四回衆議院議員総選挙では、自民党の公認を得られなかったわけですが、郵政民営化に反対をしたからでしょう。

自見　そうです。反対票を入れたから、公認をもらえなくて落選しました。

伊藤　そのとき小泉さんはやはり刺客を立てましたね。

自見　熊本県から女性の「刺客」が来て当選しました。西川京子《にしかわきょうこ》さん。今は政界からは消えちゃった。当時の小泉さんはものすごい人気だった。でも、僕は勝てると思ったんだけどね。ショックは大きかったですよ。あれで政治、選挙に対して非常にいい勉強をしまして、ある意味で成長しました。あのときは、浮動票が私に一票も来なかった。もうみんな小泉に熱狂していますから。拍手しながら「きゃあー、純ちゃーん」って感じやった。恐ろしいですよ。もう新聞、テレビが囃《はや》し立てるでしょう。

伊藤　それで落選されたとき、これはどうしようかと……。

自見　いや、全然思わない。私が反対したことは全く正しかったですから。信念を持っていましたからね。

伊藤　それはそうでしょうけれど、結果としては落選しちゃったでしょう。

自見　前にもお話ししましたけど、落選して山崎拓さんに相談しに行ったら、「落選したときのセオリーは、直近の国政選挙、衆議院か参議院に通ることだ。与党でも野党でもいい」と。そうしたら、宮澤内閣で幹事長もされた郵政民営化反対の綿貫さんと、亀井（静香）さんが国民新党を創設するという――。

伊藤　でも、国民新党の最初のメンバーに自見さんは入っていませんよね（国民新党は「郵政選挙」前の二〇〇五年八月十七日に旗揚げ）。

自見　そのとき私は入っていないですよ。誘われなかったんです。

伊藤　あれは議員じゃないと入れないいんですか。

自見　いやいや、議員だったけど、自民党だったけど。なんでか知らんけど、私を誘ってこなかった。

伊藤　理由はよく分からないのですか。

自見　綿貫さんは田中角栄派だし、亀井静香は私とやっぱり肌合いが違うところがあったんです。郵政民営化法案に反対した全員平等に声を掛けたということはない。私は中曽根派出身で、山崎拓さんと近過ぎる人間ですから、政治家としてもう色がついていたんですよ。

伊藤　他にも新党日本という郵政民営化反対の政党もできましたね。

自見　そんなのもあったね。荒井広幸《あらいひろゆき》が作っとった（代表は長野県知事だった田中康夫《たなかやすお》。国会議員は滝実《たきまこと》、青山丘《あおやまたかし》、小林興起《こばやしこうき》、荒井の四名）。

伊藤　次の二〇〇七年七月の参議院選挙で初めて国民新党へ行ったということですか。

自見　えぇ。山崎さんが紹介してくれてね。綿貫さんとしてもよい候補がいなかったからだと思います。そうはいないんですよ。郵政大臣をやって、公社化もして、郵政民営化に反対したということで、私は一つの看板になりますよね。

伊藤　やっぱり綿貫さんとか亀井さんとかとはちょっと距離があったわけですね。

自見　うーん、郵政民営化反対というそれは一致。政治家はそんなものですよ。どこかが一致すればいいのであって、何もかも全部一緒ってことは絶対にありませんよ。

伊藤　それはそうでしょうけれど、雰囲気としては違うという感じなんでしょうね。

自見　まあ、それはありましたね。

伊藤　その後、国民新党に入って親しい関係になったというわけでもないんでしょう。

自見　いや、なった、ですよ。そこはやっぱりこっちが合わせせな。合わせるところもあるし、合わせないところもある。それは政治家ですから、何もかも一緒というわけにいきません。違う人間ですし、違う系譜を歩いてきた政治家ですから。福田派は岸信介派の流れですからね。岸、福田赳夫さん、安倍晋太郎、それから亀井静香なんかですから、自民党では右派です。綿貫さんたちは田中角栄派やから、よく言えばハト派です。池田勇人が創設した宏池会は経済優先政策が一番いい、イデオロギーは駄目だという立場ですよ。イデオロギーで六〇年安保、七〇年安保を経験したけれども、経済を豊かにすれば人間というのは自然とマイルドになって穏健なことをして、過激な共産主義、社会主義を忘れるというのが彼らの思想ですから。そのためにはまず国民を豊かにしようと。だから所得倍増計画が生まれて、結局うまくいった。共産主義、社会主義は沈んでしまいましたから。

伊藤　綿貫さんと亀井さんの関係も少し微妙なんでしょう？

自見　なかなか微妙（笑）。中に入ったら分かった。しかし亀井は偉い男でね、絶対に党首には逆らわない。やっぱり彼は苦労人ですよ。獰猛《どうもう》な風貌をしとるけれど、いよいよになったら綿貫さんと一体化する。ちゃんと先輩を立てる。そこが偉いところです。だからあそこまで行った。警察と軍隊はだいたいそういうものですよ。権力抗争はそこから始まります。私はどちらにも交わらず、うまくバランスをとった。ちゃんとうまく党首を立てるし、亀井さんも立てた。政治の世界では立てないと駄目ですよ。私は入党したばかりだし、参議院議員になったばかりだしね。

ただ、衆議院議員を二二年やっていたし、大臣も経験していましたからね。

伊藤　紹介してくれた山崎さんは、綿貫さんといい関係にあるのですか。

自見　建前上、自民党ＯＢと党幹部って、みんな仲がいいんですよ。本音は別でも、建前上の付き合いはありますから。「自見君が落ちたけ、ひとつ面倒見てくれ」と頼んでくれた。それに「分かった」と応じるのが自民党的考えなんです。僕のほうも贈収賄や女性問題とかで落選したわけじゃないですから。

伊藤　この参議院議員選挙のときは小泉内閣から安倍内閣に変わっていたということも、当選に影響があったでしょうか。

自見　まあ、そうかもしれない。福岡県の地方区で通る人は二人しかいないので、自民党のような大政党しか通りません。国民新党みたいな新興の小政党は比例区で行くしかありません。まず、福岡県旧四区の〝自見庄三郎党〟の票があります。それと全国区（比例区）の特定郵便局の組織票のうち三分の一をもらいました。九州と四国、中国地方から応援してもらったんです。三分の一ずつで、だから、あと二人応援する候補者がいました。特定郵便局の会（現・全国郵便局長会）は今でも自民党の最大規模の組織でしょう。圧倒的に強い。六〇万票ぐらい取る。田中角栄さんが手塩にかけて作った組織ですから。

伊藤　九州、中国、四国の特定郵便局を遊説して歩いたわけですか。

自見　組織決定をしてもらって、九州特定郵便局長会に出席してね、そこから各県に下ろしてもらうてね。幹部に会ってダーッと挨拶して回る。熊本に九州郵政局があって、統括していました。

今でも日本郵政の九州の統括は熊本県なんです。中国は広島、四国は松山。まず、みんなが集まっておるようなところに行って、地区の会長に挨拶させてもらう。次に、選挙になれば、地区ごとに一〇〇人ぐらいいる郵便局長に人を集めてもらう。たとえば福岡県なら、そういった一〇〇人ぐらいの組織が五つか六つあります。

国民新党の参議院議員として

伊藤　特定郵便局の支持があっても、比例区の他の候補は当選しなかったんですか。

自見　そう。国民新党は比例では一人しか通らなかった（得票数一二六万九二〇九票）。一〇〇万票を取らないと、一議席にならないんです。国民新党の中で一番だったけれど、なかなか一〇〇万票が見えなくて心配やった。個人票は一一万取って一番（一一万七五九〇票）。私は要するに、中国、四国、九州だけどね。通ったのがわかったのは明け方四時頃やった。あの参議院議員選挙で一番だったのは自民党で出た舛添要一《ますぞえよういち》で、四七万票くらい取った。だけど、九州と中国と四国では私のほうが票が多かった。嬉しかったね。僕は率直に言って、一人だけ怖い党内候補がいたんですよ。アルベルト・フジモリさん、ペルー元大統領が国民新党の公認で比例から出たんです。二重国籍やからね。この人は票がなんぼ出るか分からんかった。負けるとしたらフジモリだけだなと、本心では思っていましたね（フジモリは五万一六〇八票で四位落選）

伊藤　でも、自信はあったわけですね。

自見　ええ。橋本龍太郎さんの行政改革で、私が閣議で反対してストップをかけたでしょう。私がある意味、郵政の命の恩人なんです、高級官僚はそう思っていないけれども、末端の郵便局長さんたちは信じてくれている。

伊藤　この選挙で当選して、国民新党の副代表になられたわけですね。

自見　大臣経験者が少ないからね。綿貫さんと亀井静香さん、お殿様の亀井久興さんと私の四人しかいませんから、ポストは何かくれるわけですよ。政治の世界って、大臣経験者と経験していない人とはものすごく違う。大臣をせんと、やっぱりいっぱしの政治家じゃないですよ。今でも自民党の長い伝統です。大臣にならないと一人前じゃない、元服していないようなものなんです。

伊藤　国民新党で当選したとき、自民党支部との関係はまずくなるんですか。

自見　いや、みんな自見さんの仲間やもん。そんなにおかしくなりません、個人的関係ですから。自民党福岡県連の会長をはじめ、福岡県の第十区支部長もしたし、小倉北支部長も長く務めました。みんな、私のほうへ来てくれますよ。大臣経験者の国会議員に歯向かうような度胸のある県議、市議はいませんよ。

伊藤　しかし小泉さんが立てた「刺客」が当選して実際に代議士になったわけでしょう。

自見　そのときは反目する県会議員が一人おったよ。そいつは向こうへ行った。で、ワアワア言った。みんな両股かけてますよ。自民党って賢いですから、保険を掛けとるんです、ほとんどみんな、そんな県会議員、市会議員なんです。衆議院議員になって地方議員をいかにうまくコントロールするかは、求められる能力の一つです。

伊藤　一年一〇ヵ月ぶりの国政復帰となりましたが、まず取り組んだことは何ですか。

自見　このときの参議院は与野党が逆転したんです。だけど野党第一党の民主党だけでは過半数に達しなかったせいで、統一会派を組んだ国民新党がキャスティングボートを握ったわけです。これは面白かったですよ。国民新党の党是は「郵政見直し」ですから、もちろんなんとかして民営化に歯止めをかけなきゃいけない。株式の流出を防がなきゃいけない……。

伊藤　郵政見直しについては後でまとめてうかがいます。それ以外のところからだと？

自見　医療費、社会保障費の増額ですよ。二〇〇二年から毎年二二〇〇億円の社会保障費削減政策が続けられてきたことは前にお話ししました。「骨太の方針２００９」で、この政策を廃止したんです。それから、二〇一〇年度の診療報酬改定では一二年ぶりにプラス改定に持っていきました。ようやく医療崩壊に歯止めをかけることができたんです。医療の大切さをわかっている人間が国会にいないとダメなんです。もっと言えば、与党にいないとダメなんですよ。

国会での演説⑴——参議院本会議代表質問

伊藤　自見さんと言えば演説——それも長い演説というのが一つの特徴かと思いますが、参議院での演説をいくつか拾ってみます。二〇〇七年十月五日に参議院で代表質問をしておられます。国民新党としても初めての代表演説で、やっぱりと言いますか、郵政民営化についてです。

ちょっと読みます。「国民新党の自見庄三郎でございます。／歴史的な変化を遂げた参議院におきまして、国民新党初めての代表質問でありますが、この機会を与えてくださった民主党始め各党各会派の御理解と御配慮に厚くお礼を申し上げます」。「歴史的な変化」というのは、このとき、自民党が歴史的大敗を喫して、結党以来初めて参議院の第一党から滑り落ちて、民主党が参議院の第一党になったんですね。国民新党は四議席です。

ほかの野党の人たちがみんな、国民新党の自見さんが代表質問をなさるということを応援してくれたわけですか。

国民新党初の代表質問に立つ（2007年10月5日）

自見　民主党はしてくれましたね。民主党は選挙の前から友党でしたから。当然、郵政民営化にも反対。あの頃、民主党は所属議員が多かったでしょう。小沢一郎が党首、鳩山由紀夫が幹事長でね。時代が大きく変わっていましたよ。

伊藤　演説の先を読みますと、「さて、郵政民営化が実施され、四つの新会社がスタートしました十月一日、我々国民新党の議員団は都内の普通局及び特定局を視察をいたしました。そこでは、顧客情報管理システムのトラブルが発生し、一千万円の預け入れ限度額の確認業務ができなくて混乱をしていました」云々かんぬんと、郵便局の現状がいかにひどいことになっているかを述べておられる。さらに「市場原理は利潤の追求を最重視するのが至上命令であり、全株を売却し完全に民営化するゆうちょ銀行、かんぽ生命保険、両社ともにこの課題から逃れられません」云々と、それに反対する話をなさっています。アメリカを含めて外国のいろいろな実例を取り上げて、「民営化の本場と言われるアメリカでも、郵便事業は国営を現在も堅持し、約七十万人のアメリカの国家公務員が事業を担っております」とおっしゃっています。

自見　前にお話ししたベンジャミン・フランクリンの逸話ですよ。

伊藤　続けて「我々国民新党は、参議院選直後の臨時国会において郵政民営化凍結法案を提案いたしましたが、残念ながら廃案となりました」と。この代表質問を覚えていらっしゃいますか。

自見　ええ、覚えていますね。まだ政権交代していない頃ですから、総理は自民党の総裁です。そのときは安倍晋三やったんかな。

伊藤　安倍さんは九月に辞任していますから、福田康夫さんですね。続けます。「現在、民営化見直しのための株式処分凍結法案を提案する準備を進めており、数年後にも予想されるゆうちょ銀行及びかんぽ生命保険会社の株式公開を凍結」する準備を進めておられると。その後、実際に凍結法案（「日本郵政株式会社、郵便貯金銀行及び郵便保険会社の株式の処分の停止等に関する法律案」）を提出されています。この年の十二月十二日の参議院本会議は通過（投票総数二三五。賛成一三二票、反対一〇三票）したけれども、衆議院を通っていない。

自見　そうそう。参議院は民主党と国民新党で過半数に達していたんですよ。衆参でねじれたんですね。国民新党が入れなければ過半数は超えない。このときは強いですよ。国民新党がキャスティングボートを握っておったわけです。

伊藤　この法案は「自見庄三郎君外六名発議」でしたが、国民新党が中心になったんでしょう。

自見　参議院の規則で何人で法律が出せると決まっとるんですよ、内規でね。「六名」とはその数です。国民新党以外に民主党が入っていると思いますよ。三党共闘でやらないと、自民党に対抗できない。国民新党は「ワン政党ワンイシュー」。いわば「郵政民営化反対」だけの政党ですから、僕の名前を最初に出してくれたんでしょうね。

国会での演説(2)――参議院予算委員会

伊藤　翌二〇〇八年三月十四日の参議院予算委員会でも、演説なさっています。

自見　このとき自民党は、衆議院では過半数おったんですよ。衆議院で否決されたから法案がない。だからまた同じような法案を出したんです。

伊藤　その演説冒頭では、「民主党・新緑風会・国民新・日本の統一会派でございます。統一会派として国民新党の副代表をさせていただいています参議院議員の自見庄三郎でございます」と述べ、民主党への謝意を表しています。このときは、統一会派ができていたんですね。

自見　会派にしたんです。もう一歩前進させようとね。

伊藤　民主党と統一会派を作るとか提携するということについて、国民新党の中で意見は分かれませんでしたか。

自見　いや、まったく分かれない。

伊藤　綿貫さんもそれに賛成だったんですか。

自見　ええ。亀井静香も大賛成。それは郵政民営化法案を阻止したい、変えたいというのが党是ですから。そうしたら大きいところと組まないとできませんから、現実的に。

伊藤　なんとなく綿貫さんは統一会派を作ることにあまり賛成でなかったような印象を受けるんですけども、そうでもないですか。

自見　いや、そうでもなかったと思いますよ。裏は知りませんけれど、表面上は間違いなく統一会派ですね。ただ、要するに民主党としても政権が欲しいから、より強固な結びつきにしたいんですよ、参議院における会派を大きくしてね。政党と会派は別ものなんです。政党があっても会派というのは組めるんです。議員総会は会派で開きますから、民主党と国民新党と一緒に参議院の本会議の前に必ず合同総会を開くんです。そのとき私は必ず一言演説しよったよ。みんなを笑わせないけませんから。（笑）

伊藤　統一会派ができて、その前に民主党との間に「株式売却凍結、四分社化の見直し、三事業一体のサービス提供、郵便事業の利便性と公益性を高める改革を行う」という合意書を結んだわけですね。

自見　ええ。政党と政党との話し合いでは、必ず合意書をつくるんです。こういうことは守る。これで行きましょうとね。

伊藤　それまでは暗黙裡に提携はしていたでしょうけれどね。

自見　そうそう、それでちゃんと合意書を結んで統一会派をつくったんです。

伊藤　民主党としても多数党になれるという非常に大きなメリットがあるんですね。

自見　メリットがあるんです。それで結局、自民党は参ったわけ。

伊藤　民主党との間の合意書は衆参両院を通じて――。

自見　いやいや、最初は参議院でだけ結んだんです。衆議院ではその頃、自民党がまだ全然強かったですから、合意書を結んでも実際的にあまり意味がない。参議院は過半数ですから、そこで賛成しないと、国家の意思になりませんから。

伊藤　国民新党の中で参議院議員といったら自見さんですから、党内でのウェイトは大きかったんじゃないですか。

自見　ええ。私が反対したら何もできない。国会の意思決定を阻止できるんです。それが議会制民主主義のすごいところなんですよ。

伊藤　そうですか。後期高齢者医療制度に対する批判もされましたが、どういう意味があったんですか。

自見　自民党が財務省の言うことを丸呑みにして、後期高齢者の患者負担をものすごく大きくしたんですよ。そういう法律を出したんです。それに反対したんです。

伊藤　でも、ある程度負担をしてもらわないと、日本の社会保障が成り立たなくなるという問題もあったんじゃないですか。自見さんご自身がそう言っておられたのでは。

自見　それはあるけどね。政治家はその場その場で、自分のより大事な目的を追求するために判断しないと駄目ですよ。私は医師会の参議院全国区の候補じゃない。政治家ですから臨機応変にビシビシッと判断していかないと。そこは衆議院的な頭ですね。後期高齢者医療制度に対する全国反対のデモの渦になって、僕はその場に白衣を着て行ったんですよ。老人医療保険の自己負担率が上がるって、それは誰でも嫌ですよ。そんなことは、野党におったら徹底的にそれを攻めないかん。与党と野党では役割が違う。野党には野党の攻め方があるんです。

伊藤　そうですか。民主党は少し左翼がかったところがあるでしょう。

自見　いやあ、そうでもないですよ。枝野幸男《えだのゆきお》は左っぽいかもしれん。でも、組んでみたら自民党で公認に漏れたので民主党に来たとか、そんなのがいっぱいおった。

伊藤　だけど、今の立憲民主党の流れとつながってくるでしょう。

自見　だいたいが民主党におった奴です。テレビに出てくるような奴はみんな知っていますよ。

伊藤　しかし当時も今も、日本は国際的な危機に直面しているのに、一体どうするんだということを野党は言わないでしょう。

自見　当時もそうですよ。官僚機構が味方しないと、そんなものはできないんです。官僚機構は全くの敵ですから。だから官僚機構が味方しないと、政策なんかできませんよ。イギリスでは、官僚機構は与党にどれまで肩入れしていいか、法律で決めているそうです。そうしないと政権交代なんか起きませんよ。私は与党と野党と両方経験したからよく分かるんです。

伊藤　先程の二〇〇八年三月の演説でも、中国に触れておられます。中国がずっと変化してゆく過程をずっとご覧になっていたわけですが、すっかり軍事強国化して、日本にとっては非常に危ない国になっていますね。

自見　習近平体制になってから、国際的に共産主義者の本質を表してきたね。

伊藤　演説されたときは胡錦濤《こきんとう》時代でしたが、当時はあまりそうは思わなかったですか。

自見　胡錦濤のときはそうでもなかった。まだ鄧小平《とうしょうへい》の路線を継承していましたから、「力があっても、力がないように見せなさい。それが世界で生きていく道だ」（韜光養晦《とうこうようかい》）と国民に教えていた。中国共産党も謙虚でしたよ。日本から何でも学ぶという姿勢でした。それが習近平に代わって急に胸を張るようになった。

伊藤　中国の国富や軍事力はとてもじゃないけれど、日本は追いつくどころじゃない。

自見　露骨に誇示し出したね。経済規模でも三倍はあるでしょう。前に言ったように、リーマン・ショックのとき、莫大な景気対策をした。ですから一九二九年の世界大恐慌みたいにはならなかったんです。中国が持っている六〇兆もの現金をバラまいたという。景気浮揚のためにね。それで世界が救われたのは確かです。

国会での演説(3)――参議院内閣委員会

伊藤　当時、新党日本という小政党はあまり相手にしていませんでしたか。親しい人はいませんでしたか。

自見　仲間でしたよ。目的は一つ。自民党を負けさせて政権交代しようというのは同じでしたから。

伊藤　二〇〇八（平成二十）年の五月十三日に参議院に統一会派の一員として、地域再生法の一部を改正する法律案、構造改革特別区域法の一部を改正する法律案について内閣委員会で、総務大臣の増田寛也《ますだひろや》さんに質問をしておられます（本書付録㈠参照）。冒頭で「国民新党の副代表をさせていただいておりますけれども、参議院では統一会派、民主党・新緑風会・国民新・日本という会派を組ませていただいておりまして、この参議院では四人、統一会派を含めて、衆議院では六人でございますか、少数会派でございますけれども、こういった本当に統一会派を組ませていただいた民主党さんのおかげで今日」云々と。

自見　「四議席」と言っていますか。参議院で四人、衆議院で六人。だから一〇人ですね。国民新党の現有勢力ですね。

伊藤　続けて「地域再生法の一部を改正する法律案、また構造改革特区法の一部を改正する法律案について、今日は増田国務大臣、あるいは地域活性化担当大臣と申しますか、まさに県知事さんをされて、国務大臣をしておられる増田大臣にいろいろ質問をさせていただきたいと、こう思っております」と、そこから非常に長い質問をされています。

自見　ああ、委員会ですから長くしていいんですよ。持ち時間があるので短くて三〇分、長くて一時間。だから朗々と論を張っていいんです。やっぱりそこは大臣経験者ですから、思想信条をきちんと述べていいわけです。なんでこの法律に反対するのか。自分の生い立ち、歴史、思想、考え、イデオロギーを交ぜて質問するのがベテランのすることですね。

伊藤　読んでいて、すごく面白いんですよ。でも、よくまあ、こんなことを国会の委員会で延々

としゃべれるものだと思ってね。（笑）

自見　いや、それをしゃべらないと、味のある哲学を持った、しっかりした政治家と思われない。しゃべっておくと、やっぱり誰かに響いてくるでしょう。

伊藤　そうですか。地域再生法についてご記憶がありますか。

自見　地域立法ですね。山村振興等農林漁業特別対策事業（山村興特）。私、国土庁の政務次官の経験があるでしょう。地域活性化法が専門だったんですよ。四全総とかね。だから僕は国土開発計画に対しても考えは持っていますよ。戦後の地域を興す山村興特とか、ずっとやっていたんです。その頃は関連する法律が全部頭に入っていました。

伊藤　企業誘致問題や沖縄県に限界集落が少ないということとか、ありとあらゆることをお話しになっている。自見さんの考えがずいぶんと表現されていると感じました。

自見　ありがたいですね。こういう場を得られるのが議会制民主主義のよいところですね。

伊藤　コミュニティー、集落を大事にしなければならないと主張されています。

自見　しかし、東京ではコミュニティー、集落がどんどん壊れて機能していない。砂のような大衆なんです。それを一番よく分かっていたのは与謝野馨。彼は僕よりもちょっと上やったけれど、与謝野鉄幹《てっかん》の時代から東京に住んどるわけ。「自見君たち田舎から来た奴はそうだろうけれど、江戸には江戸で、ちゃんと古い社会があるんだ。そこをちゃんと押さえないと、選挙はできない」と、与謝野はよう言いよった。でも選挙は弱かった。大臣は何回もしたけれどね。民主党と国民新党の政権（第二次菅直人改造内閣）にまでもぐり込んできて大臣をしたけど。あれは消費税に人生を賭けていましたから、大蔵省が押し込んだんでしょうけど。

伊藤　自見さんは、成果主義のようなことでやったのでは駄目だ、とも言っておられますね。耕作地の放棄問題を取り上げて、田んぼが荒れ果てて減反だと。グローバリゼーションで変えなければいけないところは徹底的に変えるけれども、守るところはきちんと守らなければならない、と盛んにおっしゃっています。

自見　文明批判ですよ。私の基本的な思想です。保守政治家として。守るべき価値と変えるべき価値とを分けるんです。変えるべき価値は変えていいけれど、手段があるんですよ。人間、きちんと納得してもらって変えてゆくのが民主主義国家じゃないか、と言っていると思いますよ。

伊藤　この演説は、増田さんに何かを要求しているわけではなくて、私見を述べられている。増田さんはほぼ同調する答弁をしているんですね。

自見　それはそうですよ、そんなの考えていないでしょう（笑）。小沢一郎の子分やったから岩手県知事にしてもらったのに、親分を裏切っとるんですよ。だから政治家としては全然信用されない。

伊藤　小沢さんは問題が多いと言われますが、自見さんはずいぶん尊敬しているみたいですね。

自見　ええ、尊敬しています、力があるから。ワルだけど。

伊藤　ワルでしょう？

自見　ワル、ワル。ワルはいいんですよ。「悪源太」(3)って言うでしょう、日本の社会はワルが強いんですよ。それは当たり前です。政治家はきれいごとばかりしとっても駄目。実際世の中を動かさなきゃいけませんしね。人間の本質にはワルのところはあるんですから、誰でもね。組織悪もある。そこをよく分かった上でやらないと駄目ですね。

伊藤　でも、小沢一郎という人は「ワルそのもの」じゃないですか。

自見　いや、そういうふうに言うのは新聞、テレビですよ。本当に力がありますよ。

伊藤　しかし、だんだんと人気を失った。

自見　そうですね。だけどあの人は、一人で自民党政権を終わらせ、一人で新しい民主党政権を作った。明治維新では、江戸幕府を潰した人物と、新しい政権を誕生させた人物は必ずしも一致していません。新しい時代を二つも作った。政権交代もしたし、小選挙区制も作った。良い悪いは別ですよ。政府自民党を一遍終わらせたんですからね。

政権交代

伊藤　翌二〇〇九（平成二十一）年八月三十日の総選挙で与野党が逆転し、自民党・公明党の麻生太郎内閣から民主党、社民党、国民新党の鳩山由紀夫内閣に代わりました。今までの野党から今度は与党になった。だけど、国民新党に与えられた大臣ポストは一つです。

自見　国会議員一〇人で、一つ取れたら大したものですよ。昔から国会議員二〇人で一ポストですよ。自民党の場合は一つの派閥に一人が基本です。それ以上求めるのは厚かましいですよ。

伊藤　しかし、綿貫さんは総選挙で落選してしまった。

自見　地元の富山であんなに選挙に強い人が落ちちゃった。やっぱり自民党は支援団体をいっぱい持っていますからね。

伊藤　それで国民新党の代表が綿貫さんから亀井さんになったわけですね。

自見　ええ。それで亀井静香さんが鳩山内閣で閣僚になったんです。

伊藤　鳩山内閣の内閣府特命担当大臣（金融）ですね。

自見　そう。それで一年経って、亀井が菅直人と喧嘩することになる。

伊藤　『日本再起動　おかげさまで政治生活30年』には「私は選挙前から、政権交代を実現するために民主、社民両党の政策責任者とともに政策協議を続けた。主張にかなり隔たりがある民・社両党の「橋渡し役」を務め、投票前の8月14日、「衆院選に当たっての3党合意」をまとめ上げた」と書かれています。

自見　そうそう、政権与党の三党合意って、ものすごく意味があるんですよ。私がおったからまとまったようなもんですよ。民主党と社民党って仲が悪いんですよ。同根でしょう。連合の労働組合があるし。アイツらには労働組合だけで通用するような言語があるんですよ。昔の日本社会党の右派と左派ですよ。労組でも民間労働組合から炭労まであってね、仲が悪いところがある。だから、俺が「まあまあ」とみんなをさすって上手にまとめたんです。私は労組から一票ももらっていないことはない。自民党では組織本部長も務めましたし、NTT労組は私を応援してくれていましたよ。NTT労組は「自見さんが一番役に立つ」と言ってくれていたんです。私は面白い政治家なんです。NTTは労使あげて応援してくれた。私のおかげで今のNTTがあるようなもんですからね。前に言ったように、部落解放同盟みたいな日本社会党の原点のような組織からも応援してもらったでしょう。解放同盟から推薦をもろうた自民党公認の衆議院議員候補は、自見庄三郎クンが最初ですよ。私は意外とそんなところがあるんです。医者ですから、人間って平等だと思っています。できるだけ平等がいいんですよ。金持ちが威張るなんて社会はおかしいんです。

伊藤　二〇〇九年九月の総選挙で政権交代が起きて、鳩山内閣がスタートして、十二月には早速に郵政株式凍結法（日本郵政株式会社、郵便貯金銀行及び郵便保険会社の株式の処分の停止等に関する法律）が可決されました。今度は衆議院でも多数になったからですね。要するにこれで株式を売却はできないことになった。

（日本郵政株式会社の株式の処分の停止）
第二条　政府は、郵政民営化法第七条第一項本文及び日本郵政株式会社法附則第三条の規定にかかわらず、別に法律で定める日までの間、その保有する日本郵政株式会社の株式を処分してはならない。
（郵便貯金銀行及び郵便保険会社の株式の処分の停止）
第三条　日本郵政株式会社は、郵政民営化法第七条第二項及び第六十二条第一項の規定にかかわらず、前条の別に法律で定める日までの間、その保有する郵便貯金銀行及び郵便保険会社の株式を処分してはならない。

自見　ええ、一段落したんですよ、小泉内閣が作ったプログラムが進まなくなったわけです──「いつ株式を売る」とかね。

伊藤　今度新しい法を作ることになるわけですよね。

自見　ええ、それからね。

国務大臣（金融・郵政改革担当）就任

伊藤　二〇一〇（平成二十二）年六月に鳩山内閣に代わって菅直人内閣が発足しました。亀井さんはそのまま金融担当郵政改革担当大臣に就任したけれども、亀井さんは喧嘩して、三日後に辞任することになった。(4)

自見　そうそう。菅が郵政改革法の成立を見送ったからね。(5)それで深夜二時頃まで、俺たちが「閣僚を辞めるのは止めてください」とガンガン言うた。説得しても言うことを聞かなくて、「もう辞めると言ったら辞める。自見、オマエ、俺の代わりになれ」と（笑）。過去に郵政大臣をしているから、彼らは安心したんですよ。それで翌日、亀井さんが辞めて私が交代の閣僚になって、皇居で認証式をやった。一日も空かなかった。空白なしです。

伊藤　菅直人という政治家をどう評価しますか。

自見　みんなが悪く言うけれど、そう馬鹿でもなかったですよ。東京工業大学を出ていますから、いわば技術屋ですからね、原子力発電所の事故だって、どれほど大変なものか分かっていましたね。

伊藤　ずいぶん批判されたじゃないですか。

自見　いや、批判するのは楽しいじゃないですか。原発事故は民主党政権が批判されやすい象徴的な事件ですから。菅は自民党政権を攻める論客でしたが、市民活動家出身だからか、やっぱり幅がないというのはありました。一方の鳩山由紀夫は何といっても（父方の）おじいちゃんが自由民主党の初代総裁（鳩山一郎）ですし、ブリヂストン（創業者石橋正二郎）の孫（母方）ですから大金持ち。鳩山のことはみんな攻めにくかったけれど、菅のことは思い切り攻めることができたというところがあるんですよ。

伊藤　自見さん、比較的評価しているほうですか。

自見　それは総理大臣にまでなる男だからね、それはやっぱりなかなかの人間ですよ。私は人のよいところを見てやるんですよ。人って、欠点を見たらもう限りないじゃないですか。やっぱりいいところも見てやらな。世の中公平にね。

伊藤　でも、やっぱり批判すべきところは批判しなきゃいけないでしょう。

自見　私は内閣総理大臣だった橋本龍太郎さんに意見した男ですよ。そんな馬鹿は滅多にいません、ハハハハハ。内閣総理大臣でもおかしいと思ったから批判したんです。ただし、僕の反省点としては、小さい政党で政権与党を経験しちゃったからね。連立内閣全体を見通しておけばよかったね。郵政改革ばかりを気にして、ちょっと視野が狭かった。民主党の他の閣僚がどんなことをしているかとか見ていればよかった。政権与党の一員ですから、言う権利があったんですよ。そこが私はちょっと未熟だったね。

伊藤　やっぱり郵政に特化していたということですか。

自見　そう、郵政と金融という、自分の受け持ちだけに特化していた。広く民主党政権というものを見ておくべきだったな。でもね、僕はあまり他の政党に口出しするのが好きじゃないんですよ。

伊藤　金融担当大臣というのはどういうものでしたか。

自見　すさまじい権限がありますよ。株式会社の銀行の特定の取締役をクビにできるという法律上の権限がある。僕は通産政務次官を務めたけれど、産業界に対して、そんな権限はなかった。株式会社は株主が持っとるのでね。しかし金融恐慌が起きたら大ごとですからね、もう本当に金融担当大臣は大権を持っていますよ。何かきちっと理由がつけば、頭取のみならず取締役までクビにできる。それぐらいにしておかないと、金融恐慌が起きかねない。戦前の反省があるんです。

大臣就任後、金融庁から状況説明のレクチャーを受ける（2010年6月）

伊藤　金融担当大臣のときにぶつかった一番大きな問題は何ですか。

自見　一番大きかった問題はペイオフですよ。銀行を潰すときに、預金も全部保証しない。戦後誰も一遍もやったことがないことをやったんです。竹中平蔵のお友達で日本銀行の幹部だった木《き》村剛《むらたけし》が、金融担当大臣だった竹中に取り入って、何十年かぶりに銀行の設立を認めさせたのが日本振興銀行。(6)でも、設立六年で破綻した。

お金をぐるぐる回してまたこっちへ動かすみたいなことばかりしていたから、こんな悪い奴は許せないと思ってね。ただ、普通預金は預からないで、定期預金だけ預かっていたから、預金者がいっぱいはいなかった。金利が高かったから、プロが預けるんですよ。これなら影響は少ないなと判断した。

でも、戦後初めてのペイオフで取付騒ぎなんか起きたら私の責任ですから、菅直人に電話して一言言った。「ペイオフしようと思うが、いいか。私はやる気だ」と。そうしたら「それは自見さんの判断でやってくれ」と、総理大臣から一任が取れたので、次の日、監督局長だった畑中《はたなか》龍太郎《りゅうたろう》さん――後に金融庁長官になって、それからコロンビアの大使になった――が私に文書を持ってきたんです。大臣の決裁がないと何も動きませんからね。だけど、「ちょっと待ってくれ」と言った。よく調べて整理して、度胸を決めてガンとやった。ペイオフというのは伝家の宝刀、抜かずの宝刀と言われた金融政策の最終手段ですよ。金融市場的にはそれが一番大きかったんじゃないですかね。

それからもう一つ、国際会計基準のＩＦＲＳ（アイファース）というのがありました。市場原理主義の塊のようなイギリス発祥の企業決算、会計の仕方なんです。二〇一五年から日本の一部上場企業に強制適用すると、九九%決まっとった。で、審議会から私のところに答申が上がってきたんです。これを適用すると、M&Aがやりやすくなるんです。中小企業まで連結決算になります。金融資本家がものすごい手数料を取って、いい稼ぎになる。結局、イギリスが弱くなったのもそこに原因があるんですよね。経済産業省は反対やった。私は「それを駄目」と却下したんです。「任意にしなさい」と。したい企業はしていい。したくない企業はしなくていい。その国際会計基準を、アメリカは全然採用していなかったんです。ヨーロッパは採用しているんです。アメリカが採用しないような制度を、日本が先走って採用することはない。金融資本家が一番強いのはアメリカです。二番目がヨーロッパのイギリス、ロンドンのシティですよ。だけど、そんなに早く強制適用することはないじゃないかと、私の独断で自主適用に変えたんです。

(1) 一七八八年に発効したアメリカ合衆国憲法の第八条第七項に、連邦議会には「郵便局を設置し、郵便道路を建設する権限」を有する、とあり、一七九二年に郵政庁が正式に発足した。一八七二年、郵政省に改称。一九七一年、郵政再編法の発効により、独立行政機関のアメリカ合衆国郵便公社(USPS)へ移行。

(2) ベンジャミン・フランクリン(一七〇六〜九〇)は、一七三七年にフィラデルフィアの郵便局長になり、五三年に郵政長官代理、七五年には大陸会議によって初代アメリカ郵政長官に任命されている。

（3）平治の乱で平重盛と戦った源義平の異名から、猛々しいほど強い人物。
（4）亀井は二〇一〇年六月八日就任、十一日辞任。
（5）二〇一〇年六月十一日未明、第一七四回国会で郵政改革法案成立が見送られたため、亀井は「公党間の約束が履行されなかった」として、菅首相の対応に不信感を募らせ、「民主党との連立解消」を主張。結局連立与党にとどまったが、金融・郵政改革担当大臣を辞任。自見が後任となった。亀井は著書『永田町動物園』（講談社、二〇二一年）に〈（菅首相は郵政改革法案の）「速やかな成立を期す」と俺に約束したが、人が良い俺はあっという間に裏切られた。俺は閣僚を辞した上で民主党を翻意させ、法案を成立させる道を選んだ。ところが参院選で民主党は大敗。結果的に、野党に相当の譲歩をして何とか成立したが、菅があのとき1週間でも会期延長を決めていれば譲歩せずに済んだのに、とやるせない〉と記している。
（6）日本振興銀行は、日銀出身の実業家、木村剛らが二〇〇四年に開業した中小企業向け融資専門銀行。二〇一〇年九月に破綻した。

第九章

国民新党の分裂と解体

国民新党党首として、第２次野田内閣でも連立政権を維持していくことに合意。左から下地幹郎、自見、野田佳彦、輿石東（2012年4月6日）

東日本大震災と金融

伊藤　二〇一一（平成二十三）年のいわゆる「三・一一」、東日本大震災の発生時はどうされていましたか。

自見　あの日はちょうど午後から予算委員会が開かれていました。第二次菅直人改造内閣の郵政改革担当大臣・内閣府特命担当大臣（金融）として、予算委員会が開かれる第一委員会室で、菅直人総理大臣のそばに座っていたら、あの大きなシャンデリアがガーッ、ガーッと揺れたんです。瞬間、これは大ごとだ、首都直下型地震じゃないかと思いましたね。左後ろに蓮舫《れんほう》という民主党の女性議員がおって、携帯をチェックして「あっ、東北地方で地震だ」と言ったので、首都直下型地震ではないとわかりました。それから予算委員会は休憩になって、すぐに国会議事堂から金融庁まで大臣車で帰ったんですが、エレベーターが動かない。金融庁のオフィスがある高層ビルの一七階まで歩いて上がりましたよ。フウフウ言うてね。大臣室の人らは顔がみんな真っ青やった。一七階だから相当揺れたと言うわけですよ。津波が来たか来んか、その頃でしたね。しばらく経ったら、内閣から「第一回地震対策会議」を開催すると連絡が入った（東北地方太平洋沖地震緊急災害対策本部会議）。総理大臣が本部長で、閣僚全員と内閣府副大臣、内閣危機管理監が本部員なんです。「すぐに首相官邸に集まれ」と。その地震対策会議は毎日開かれました。

対策本部会議議事録より

◆第一回開催日時　三月十一日（金）一五：三七〜一五：五六

◆出席者

【本部長】菅直人内閣総理大臣

【副本部長】松本龍《まつもとりゅう》内閣府特命担当大臣（防災）・環境大臣、枝野幸男内閣官房長官・内閣府特命担当大臣（沖縄及び北方対策）

【本部員】片山善博《かたやまよしひろ》総務大臣・内閣府特命担当大臣（地域主権推進）・地域活性化担当大臣、江《え》田五月《ださつき》法務大臣、松本剛明《まつもとたけあき》外務大臣、野田佳彦《のだよしひこ》財務大臣、髙木義明《たかぎよしあき》文部科学大臣、細川律夫厚生労働大臣、鹿野道彦《かのみちひこ》農林水産大臣、海江田万里《かいえだばんり》経済産業大臣、大畠章宏《おおはたあきひろ》国土交通大臣・海洋政策担当大臣、北澤俊美《きたざわとしみ》防衛大臣、中野寛成《なかのかんせい》国家公安委員会委員長・公務員制度改革担当大臣・拉致問題担当大臣、自見庄三郎郵政改革担当大臣・内閣府特命担当大臣（金融）、蓮舫内閣府特命担当大臣（消費者及び食品安全、行政刷新）、与謝野馨内閣府特命担当大臣（経済財政政策、少子化対策、男女共同参画）・社会保障・税一体改革担当大臣、玄葉光一郎《げんばこういちろう》国家戦略担当大

臣・内閣府特命担当大臣（「新しい公共」、科学技術政策）・宇宙開発担当大臣、東祥三《あずましょうぞう》内閣府副大臣、伊藤哲朗《いとうてつろう》内閣危機管理監

【その他】藤井《ふじい》〔裕久《ひろひさ》〕内閣官房副長官、福山《ふくやま》〔哲郎《てつろう》〕内閣官房副長官、瀧野《たきの》〔欣彌《きんや》〕内閣官房副長官、阿久津《あくつ》〔幸彦《ゆきひこ》〕内閣府大臣政務官、福内《ふくうち》〔直之《なおゆき》〕気象庁次長

最初から福島第一原子力発電所が大きな議題でした。それから、鉄道なんかも全く動かない。高速道路は本州の背骨の辺りを通っとるのが動いとったけれど、そこから東側へ行く道路がやられとった。陸路で物資を運ぶとか、もう大ごとやった。結局、自衛隊を出して、追加でまた出したわけですが、しみじみ感じました。大自然災害が来たら、自衛隊がなければ、この国は何も機能しないとね。

伊藤　あの民主党内閣がよく自衛隊を出しましたね。

自見　いや、もうそんなことは言うておられませんよ。枝野幸男君が官房長官でした。彼は「左」というわけでもなかったですね、弁護士だし、後に立憲民主党代表になったから左寄りなことを言いよるけど、そんな左寄りでもないですよ。そんなことよりもまず災害救援ですから。国防閣僚会議とかいうのがあって、国民新党だったからでしょうが、私もメンバーに入れられていました。そんなところは、民主党は結構気を遣ってくれましたね。総理大臣と官房長官と防衛大臣と外務大臣、あと何人かです。私、その常設委員でしたよ。

毎日、本当に小さなことまで閣僚会議に上がってくるんですよ。現場で決めきらんのでしょう

ね。機能しない。国家がある意味で崩壊しとったんですよ。「これは災害有事だ」とパッと思ったんです。だから、金融庁に帰って「俺が全部責任取る！」と言うた。被災した三県（岩手、宮城、福島）の金融行政責任があるわけです。被災地には立派な地方銀行、信用金庫、信用組合があって、経済活動を営んでいるわけです。郵便局の担当大臣でもあった。銀行の支店で犠牲者が出て、私、お悔やみに行きましたよ。

伊藤　銀行や金融機関に対して何か指示を出したわけですか。

自見　いろいろな指示を出しましたね。まず津波で貯金通帳やら預金通帳やらを流した人がいっぱいおったわけですよ。しかしお金は要るわけです。そんな人たちが申告したら、一〇万円までは出してやると。そういう非常措置をしたんです。預金通帳や印鑑を紛失した場合における預金の払戻しへの柔軟な対応、震災のため支払いができない手形・小切手の不渡処分についての配慮、貸出金の返済猶予や貸出の迅速化、生命保険金・損害保険金の簡易・迅速な支払い。こういったことを金融機関に要請しました。

　これらについては二〇一一年のうちに、『金融ジャーナル』という雑誌に寄稿して記録を残したんです[1]。政府は絶対にこんなことをしたがらないの。あとから責任を取らされるでしょう、証拠文書だからね。そんなことよりも大災害の対応を伝承するほうが大事なんですよ。まさに「桜を見る会」の公文書の問題とか、政治や歴史の何たるかを大切にすべきです。私、後世の庁内への教訓として書いたんです。後から批判を受けてもいい。官僚でこういうことを喜んでする奴は誰もおらんけれど、私が「せい」と命じて出したんです。これを読んだら、この災害有事に何を講じたかが一目で分かる。もう全部、特例措置ですよ。

伊藤　法律的な根拠はどうなるんですか。

自見　法的根拠は後から役人が考えればいいんです。政治は人の命を救うことが一番大事なんですよ。大原則は国家と人命を救うことです。そのためには超法規的なこともあるかもしれない。だけど、そんなことは構わないんですよ。それをできるのは大臣しかいないんだから。だけど何も問題にならなかった。日本は事故が起きると、最後はだいたい「金融が悪い」となるんですよ。「金融が締めた」とか「金融がケチいことをした」とかね。僕がこれを断固やったら、ある新聞が「金融上の問題は何も起きなかった」と四、五ヵ月経って書いてくれた。

よく覚えているのは、父ちゃんが「失踪」して行方が分からなくなったときに、早く生命保険をもらえるように、失踪期間を一年以上から半年にしたことです。大臣の独断と偏見で決めてしもうた。みんな、助かったらしいですよ。もう一つは損害保険、地震保険ね。損保って「入れ、入れ」とやるのに、いざ地震とかになったら、今度は厳しく査定するんですよ。津波で家が流れちゃっても、絶対に一軒一軒やかましく査定していく。そんなことをよく知っていましたから、「大臣の命令だ。航空写真を撮って、この地域は全損と言ったら全社全損にせい！」と決めたんです。そうしたら早く金が出るわけです。

伊藤　金融庁はそこまでできるのですね。

自見　そうです。金融庁は恐ろしい役所で金融大臣は強権を持っとると前にお話ししたでしょう。そうでないと金融パニックが起こるからね。「絶対に人を救うてやる」と金融大臣が鬼みたいに

石巻の移動郵便局前で被災者と話す（2011年4月16日）

なっていますから、災害立法が一番早く通ったのは金融庁所管ですよ。人間って、要するに命が失うなるのが一番嫌、その次にお金が失うなるのが嫌なんですよ。お金があったら、災害に遭うても安心する。それが人間というものです。だから私はみんなを豊かにしてやろうと。命からがら助かって家も全部流れても、金さえあるとなったら、人間、元気が出るんですよ。

それから東北三県の銀行を潰したくても潰れんような法律を作ったんです、特例法でね。預金保険機構が金を出すんですが、当然金を出す条件がある。非常にコンサーバティブなものですよ。ところがその三県だけは、預金保険機構から無限に貸してやれる、というふうに特例で法律を変えたんです。銀行も安心したけど、喜んだのは中小企業者です。それから住宅ローンを借りとる人もね。みんなが安心して生活し、商業活動を続けることができるんです。非常時はそれがポイントなんですよ、政治の要諦なんです。国会議員を長くさせていただいて分かっていましたからね。それをできるのは、大臣だけなんです。そこをパチッとしてやったわけです。

そうしたらね、いいことがあった。りそな銀行のナンバー1になった細谷英二《ほそやえいじ》が十月初め頃、金融大臣室に来たんです。「いやあ、自見大臣、びっくりした。ウチの仙台支店の預金量が地震の前より増えた」と言うわけよ。私はシメシメと思ったんです。失踪期間を半年に短くしてありますから、死亡保険が入ってきとるしね。同じ月の中頃から終わりにかけて大銀行や地方銀行の頭取が来て同じことを言う。「あんな大災害が来てどうして預金が増えたのか」と。やっぱりあんなときには、お金を豊かにさせてやらないけんですよ。亡くなった命はお気の毒ですけれど、元には戻りません。でも、生きとる人はせめて豊かに、できるだけ豊かにしてやる。もう最大限のことをしましたよ。その代わり国会でだいぶんとっちめられましたけどね。

伊藤　やっぱりやられましたか。

自見　言うのが野党ですから。だけど結果として非常によかったと思いますよ。あんなとき、一番恨めしく思われるのが金融なんですよ。江戸時代から、首を吊っとる者の足にぶら下がると言われてきたのが金貸しです。そうなったらいけません。

その後、自民党に政権が再び代わって、復興大臣に根本匠《ねもとたくみ》君がなったんです。彼は東大を出た建設省の役人で、建設官僚だったけど厚労族になったこともあって、僕は可愛がっとったんですね。復興大臣を二年ぐらいした後に、根本にどこかで会うて、「俺、大震災の時、金融大臣をしとったんだよ」と言ったら、根本が「ああ、復興のときは金融だけは本当に何も問題がなかった。その理由がそれで分かった」としみじみ言ってくれた。他は、民主党の慣れん大臣がやったから、ある意味で滅茶苦茶になりますよ。平時には政治家である大臣は口を出しちゃいけない。その代わり、そのときが来たら全部背負わないと、官僚機構は絶対に動きません。だから、震災発生直後から、被災者に対し金融上の措置を適切に講ずるよう、金融機関に繰り返し要請したんです。翌日には出したんです。

自見礼子　違いますよ。主人は日銀総裁の白川方明《しらかわまさあき》さんと相談して、その日のうちに出しています。それでね、『日刊ゲンダイ』だったと思うけれど、夕刊紙が囲み記事で、「金融庁の対応が遅すぎる」とか書いたものだから、私、抗議の文書をファクスで送りました。主人から「その日のうちに出せたよ」と聞いていたから、こんなこと書かれたらたまらないと思って、「ちゃんと調べてから書いてください」って。なのに音沙汰なしでした。

自見　そうやったか。あいつら、誰かを悪人に仕立てろうと思って嘘を書く。白川さんとはコミュニケーションがうまくいきました。金融大臣と日銀総裁が息を合わせてやれば、みんな安心しますよ。実はね、白川は小倉高校の後輩で、おふくろさんは僕の母親の俳句仲間。

伊藤　郵政のほうはどのように対応したのですか。

自見　郵政は三分社化されていたので、現場に行ったらもう無茶苦茶でした。昔は郵便局長さんが現場の全て——郵便、郵便貯金、簡易保険——の責任者だったでしょう。ところが分社化したから、郵便局長は郵便だけの責任者なの。津波が押し寄せて水に浸かっとるのに、郵便局は自転車しか使えない。軽自動車は郵便事業会社の所有で、そこが独占しているんです。責任体制が曖昧というか、いい加減になっていました。ひどい目に遭うていました。よくないと思った。郵便局の人間が隣の郵便事業会社の自動車を使おうとしたら、上まで許可願を出さなければならないんです。あれは市場原理主義の〝人災〟ですよ。官僚機構ってそうなるんですよ。だから上に立つ人が大事なんです。

原発事故と消費税増税

伊藤　このときは、とにかく東京電力福島第一原発が大ごとになります。

自見　僕はジーッと、菅直人総理を見よったけれど、彼は原子炉が大変なことになっていることを早くから知ってたね。雰囲気がどうもおかしかったもんね。閣僚会議でも本当のことを言わんで、隠しとるなと思った。東工大出の理系ですから、事態の酷さを分かっていたね。他には福島県の代議士、玄葉光一郎。彼が知っていた。だから対策会議では、総理大臣と玄葉がやかましく喧嘩していましたよ。結局後から玄葉の言うのが正しかったと分かった。だから菅総理は翌十二日、突如現地へ視察したんですよ。大変な問題になりましたよね(2)。後で玄葉に聞いたんです。「オマエ、どうして最初から知っとったんや」と尋ねたら、福島県庁に玄葉派っておるんですね。玄葉は後に外務大臣になるぐらい国会議員を長く務めているから、本当のことを教えてもらったらしいね。東電は福島県庁には情報を上げますよね。それを知っとったね。「いや、自見さん、実は県庁からの情報ルートがあったんです」と言っていた。

それで東京電力をどうするかという少人数の閣僚会議があったんです。そのとき、与謝野馨さんが民主党政権の大臣になっていました(3)。彼は消費税増税をしようと思って、菅内閣にうまく入り込んでいましたよ。菅直人が引いたんでしょうね。そうしたら地震が起きて、与謝野さんが

「自見ちゃん、大ごとだ」と。「なんや」と聞いたら、「東京電力が生体解剖されそうだ」と。官房長官と経産大臣と財務大臣ら五、六人の少人数でワーキングチームを作っとると言うんです。それで閣議の席で与謝野が発言して、私と与謝野さんが入ったんです。議長は官房長官やった。「自見ちゃんと俺、入れてもらおうやないか」と。

出席しているメンバーに弁護士が二人おったでしょう。官房長官の枝野と、枝野の前任で徳島のなかなかの男だったけど、死んでしまった仙谷由人《せんごくよしと》。東大法学部出身の弁護士で、会社が倒産したら整理するときに管財人として入るでしょう。そういう〝死体の解剖〟は何回もしとるから処理がうまいんですよ。仙谷と枝野が会議をリードしていた。でも、こいつらは生きとる企業を扱ったことはあるんだろうかと思った。

経産大臣は東京一区の海江田万里がやっとった。海江田も企業についてよう知らんように見えた。我々は自民党ですから、地元でも企業とはどんなものかとか見とるしね。私は通産政務次官を一年ぐらい経験して、電力担当もやった。関西電力から以西が担当で、以東が中曽根弘文君の担当。僕は九州電力の原子力発電所を見に行きましたよ。そんなことで勉強しました。企業って、生かしとかないと駄目なんですよ。ところが、その会議では生かそうという知恵が全然なかった。それで、私と与謝野さんが「ちょっと待ってくれ」と。で、秘書は会議に入れていいと言うので、金融庁の秘書官に「オマエ、全部メモせい」と命じたんです。それで会議を終えてから、金融庁の局長やらを集めて、「オマエら、おかしいと思ったところを言え」と。それで次の会議で指摘するわけです。それをずいぶん繰り返しました。

これはマル秘だけれど、もう言ってもいいでしょう。裁判の対象になっている東京電力の代表取締役会長だった勝俣恒久《かつまたつねひさ》。(4) 彼は電力業界のボスですし、九州電力の上とも仲がいい。あるとき、私に「会いたい」と言ってきてね、新聞記者らを全部まいて二回ほどホテルで会いました。「自見さんと与謝野さんが入ってくれてよかった。生体解剖されるところだった」と（笑）。恐ろしいですよ、民主党の人たちは。本当に倒産させて、あとは財産分与でどれぐらい取ってから補償するかという、そんな話が出よるんですから。企業は生かしとかんと富を生み出さないし、地域も回りません。補償金も出らん。民主党の人はそんなことがよう分かっとらんのですよ。与謝野さんはもう死んでしまったけど、あの人の判断は非常に正しかったですね。電力会社の上層部と話して、「これはいかん」と思って、若い頃に商工族だった僕を入れた。変な話、あの人は頭のいい人が好きなんです（笑）。あの人自体がものすごく頭がいいから、「自見さんとは話ができる」とか言うてね。僕より二期ぐらい上で、同じ中曽根派だったから、非常に可愛がってくれた。なかなかの人でしたよ。日本を愛していた。国士だったね。特に消費税への執念がありましたね。

伊藤　民主党政権が消費税率を上げたのは、与謝野さんの功績と言うべきなんでしょうね。だから大蔵省はものすごく頼りにしていた。

自見　与謝野の企みですよ。私も隠れ消費税派。どうしてかといったらね、私は医者でしょう。社会保障を一所懸命しとるわけですよ。社会保障って、先生、財源がない限りできないんですよ。日本は、高度経済成長で金がいっぱいあったから国民皆保険ができたのであって、財源を作らない限り分配できません。「安定した財源がなければ安定した社会保障はない」というのが、ずっと私の政治家としての信念です。

伊藤　二〇一二年の三月に、亀井静香さんが反乱を起こします。消費税増税法案の取扱いをめぐって野田内閣と対立し、国民新党代表として民主党との連立政権離脱を表明、しかし、自見さんをはじめとする党内の連立維持派がこれを認めず、逆に亀井さんの代表を解任します。

自見　亀井さんが「消費税増税にサインする前に国民新党から出てこい」と言ったんです。でも、野田内閣を潰そうという亀井静香と小沢一郎の企みを、僕は蹴飛ばして党を出なかった。本音を当時は一切言っていませんよ。「郵政改革法案ができていないから、まだやめるべきではない」と言うのが建前。表向きの理由です。国会でもガンガンやられたけれど、それ以上は絶対に言いませんでした。しかし腹の底ではね、「安定した財源がない限り安定した社会保障はありませんよ」とも思っていた。そんな子供のようなことをしても駄目。だから僕は富を作ることを一所懸命に考えた。使うことばかり考えていちゃあいけませんよ。結局、亀井さんに反対して、党首だった亀井さんがお殿様のほうの亀井さんの娘、亀井亜紀子《あきこ》を一人連れて出て行った（笑）。国民新党の議員八人のうち二人がいなくなって、六人になったわけ。五人は私に賛成やった。亀井静香さんには本当に郵政民営化を阻止しようという気はなかったんでしょうね、元々建設族で、郵政族じゃないから。何より彼は総理大臣になりたかったし、権力闘争が好きなんです。だから小沢さんの言うことをよう聞きよった。

伊藤　このときの小沢さんの企みは失敗でしたね。

自見　失敗です。だけど、私は、国会で半日やっつけられましたよ。亀井代表は消費税増税反対で連立解消と言っておるけれど、大臣の席に座っておる自見というのは何なんだ、国民新党の代表はいったい誰なんだ、と問われたし、社民党の福島瑞穂《ふくしまみずほ》には二〇〇九年の三党合意に明確に違反しとるじゃないか、けしからんとね。昨日まで同志やったのが敵のようになってギューッとやっつけられた。(5) 必死で防戦しました。

消費税増税が民主党政権で通ったら、次の日に財務事務次官が金融大臣室にお礼に来ましたよ。「自見大臣、よう頑張っていただきました。ありがとうございました」と。僕が野田総理と自民党総裁の谷垣禎一、公明党代表の山口那津男《やまぐちなつお》に根回ししたんですよ。それで「三党合意」（民主党、自由民主党、公明党の三党間の「社会保障・税一体改革に関する合意」で「社会保障の安定財源の確保等を図る税制の抜本的な改革を行うための消費税法の一部を改正する等の法律」）ができて、消費税一〇％につながったんです。

内閣はね、閣僚が一人辞めたら、落ち着くまでに二週間も空白が生じちゃうんですよ。ましてや消費税増税の署名をするかしないかという大事な時点で辞めたら、政局になる。それが小沢さんと亀井さんの狙い目やった。私はそんなことは百も承知ですから。

伊藤　それで政局にはならなかったわけですね。

自見　ならなかった、私が辞めなかったから。それで亀井さんと亀井亜紀子の二人がピッと出て行って終わった。

伊藤　原発の将来についてはどうお考えでしたか。

自見　これは大問題なんです。やっぱりね、原子力発電所でできた放射性廃棄物が発する放射線量が天然のウラン鉱石並みになるには、一〇万年かかるそうですよ。スカンジナビア半島の深い地層に埋め込んで「最終処分」や言うとるけど、一〇万年の間に地球は地殻変動でどんどん変わります。小泉純一郎さんが急に原発反対を訴えるようになったのも、ある意味で分かりますよ。トイレのないマンションのようなものなんです。

伊藤 だけど、今、日本が原発をやめたら、火力発電にするしかなくて、火力発電だと排気ガスがどんどん出てしまうでしょう。

自見 でも、ドイツなんかはまさに、風力発電だとか地熱発電だとか、太陽光発電とかに力を入れております。

伊藤 いや、ドイツだってまだ成功していないじゃないですか。フランスから原子力発電の電気を買ったりして。

自見 たしかにドイツも再生可能エネルギーは途上ですよ。でもね、私は、長期的には原子力発電所をどんどん減らしていくべきだと思います。あれは危ない。

伊藤 代わりがないじゃないですか。

自見 代わりはないけれど、人類が終わっちゃう。東電の福島第一原発事故はまだ運がよかったんですよ。あれが爆発しとったら、東京にも人は住めなくなっていた。そんな危険のあるものってやっぱり恐ろしいですよ。

郵政民営化法改正案成立

伊藤　少し戻りますが、二〇一一年九月に野田佳彦内閣が発足しました。野田さんをどう評価されますか。

自見　僕は野田さんのことを意外と高く評価しますね。あの人は自民党の総理大臣と何も変わらなかったですよ。松下幸之助《まつしたこうのすけ》さんの「松下政経塾」の第一期生。彼は保守ですなあ。お父さんは自衛隊のレンジャー部隊やったそうな。野田さんのどこが野党的だったか、よう分かりませんね。菅直人はちょっとそういうところがあったけどね。

伊藤　菅さんとは違うでしょうね。

自見　かなり違ったですね。野田さんは野党らしくなかった。だから助かったんですけれどね。郵政改革法案も約束通り、ちゃんと通してくれました。

伊藤　このときはやっぱり自民党ともいろいろ詰めたわけですか。

自見　水面下でね。自民党の郵政改革反対者と僕は非常に仲がいいんですよ。例えば野田聖子とかとは昔から同じ郵政族だから以心伝心ですよ。

伊藤　郵政改革の法案を通す準備をされてきて、いよいよというときに先ほども出た「亀井の乱」が起きた。

自見　そうそう、もう最後の最後に近いときに、亀井さんが逃げたんです。郵政改革法案が、もうちょっとで通るときやった。ええ加減なんですよ。

伊藤　国民新党内で郵政改革阻止を言う人は、実は自見さんしかいなかったじゃないですか。

自見　いや、大人ですから、民営化反対に付き合ってくれてはいます。けれど、心の底から考えてはいないでしょうな。

伊藤　それで二〇一二年四月六日、自見さんが国民新党の党首に就任されました。

自見　党首になる気はあんまりなかったんですけれどね。

伊藤　国民新党の党首として、四月二十七日に郵政民営化法改正案（郵政民営化法等の一部を改正する等の法律案）を通しているわけですね。

自見　ええ、無事に法律が通って、そこから一ヵ月ほどで、僕は大臣を辞めたんです。責任をちゃんと果たしましたから。

伊藤　繰り返しになりますが、郵政民営化をどのように改正したのか。元に戻したわけでは必ずしもないでしょう。

自見　ないですね。一言で言えば、田舎の採算が取れない郵便局でも取り扱いをやめないと、法律上義務づけたわけです。前に話したユニバーサルサービスです。それだけですが、それが一番のポイントです。

伊藤　それをやっていくお金はどこから出すんですか。

自見　お金は、東京、大阪、名古屋で儲けた金を内部留保すればいいわけ。簡単に言えばそういうこと。

伊藤　郵便局員は公務員には戻らなかったですね。

自見　もう公務員には戻せなかった。いっぺん民間にしてしまいましたから、それは難しいです。本当はそこまでできればよかったんだけれどもね。

伊藤　大臣を辞めたのはどういう理由ですか。

自見　政治家にとって大事なのは、上まで行ったら、やっぱり後継者、若い人を教育しなければいけないということです。だから、その年の六月四日に内閣改造されることになったから、総理大臣の野田さんに「私はもう大臣をしません」と伝えたんです。「自見さん、ぜひ残ってくれ。アンタが残ってくれないと困る」とものすごく慰留されたんですけれどね、「いや、私は辞める」と言って、郵政改革法案が通ったあとに経産副大臣をしとった松下忠洋《まつしたただひろ》を大臣にしてやったんです。郵政改革担当と金融担当です。

伊藤　これは兼務しているわけですね。

自見　郵政三事業のうち、郵便貯金は貯蓄ですし、簡易保険も金融業です。金融を押さえておかないと郵政改革はできません。ましてや三四〇兆円も国有財産を持っていましたから。でもね、松下は三ヵ月で自殺しちゃった。

伊藤　党首として後継者を育てるというのも、なかなか難しいですね。

自見　でも、与党の党首には大臣推薦権があるんです。国民新党枠が一人あるわけですから、これを使わない手はない。それで松下のあとは、下地幹郎《しもじみきお》を内閣府特命担当大臣（防災）及び郵政民営化担当大臣にしたんです。当選四回だったから、自民党の基準で言うと早いんだけど、沖縄に保守系の大臣経験者がいなかったでしょう。中国は台湾の次に間違いなく沖縄に来ますよ。そのときのことを考えたら、沖縄に保守系の大臣経験者がいることは効いてくるはずです。ただね、野田総理がこう言うんですよ。「自見ちゃん、下地を大臣にしたら、内閣が二週間保《も》たん」（笑）

伊藤　あはは、そうですか。

自見　まあ、二ヵ月で次の選挙（第四十六回衆議院議員選挙）になって下地が落選したから、そんなことにも全然ならんかったけど。

伊藤　七月に入ると、国民新党の党綱領が改正され、今度の中心課題は「教育立国による日本再起動」となりました。要するに郵政改革をやり遂げたから、次を考えたということですか。

自見　僕は党首だったけど、実はそれにはあまり興味はなかった。まあ、下地幹郎ら国民新党の若い人たちが「しよう、しよう」と言うからしたんです。「一丁目一番地」ができたから、少しモデルチェンジをしようという感じですよ。だけど私たちはシングルイシューの党で、郵政民営化法改正という非常に大きなこと、日本における平等を達成したわけです。

伊藤　この改正案が成立したことで、郵政改革を何とかしなければならないという大きな課題が、突然なくなった。

自見　そう、空白ができた。国民新党は終わりだなと思った。シングルイシューですから。だから私、辞めたんですよ。

伊藤　そこに辞めていく伏線があるわけですね。

自見　ありますね。巨大な敵と戦ったんですから。後ろでアメリカががっちりバックを固めておる小泉の最大の遺産、それをやっつけた。そう思っていましたね。人生であれもこれもはできません。

大臣時代の外遊

伊藤　大臣時代に世界各国を六回にわたって視察されています。印象的だった方といえば誰ですか。

自見　アメリカのＦＲＢ（連邦準備制度理事会）議長のベン・バーナンキとか、中国人民銀行総裁の周小川《しゅうしょうせん》とかでしょうか。フランスの大蔵大臣で、その後、ＩＭＦ（国際通貨基金）の専務理事になって、ヨーロッパ中央銀行の総裁になったクリスティーヌ・ラガルドさんが一番ですね。彼女はチャーミングな人でね。若いときはシンクロナイズドスイミングの選手だった。日本に来たとき、私、接待してあげましたよ。

来日したクリスティーヌ・ラガルドIMF専務理事と（大臣室にて、2012年10月）

伊藤　英子さんはもう秘書になっていたんですか。

自見　大臣の二年間、次女は秘書でした。大臣を辞めたら普通の参議院議員の秘書です。あの子も大臣秘書をしていなかったら、今頃は参議院議員をしていないと思いますよ。

海外視察にも私費で五回同行させて、通訳をしてもらいました。英子は英語がうまいんですよ。幼稚園の一年間、アメリカにおったし、高校の二、三年も現地で過ごしておったんです。だから何でもしゃべってくれて便利なんです。でも、FRB議長とか、各国の中央銀行総裁と会談するようなときには通訳させません。きちっと役所が用意した人にお願いしていました。私も英語をしゃべりますけれど、大臣として外遊するときは自分では絶対に英語をしゃべりません。国家と国家の記録として全部残りますからね。自分の英語が少しうまいぐらいに思って英語を使う大臣がいますが、僕に言わせれば不謹慎ですよ。英語というのは、ちょっと「the」を付けるか付けないかぐらいで、ものすごく意味が違ってくるんです。学術英語なら私はプロですから、こんなとき「the」を付けたらいいとか、「a」にしなきゃいけんとか、全部規則を知っとる。外交でもたぶんそういう規則があるはずです。だから外国との交渉は自分の英語で勝手にやったらいけませんね。

国民新党解体

伊藤　二〇一三（平成二十五）年三月二十二日に国民新党を解体して無所属になられました。

自見　最終的には三名、野間《のま》健《たけし》さんと浜田《はまだ》和幸《かずゆき》さんになって、最後には私一人になっていました。段階的に減っていって、最後は一人で解党したんです。

伊藤　その前の衆議院議員総選挙では野間さんが一人当選しているのに、たった三ヵ月でどうして自見さん一人になってしまったのかと。

自見　小さな政党は小選挙区制のもとでは極めて不利ですよ。だから綿貫民輔さんのような選挙の強い人でも落ちる。亀井久興さんも落ちた。同じ小さな政党でも、価値がある小さな政党と価値がなくなった小さな政党とは、ものすごいギャップがあります。天国と地獄、その両方を経験しました。キャスティングボートを握っていると強いですよ。

伊藤　キャスティングボートを握れなくなったというのは、どういうことですか。

自見　自民党が政権に復帰して、第二次安倍政権が始まっておった。

伊藤　解党して無所属になる前、自民党への復帰は念頭にあったわけですか。

自見　国民新党は特定郵便局という票田を持っているわけですから、最初は自民党への合流を考えたんです。だけど、当時幹事長だった石破《いしば》茂《しげる》が、「まず、国民新党を解体しろ。それが条件だ」と言ってきた。

伊藤　ほう。

自見　それで、国民新党を解体したんだけれども、石破が約束を破った。最終的には谷垣と安倍晋三が、自見を復党させせないと決めたんですよ。

伊藤　そんなことがあったんですか。石破さん自身も自民党を離党して、結果的に新進党から復党したじゃないですか。

自見　同期の二階俊博なんかも応援してくれたんですけどね。ただ、結局、私も政治家をどうしても続けようという強い意志がなかったということなんですよ。もういいじゃないか、と思った。二八年も国会議員をして、大臣をやらせてもらって、郵政民営化という小泉内閣の大仕事をぶっ潰したんですからね。

自見礼子　先生、主人がいっぱい仕事をしたことをわかっている人は、ほんの一握りしかいません。だけどその人たちのなかには、主人が目立ったことを邪魔だと思った人もいたのでしょう。

伊藤　目立つんでしょうね。

自見礼子　目立ちますよ。頑固だし。

伊藤　声も大きいしね。それなのに裏工作もできるし。

自見礼子　裏工作はしなかったんじゃないですか。

伊藤　いやいや、やっていますよ。

自見　奥さんにそんなところは見せません。（笑）

伊藤　じゃあ、もし戻ることが可能だったなら、やっぱりまだ続けていたんじゃないですか。

自見礼子　でも、私はもういいと思っていました（笑）。主人は葛藤があったみたいですけれど。

伊藤　そうですか。奥さんはそう思ってらした。

自見　私はね、なんかせいせいしていたんです。もう大きい仕事は終わったからね。無限にできるわけじゃないですから。

伊藤　最後の半年間は無所属でした。初めての無所属議員はどんなものでしたか。派閥もないでしょう。

自見　全く変わらんです。党もないけどね。もう群れなくてもいいんですよ。
伊藤　そういう気持ちになっちゃったということですか。
自見　いや、私は元々、そういう人間ですから。
伊藤　無所属になったら、委員会活動でも無所属だとあまり活躍の場が回ってこないでしょう。
自見　回ってこないですね。よいポストは何も来ない。しかし大臣を経験して、よいポストも何もないですよ。大臣をやったら上がりで、みんな長老になるんです。まず懲罰委員会に入れられる。
伊藤　長老の無所属議員ですか。自見さんらしくない。
自見　そうですかね。私はそうは思わないですけどね。自由でいいじゃないですか。
伊藤　国民新党解党から三ヵ月ほどした七月二日、ご自身のブログで「参議院選挙立候補の取りやめの表明」を記しておられます。

二〇一三年七月二日　「参議院選挙立候補の取りやめの表明」

私、自見庄三郎はこのたび、7月4日に公示される第23回参議院議員選挙において、比例全国区、並びに福岡県選挙区ともに立候補を見送ることに致しました。

参議院議員として6年間務め、その間大臣も2年にわたり務めさせて頂きました。一生懸命働きましたが、私のライフワークである「医療・福祉・年金・介護」をはじめ、やるべき仕事はまだ道半ばです。科学技術の革新イノベーションによる産業振興、緊急の課題である領土に関わる問題を含め、我が国の安全保障政策など、やらなければならない使命はまだ山積しています。再選を果たして国民の負託に応えたいと願って立候補を目指しました。

昨年4月、党是であった「郵政民営化見直し」を実現する法案が成立し、国民新党の最大の使命は終わりました。3代目の代表の私は法案が支障なく施行されるのを見届け、役割を果たした、と判断、国民新党を解党致しました。

解党以来、私は大学時代から党員であり、私の政治生活のルーツでもある自民党への復党を希望し、自民党幹部の方々をはじめ、28年の国会議員生活で培った人脈の全てを使って多くの方々にお願いし、働きかけました。自民党福岡県連からもありがたい応援をいただきましたが、遺憾ながら思わしい結果を得られませんでした。

また、保守系の他党からお誘いを受けましたが、遺憾ながらその政策が私の主張・信条と必ずしも一致せず、合意に至りませんでした。

さらに私の出身地で地盤でもある福岡県選挙区からの立候補も検討しましたが、ここは自民党など6党が候補者を立てる激戦地で、かつての自民党員である私が立候補することは、自民党票を割る事となり、県内の盟友にご迷惑をかける結果となることを憂慮し、本日7月2日、立候補取りやめを決意しました。

これらの事から、誠に残念な事ですが、私は今回の参議院議員選挙は「一回休み」とし、野に下って一兵卒となって政治活動をすることを決心しました。

伊藤　「一回休み」というね。この「一回休み」は何の意味ですか。

自見　ああ、本音で出る気はなかったんです。もう終わったんですよ、政治家としてはね。だからあとは――。

伊藤　それは国民新党を解党（三月二十二日）した段階で、ですか。

自見　そう。次の参議院議員選挙には出ませんでしたから。

伊藤　じゃあ、そのときからもう出るつもりがなかったんですか。

自見　もうなかったね。人生一サイクル、終わりなんですよ。私はね、学生運動をしたから、権力とは何かと、ただほんの試みに、権力の一番真ん中に座ってみたくなったんですよ。それだけの話です。それでちゃんと初志貫徹しましたからね。完結しとる。私は元々、政治家じゃないんですから。研究者でもあるんですから。だから、「こんな政治家もいたんだよ」と分かってもらえれば、それでいいんですよ。それだけなんです。

伊藤　「一回休み」の間、支持者の反応はどうでしたか。

自見　参議院は、衆議院ほど支持者の反応って見えてこないんですよね。

自見礼子　参議院は選挙区じゃなくて全国区から出ていたから、やっぱり少しずつ支持者の方と密じゃなくなってきたような気がします。それでもやっぱり地元の票は大事です。

自見　ただね。「政治は経営だ」とか言う馬鹿がおるでしょう。そんなのが幅を利かせておるけれども、あれは何もわかっていない。政治というのはまさに歴史の産物だし、価値観の問題です。

政治によって、一度戦争になったら三〇〇万人が死ぬんです。国土の六割が灰になるんです。その恐ろしさを厳粛に感じた上で、きちっとやっていかなければならないんです。今の政治家は甘えていますよ。権力という一つのシステムの崩壊がどんなに怖いか、それが我々の原点にありますからね。

伊藤　ご自身の政治家としての信念は貫いたと。

自見　そこで終わるのが、私の政治家としての美学です。

伊藤　一度、ソ連が崩壊した際に「辞める」とおっしゃっていましたよね。

自見　本当に辞めようと思ったんですよ。馬鹿みたいに純情でしょう。そうしたら山崎さんから「まあ、そう言わんで、おまえ、もうちょっと続けとけ」と。アレがいかんやったな。拓さんの甘言に乗っちゃったね。あの人は、女たらしでありながら男たらしでもあるからね。あの人は「四メーターの男」と言われとるんですよ。一見、真面目風でしょう。でも、右に二メーター、左に二メーターで、四メーター圏内に寄ったら、だいたい男も女もメロメロになるんですよ。僕も拓さんからメロメロにされたけ。あの人はなかなかの親分ですよ。

（1）『金融ジャーナル』二〇一一年十月号掲載の特別寄稿「金融庁における東日本大震災発生後の対応」。
（2）菅首相の原発視察については国会で批判が集中した。国会の東京電力福島原子力発電所事故調査委員会の最終報告書（二〇一二年七月五日）は「菅総理の現場視察は、現場の士気を鼓舞したというよりも、自己のいら立ちをぶつけることで、むしろ作業に当たる現場にプレッシャーを与えた可能性もある」としている。

（3）与謝野馨は『文藝春秋』二〇一〇年四月号で自民党執行部を批判して（「新党結成へ　腹はくくった」）同月離党届を提出、平沼赳夫らと新党「たちあがれ日本」を結党した。同年十二月に民主党政権から連立政権参加を打診されるも、賛成は与謝野のみとなり党内で孤立、翌年一月に「たちあがれ日本」を離党し、無所属のまま民主党会派入りして、菅内閣の内閣府特命担当大臣（経済財政政策、男女共同参画、少子化対策）に就任、社会保障・税一体改革担当大臣も兼任した。

（4）東京電力の株主が、福島第一原発の事故で多額の損害を被ったとして、勝俣元会長ら旧経営陣五人に対し二二兆円を会社に賠償するよう求めた裁判で、二〇二二年七月十三日、東京地方裁判所は元会長ら四人に合わせて一三兆三〇〇〇億円余りの賠償を命じる判決を言い渡した。旧経営陣四人は、判決を不服として、東京高裁に控訴している。

（5）亀井は消費税増税に反対し、連立政権離脱を表明したが、党内の多数が連立維持を支持したため、国民新党は分裂した。党内の連立支持派は二〇一二年四月五日、亀井の国民新党代表を解任。亀井本人は「解任無効」を表明。四月六日に代表のまま離党。福島瑞穂による質疑は三月三十日で、当初の三党合意に関する内容。

第十章

政治家引退

旭日大綬章受章記念祝賀会で家族と記念撮影

旭日大綬章受章記念祝賀会で家族と記念撮影
（2017年3月19日）

沖縄基地移転提言「「普天間」を西九州に」

伊藤　今日はね。今までお話しになっていないことをいろいろうかがおうと思っているんです。まだいろいろあるでしょう。

自見　ここに『参風』という参議院OB会の雑誌があります。一般社団法人参議院協会が年に四回ぐらい出す会報で、最近私に近況を尋ねるインタビュー企画があったんですよ（『参風』第一七〇号「会員登壇」）。

伊藤　どのような内容を話されたのですか。

自見　いろいろ話したのですが全然使われていない話があって、在日米軍沖縄普天間《ふてんま》基地の移設問題(1)があるでしょう。僕、沖縄以外に移設してやろうと思ったんです。それで根回しが全部終わっとった。

伊藤　どこへ持っていこうとしたんですか。

自見　長崎県の佐世保の近くにある大野原《おおのばる》(2)に作るか、佐賀空港はどうかと。佐世保の市長も市議会議長も商工会議所も賛成しとったんです。根回しは僕が全部一人でしたんです。

伊藤　きっかけは何ですか。

自見　鳩山由紀夫が総理大臣時代に「最低でも県外移設(3)」と言いながら、結局県外にできなかったでしょう。今でもこの問題は続いておるじゃないですか。あれは中国が一番喜ぶ話なんです。中国は台湾の次に沖縄を狙っとると、私は思っているんですよ。自民党がガンガン無理して辺野古《へのこ》に飛行場を移設しようとしとるけど、沖縄って、戦争で二〇万人も死んで、戦後すぐに本土に復帰せんで、非常にかわいそうなんですよ。本土の人から差別されとるという強烈な意識がある。だから独立運動なんかが起きやすいんです。中国が来たら日本国民をパッとやめてしまいかねません。沖縄独立運動になる。だから、いじめちゃあいけないんです。それが政治家としての私の読みなんです。

アジアの戦略上、沖縄に無理やり基地を作るなんて大馬鹿のすることですよ。中国は沖縄にいっぱいお金を入れよるんですよ。ちゃんと先を見とる。中国はやっぱり五〇年、一〇〇年先を見て政治をしていますから、そんなところは抜かりないんですよ。総領事館を那覇《なは》に設置したいと打診したと報じられたけど、日本国政府がさすがに認めていませんね(4)。

私も若い頃に医学博士論文で「沖縄県におけるベーチェット病の調査」を書くために一ヵ月以上滞在して、沖縄県二六五の診療所を全部回りましたもんね。だから沖縄には思い入れがあるんです。新婚旅行も沖縄に行きましたしね。

伊藤　結局その移設案はどうなったんですか。

自見　鳩山に話したら、鳩山はこれに飛び付いた。だけど、時すでに遅し、だった。それで今度、第二次安倍政権時代、首相官邸に行って安倍さんに言うたら乗ってきたんです（二〇一三年二月一日）。ちゃんと会談を記録した録音もあります。国民新党と民主党のときから動き出して、民主党政権内では話が実現せずに、自民党に政権交代したときに、すぐに安倍さんに持っていったんです。で、安倍さんは、「石破さんに話してくれ」と。当時、石破茂は幹事長やった。そうしたら石破が無視して一切取り上げられないで終わっちゃった。石破が潰したんですよ。

伊藤　どういう意味ですかね、石破さんは。

自見　ようわからん。アレは私の一期下ですが、私に対してものすごく悪いんです。前にも話しましたが、自民党に復帰したいというときも、アレが幹事長で反対したんです。ちょうど同じ時期やった。自分のことは棚に上げて、私を邪魔した。

伊藤　石破さんは安倍さんとも合わないでしょう。

自見　全然合わない。一番かわいそうなのは沖縄の県民ですよ。この話は防衛省事務次官ＯＢの増田好平《ますだこうへい》と一緒にしたんですから、エエ加減な話やないんですよ。北朝鮮からミサイルが撃たれたら緊急アラームがワーッと鳴る。あの法律は私が作ったと前にお話ししたでしょう。衆議院の国民保護法と武力攻撃事態等への対処に関する特別委員会の委員長として、国民保護法制に取り組んだんです。このときの審議で、政府側の答弁に当たったのが、当時内閣官房審議官の増田好平で、この法律を作って彼は出世して防衛省の事務次官になったんです。

伊藤　しかし、基地移転は大事な問題ですね。

自見　もう一つ言えば、秋田県と山口県に配備を目指した陸上配備型イージスシステムの「イージス・アショア」計画を、防衛大臣の河野太郎《こうのたろう》が突然撤回したでしょう。(5)自民党幹事長の二階が「党のほうに相談が全然ない」って、エライ怒った。河野太郎という男を、僕はよう知っとるんですよ。僕は自民党の環境基本問題調査会長を五年して、そのとき河野は環境部会長をしていたんですが、我々はもう苦労したんだ。

伊藤　言っていることは、そんなおかしいことはないでしょう。

自見　言葉はまともに聞こえますよ。あのね、こんなことは誰も言わないけど、北朝鮮がミサイルを撃ってきたとき、こっちからイージス・アショアで迎撃しようとするでしょう。その際、ブースター（推進補助装置）が落ちて、ひょっとしたら日本側に被害が出るかもしれん。戦争ってそんなものですから。大変申し訳ないけれども人が犠牲になるかもしれん。でも、何も策を講じなければ、北朝鮮の弾道ミサイルが東京に飛んできたら二〇～三〇万人死にますよ。

伊藤　太平洋戦争では自見さんの地元の小倉も原爆の対象地になっていましたね。

自見　そう。昭和二十年八月九日、小倉は曇っていてよく見えないというので、B－29は長崎へ向かったんです。小倉は煙って朝曇りしていたの。江戸時代から「豊前の朝曇り」って有名なんよ。関門海峡の流れと気流の関係でね。NHKラジオが「敵機が豊後水道通過。小倉の皆さん、防空壕に入ってください」と放送しとったそうで、僕のおふくろや兄貴は防空壕に入っとったんですよ。その前日は隣町の八幡が空襲に遭っとった。一機がグルグル四十分ぐらい回った。おふくろと兄貴は「今日はおかしいね、B－29が一機しか来ん」って言いよったら、「小倉の皆さん、空襲警報解除。敵機は長崎市へ向かった模様」って、ラジオが言ったのを聞いた。もし原爆が落とされていたら、おふくろの腹の中に入っとった私も死んどるんですよ。だから、八月九日には小倉でも長崎原爆慰霊祭があるんです。私、国会議員になってから毎年参加させていただいていました。平和の鐘（長崎市から贈られた「長崎の鐘」）を鳴らしながら複雑な気持ちだったねえ。生と死って、紙一重なんですよ。世代が変わって、もう戦争がどんなものか、よく分からなくなってきているんじゃないですかね。

コロナと保健所

伊藤　今回の新型コロナウイルスが流行り始めた状況をどうご覧になっていましたか。最初こそ、他国と比べて死者が少ないと言われたけれど、その後は対策の遅れが「ひどい」と批判されましたね。

自見　まあ、日本には日本の問題があるとして、アメリカの医療体制のひどさが際立ったとみています。アメリカは普通の人が普通に医療機関にかかれないのです。私が二〇〇七年のインタビュー「アメリカに「右へ倣え」の医療制度改革」（『月刊保険診療』二〇〇七年一月号）で言ったことが、その通りに起きています。アメリカは医療保険に入れない、無保険者が四七〇〇万人もいるんです。インタビューでも言っていますが、アメリカの破産理由で一番多いのはクレジット、次が医療なんです。四七〇〇万人は医療保険に入れないから、病気になったら破産してしまう。心臓手術を受けたら自分の会社を売らなければならない。大腸癌だとわかっていながらその手術もできない。これがアメリカの現実です。

このように社会保障を切り捨てて、医療そのものも市場原理主義によって効率的に行われているのだとすれば、アメリカの医療費はさぞや安上がりだろうと思うかもしれません。しかし、実態はまったく逆です。総医療費は、世界でダントツの一九〇兆円なんです。これだけの医療費をかけて、平均寿命は世界で二四番目。なぜ世界一の長寿国である日本が、アメリカの医療制度を見習う必要があるんですか。これが僕の基本的な思想です。

自見礼子　二〇〇六年に小泉さんが「骨太の方針2006」(「経済財政運営と構造改革に関する基本方針2006」)というのを出されて、毎年二二〇〇億、五年間で一・一兆円医療費を削減しようとしたんです。アメリカの医療制度を後追いして。それで主人はすごく危機感を覚えて、「これは何とか止めなければ」と頑張ったんです。そこでちょうど二〇〇九年の政権交代になったんですよね。

自見　そう。それで「骨太の方針2006」は頓挫したんです。私は民主党と国民新党の連立政権で、医療費を二回増額しましたよ。

自見礼子　あのまま小泉さんの政権が続いていたら、日本の医療も崩壊していたと思います。

伊藤　じゃあ、今はそういう動きはないのですね。

自見　そういう傾向が少しあるくらいかな。でも、小泉ほどひどくはない。小泉は史上最大に医療費を削減した。要は何が大事なのかという話です。社会の中で、人の命ほど大事なものはないじゃないですか。

伊藤　でも、小泉さんたちにとってはそれがお金だったのですね。

自見　あれは竹中平蔵ですよ。竹中の新自由主義です。これが影響力を持ちすぎた。

伊藤　竹中さんの影響はいろいろなところに波及するのですね。郵政民営化もそうでしょう。

自見　その通りです。前も言いました通り、三四〇兆円の貯金のうち一七〇兆円が失うなってウォール街に行ったんですから。

伊藤　しかし、それほどいいはずの日本の医療制度なのに、あまりそういうふうに言われていませんね。

自見　それはみんな勉強していないからですよ。まあ、でも、もちろん悪い点もあってね。たとえば、ＰＣＲ検査を保健所でしとったでしょう。あれがダメだった。厚生行政と日本のシステムをよう分かっていないんですよ。保健所というシステムは昭和三十年ぐらいまでは世界最高ののだったんです。あれだけ多かった結核を一掃できたのは保健所のシステムのおかげです。全国に八四八あったすごいシステムなんですよ。ところが、結核が昭和二十六年に死因の一位でなくなったら、保健所がだんだん暇になってきたんですよ。それで今は高齢者のメタボ健診とか、あんなのをやりよるわけです。メタボになっても、人はすぐには死にません。それで保健所が行政改革でバタバタ減らされて半分ぐらいになっちゃった。我々は保健所の機能がいかに落ちているかよく知っていますよ。そこに仕事がたくさん行き過ぎちゃったから、こなしきれなかったわけです。我々はよく知っていますよ、保健所がどんなものかね。普通は分からないです。でも、もう政界を引退しているから、私が前に出ていくことはいけないと思って、動くことはしませんでしたけどね。

今コロナのせいで格差が広がっとるですね。生活が苦しうなっている人が多い。本気になって、政治をせにゃいかん。今、政治が一番働くべきときですよ。

引退後の生活、英子の政界進出

伊藤　さて、二〇一三年に議員を引退されて、いろいろ生活が変わったと思います。北九州と東京、それぞれの拠点は維持されているのですね。

自見　娘がたまたま三年後の二〇一六年に参議院議員選挙の比例区で通りましたからね。それでもやっぱり一年半準備したかな。かなり手伝いましたよ。議員を辞めたあとも北九州に「じみ庄三郎事務所」を置いていて、娘が出ることになったので、その応援をすることにしたんです。いいんですよ、支持者も来やすいから。

伊藤　そういった活動は続けておられて、でも、生活面ではそれまで議員歳費をもらっていたのに、今度は歳費、政治献金が入らなくなります。そのあたりのことはどうお考えだったのですか。

自見礼子　主人の父が経済に明るい方で、土地を買うのが好きだったおかげで、その家賃というか地代があるので、主人は生活のことは基本的に心配していないんですよ。北九州の地価がガタンと下がったので、価値は半分ぐらいになりましたけど、主人は「働かないでも生きていける」と思っている。それに医師免許があるでしょう。だから、ずっと「自分が議員として働けなくなったら、無医村の島かどこかに行けば、家族ぐらいは養えるかな」と言っていましたよ。

伊藤　それならいいじゃないですか。

自見礼子　でも、そういう基盤があるから、主人は政治家として悪いことをしないで済んだんじゃないかと思っているんです。主人の母がクリスチャンで「人のために尽くしなさい」という方だったというのもあるでしょうけれど、主人には「個人の金儲けのために政治家になったのではない」というのが大前提としてあります。政治家というポジションを利用して、自分のお金を稼ごうなんてこれっぽっちも思っていないし、これっぽっちもしていない。主人がダーティーなお金を蓄えているような人間だったら、娘が政治家になるときに、皆さんが理解してくださらなかったでしょう。

伊藤　秘書だった娘さんは、自見さんが議員を辞めたら失職したわけですか。

自見　失職も何も、娘の本職も医師。小児科医です。

伊藤　秘書時代は診療していなかったんですか。

自見　いや、虎の門病院で非常勤をしていたんです。金融庁のすぐ目の前でしょう。午前中は病院に行って、午後から金融庁へ来ていて、医長の許可をいただいて、両方掛け持ちしていたんです。でも、娘だから大臣秘書官にはしませんでした。

伊藤　大臣秘書ではあったけれども、大臣秘書官にはされなかった。

自見　そうです。自分の子供を無理矢理大臣秘書官にして、何かで揉めて週刊誌に叩かれた大臣は多いです。

伊藤　自見さんの後援会の人たちが、今、英子さんの支持者になっているのですか。

自見　福岡県旧四区ではね。

自見礼子　だから国会開会中、英子が地元の冠婚葬祭とかに顔を出せないときは、主人が代わりに行くから忙しいんです。

自見　娘の代わりに親父が行くって、変な話ですけど。

伊藤　そもそもお嬢さんの英子さんが参議院議員になられたのには、どういった経緯があったのですか。継がせようという気持ちはあったのですか。

自見　そんなものは何もなかったね。私は九州男児の古い男やから、娘を政治家にしようなんて思いもしなかった。秘書にしたって、僕に便利がいいし、いい経験をさせてやろうと思ったから頼んだまでです。

伊藤　ほう。そうなんですか。

自見　僕がハーバードから帰ってきたとき、英子はまだ小学生にも上がらんくらいだった。それからずっと、選挙事務所の中で育ったようなものですからね。本人の性格も、政治家向きやった。そこに、たまたまチャンスが転がってきたんです。自民党総裁の安倍さんが「今度の参議院議員選挙では、日本医師会と特定郵便局は女性を出しなさい」と条件を付けたようです。しかしね、医師会で政治家になりたいような奴はゴロゴロいるけど、女性でということになると、なかなかいないんですよ。なにしろ、男性優位で女性があまりいない三大社会といえば、日本相撲協会と日本医師会と自由民主党ですから。嫌われていた自見庄三郎の娘であってもね。（笑）

自見礼子　本当に娘を推薦していただいたのは奇跡のようなものですよね。

自見英子（はなこ）、参議院議員として初登院（2016年8月1日）

自見　安倍さんに「女性」と言われて、日本医師会会長はものすごく困ったわけですよ、おらんですから。そうしたら、「ちょうど自見の事務所に娘がおる」と思いつかれたんでしょうね。当時、日本医師会会長だった横倉《よこくら》義武《よしたけ》さん、世界医師会会長もされた立派な人が引っ張りだしてくれました。だから娘は、二〇一四年十二月に次期参議院議員選挙の組織内候補になって、一年半後の選挙で当選を果たした。ホイッと珍しくまとまったんです。医師会の組織内候補はそれまで、日本医師会副会長をした人が参議院に降りてくるという流れだったんです。だから女性の勤務医で三十代というのは異例中の異例やったんですな。

伊藤　英子さんは二度目の参議院議員選挙も当選されました。まずは順調と見ておられますか。

自見　いや、この二年間は応援で大変でした。町会議員でも村会議員でも、あらゆる選挙で二回目は大ごとなんです。一回目は本人も分からずにもう無茶苦茶やるんですよ。応援してくれる人も一所懸命してくれる。でも二回目は「もう一回目通ったけん、いいんじゃないの」って、必死にはやってくれないものですよ。人間って、やっぱり一回しか興奮しませんからね。二回目を通るには、やっぱり組織をきちっとしておかないとね。それに加えて、選挙ってやっぱり興奮も要るんですよ。そういうふうに組み立てないと落ちるんですよ。

そこら辺で非常に苦労しました。ご存じのように、日本医師会が推薦してくれたことは大変ありがたかったんですが、日本医師会始まって以来初めて、参議院選の出陣式（二〇二二年六月二十二日）の時と、投票日（七月十日）の時とで、日本医師会会長が交代していたでしょう。組織がガタガタしていたから、僕は心配しましてね。でも、埼玉県の医師会出身で日本医師会の常任理事だった松本吉郎《まつもときちろう》さんが新会長になられた。それを仕掛けたのは、横倉さんなんです。横倉さんに付いとけば、政争に巻き込まれないで済むだろうと。

伊藤　娘さんは医師会には入っていたんですか。

自見　英子は東大の医局に入っていましたから、参院選の候補になった頃はB会員になっておった。開業医じゃないから、医師会も安心して担げるんですよ。

伊藤　日本医師会推薦候補と決まったら、全国の医師会が全部応援してくれるわけですか。

自見　おかげさまで英子の場合はしてくれたんです。分裂することもあるんですよ。武見太郎の息子の武見敬三《たけみけいぞう》が当選しなかったことがあったでしょう。私が出た二〇〇七年の参議院議員選挙。

このときは分裂したんです。その昔、武見太郎が医師会会長で、社労族のボスだった橋本龍太郎を同じ慶應閥で可愛がっておったんです。武見敬三は医者じゃなくて、国際政治学者でしたけどね。

私と龍ちゃんの関係が古いことは前にお話ししたでしょう。私が三十九、四十ぐらいの頃から可愛がってもらいましてね。社会労働委員会、社労族として上がってゆく階段、出世街道ってあるんです。僕は自民党で十五年ぶりにお医者さんの国会議員になったでしょう。私みたいな馬鹿、とんぴん（お調子者）はおらんかったですよ。お医者さんで自民党の衆議院議員になろうなんてね。普通ならんですからね。そういう男なんです。だから、ほったらかしとっても、厚労省は医療に関することは私に相談に来ないといけんわけですよ。

第二次岸田文雄《きしだふみお》改造内閣で、英子は内閣府の大臣政務官になりました。以前は厚生労働政務官でしたが、内閣府に二〇二三年四月一日から「こども家庭庁」ができるでしょう。そこを所管する大臣政務官、要するにナンバー3になったんです。自民党ってエエ加減なところでね、こども家庭庁を創設するのに小児科医がおらんやった。自民党と公明党で小児科医は自見英子だけですから。それで娘と（自民党参議院議員の）山田太郎《やまだたろう》さんが中心になって取り組んできたんですよ。本人が一番希望しとったところですからね。そのことは、自民党の人は誰もが認めてくれている。自見さん、一所懸命しよったからな、小児科のお医者さんでもあるしと。やっぱり一所懸命やっておかんと、批判が出るんですよ。自民党というのは恐ろしいところでね、見てないようで、みんな見とるんですよ、黙っとるけど。で、評価しよるんですよ。部会だと、上座に大臣経験者がだいたい座っていますよ。でも、ものは何も言わないよ。でも見ている。部会のたびに身内のテスト。「あいつはどんな意見を言うか」とかね、聞いていますよ。恐ろしい世界。チェックが右から左からみんな入ってくる。上から下から。役人も評価して、族議員の大物に伝えますよ。

「運のいい男」

伊藤　英子さんについては、他にもおめでたいお話があるじゃないですか。

自見　ハハハハハ、我が娘が橋本龍ちゃんの息子の橋本岳《はしもとがく》さんと結婚するとはね（笑）。人生って、生きとったら、いろんなことがあるんだなと思いました。死んだ婆さんなんかが聞いたら、腰を抜かしとる。僕は七十五歳を過ぎて、出雲の神様がすることに驚愕しちゃいましたよ。二〇二一年十二月にきちっと入籍しました。

変な話かもしれませんが、コロナウイルスが発生して、ダイヤモンド・プリンセス号がなければ、結婚なんかしていませんよ。自ら志願をし、加藤勝信《かとうかつのぶ》厚労大臣の命令によって三週間、英子は岳さんと二人で船に乗ったんです。政治家の奥さんになるって、皆さん方が想像しとるより、ずっと厳しいんですよ。岳さんの子供四人の面倒を見るという話で、英子らしい話でええと思うとる。本人が喜んで嫁に行くって言うけん。岳さんのお母さんが英子をすごく好いてくれたんよ。「英ちゃん、英ちゃん」と言うてくれてね。

伊藤　政治家の奥さんといえば、自見さんの奥さんにも感謝しておられるでしょう。

自見　耐えてくれたんですよ。やっぱりね、私みたいな百姓の家の流れと武士の家は違う。礼子は三十五代続く武士の家の娘でしょう。誇りがあるんですよ。ちゃんとしとる。見合いは一遍しかしとらんのですよ。それで結婚した。死んだ婆さんが「庄三郎、旧家の娘はええとこがあるどな」と言った。それを一生覚えている。私はもうだいたいエエ加減な人間だからね、「結婚だけは一遍しかすまい」と思っていたんです。相手が逃げない限り、もう決め打ち。だから、婆さんの言葉は、やっぱり合うとったね。

伊藤　自見さんにお話をうかがってきて、最後に本当に尊敬できる政治家は誰か、というのを聞いてみたいと思いました。どうですか。山崎拓さんは実は尊敬の対象ではないでしょう。

自見　いや、尊敬という言葉がふさわしいかはね……。でも、一番長くお付き合いがありますからね。

伊藤　私は何となく「腐れ縁」という言葉が思い浮かんでしまったのですが（笑）。本当に、この人は素晴らしいと思うのは誰ですか。

自見　近くから見ていて、中曽根さんという人は優れていましたね。非常に目が詰んでいた。

伊藤　なるほどね。

自見　私も立派に利用されたというか活用されて、ある意味で能力を活かされた。私は中曽根派最後の大臣ですから、中曽根さんには恩義がありますよ。お世話になった時間としては非常に短いものでしたが、実に有意義なことをおっしゃる方でした。思い出すのはね、鄧小平が来ていたから、「何か言ってましたか」と聞いたら、「中曽根君な、一四億の人間に飯を食わせるってどんなに大ごとか、わかるか、と鄧小平が言った」と言うんです。

伊藤 ほう。

自見 「おまえは一億なんぼか知らんが、一四億の人間に飯を食わせるって、どれくらい重たくてきついことか、わかるかね」と言われたと。中曽根さんが鄧小平のその言葉に感心したという気持ち、わかりますよ。政治家っていうのは、最低限ね、国民に飯を食わせてやらなきゃならんのです。やっぱり衣食足りて礼節を知るんですよ。

伊藤 昔、三角大福中と言ったでしょう。

自見 三角大福中はそれぞれに優れていましたよね。その後がいないですね。

伊藤 安倍さんという人をどう評価しますか。

自見 安倍さんですか。老練な山口県の政治家だったですな。そんなところじゃないですか。

伊藤 では、最後に一言、いかがですか。

自見 僕はありがたいことに運がいい男よ。三十八歳で国会議員に奇跡の当選を果たして、五十一歳で大臣になれたし、六回も大臣を務めることができた。ちょっとよすぎるよね。だから、のぼせ上がっちゃあ駄目よって、いつも自分を戒めています。まあ、僕はボロクソに言われても構わない。死ぬまで市場原理主義、共産主義のドグマとの闘い、特にウクライナ侵攻後の世界史的な変化を注視していきたいと思っています。まだまだ頑張らないといけませんよ。これまで以上に謙虚にね（笑）。

（1）沖縄県宜野湾市の普天間基地移設問題は、一九九五年の沖縄米兵少女暴行事件を契機に、整理縮小案として持ち上がった。九七年には移設候補地として名護市辺野古が固まったが、その後も建設の是非をめぐって議論が続いている。
（2）陸上自衛隊大野原演習場（長崎県東彼杵郡東彼杵町）がある。
（3）普天間基地移設問題は、二〇〇六年に名護市辺野古の米軍基地キャンプ・シュワブへの移設が決まり、一〇年ぶりに動き始めていたが、〇九年に民主党が政権を取る過程で、鳩山由紀夫首相は同年八月、「最低でも県外移設」と宣言し白紙に戻した。辺野古移設への反対運動が勢いを増し、県と名護市も反対に転じた。鳩山は「二〇一〇年五月末までの決着」を約束したが、代替案を準備していたわけではなく、日米関係も悪化させた。結局翌年五月下旬、「二〇〇六年合意」をほぼ踏襲した辺野古移設案で日米両政府が改めて合意。反発した社民党は連立政権を離脱。鳩山は迷走の責任を取り、六月二日に首相辞任を表明した。
（4）中国は二〇〇八年末、沖縄か新潟への総領事館開設を求めた。両国の調整の結果、二〇一〇年六月に、新潟に中国の総領事館が新たに開設された。中国の駐日総領事館は札幌、名古屋、大阪、福岡、長崎に続き、六都市となった。
（5）二〇一九年六月に『秋田魁新報』が防衛省のずさんな調査報告結果をスクープ。翌年六月十五日、河野太郎防衛大臣が秋田、山口両県に「イージス・アショア」を配備する計画の停止を表明。同月二十四日に政府が計画を撤回し、ミサイル防衛政策が見直されることになった。

付録

(1)第一六九国会参議院内閣委員会（二〇〇八年五月十三日）議事録より自見氏発言部分（国会会議録サイトより転載）

○自見庄三郎君　ただいま委員長から御指名をいただきました自見庄三郎でございます。

国民新党の副代表をさせていただいておりますけれども、参議院では統一会派、民主党・新緑風会・国民新・日本という会派を組ませていただいておりまして、この参議院では四人、統一会派を含めて、衆議院では六人でございますか、少数会派でございますけれども、こういった本当に統一会派を組ませていただいた民主党さんのおかげで今日こういった質問の機会を与えていただきまして、また、委員長始め、かつて二十二年私がいさせていただきました自由民主党の皆さん方に心から厚くお礼を申し上げる次第でございます。

さて、ただいま議題となりました地域再生法の一部を改正する法律案、また構造改革特区法の一部を改正する法律案について、今日は増田国務大臣、あるいは地域活性化担当大臣と申しますか、まさに県知事さんをされて、国務大臣をしておられる増田大臣にいろいろ質問をさせていただきたいと、こう思っております。

地域再生と申しますか、地域の活性化と申しますか、そういった法律、もう増田大臣御存じのように、戦後いろいろな法律を作ってきたわけでございます。国破れて山河ありと、この国は六十二年前、第二次世界大戦、太平洋戦争で無条件降伏した国でございまして、御存じのように、昭和二十一年は、当時、裁判官で、絶対にやみ米を食わないと、こういう裁判官が餓死をしたということが昭和二十一年にあったわけでございまして、昭和二十一年、この日本国はまさに国破れて山河ありと。

国家あるいは地域社会が、最低限人間が生きていくカロリーと申しますか、私は本職、医師でございますから、人間が生きていくためには食料、空気、水と、これだけあれば逆に生きていけるんでして、何もこれ、百年前、千年前に何もテレビがなくても自動車がなくてもちゃんと人間生きてきたわけですからね。しかし、その最低限のカロリーですら実は日本国が供給はできなかった、そういった大変悲惨な状態にわずか六十二年前はこの国家はあったわけでございますね。

それから、御存じのように、昭和三十年、私は昭和二十年の十一月五日生まれでございますから、小学校三年生のころですね、それから、御存じのように、十八年間、平均一六％の経済成長率を達成した国であります。その後、今度は十六年間にわたって平均年率九％の経済成長をした国でございまして、世界の百九十二、今国連に入っている国がございますが、もう少し地域を入れれば、バチカンなどを入れれば多くの国になりますが、国連加入国百九十の中で、古今東西の歴史の中でこれほど急速な経済成長をした国家というのはもうほかにないわけでございましてね。

また、マックス・ウェーバーという世界的な思想家がおりますが、マックス・ウェーバーの有名な本の中に、御存じ、プロテスタンティズムというのが非常に資本主義を発展させたと。この前、私はこの委員会で大田大臣〔大田弘子〕にも、そのプロテスタンティズムあるいはピューリタニズムがいかに資本主義の発展に関係があるかということを少し質問させていただきましたが、マックス・ウェーバーも、極端な話、キリスト教圏じゃないと資本主義というのはもう起こり得ないんだということまで当時言ったわけでございますが、御存じのように日本国、明治以来、アジアの国がほとんど植民地になる中で、日本とタイだけが植民地じゃなかった。

お隣の中国、今日は本当、四川省で大きな地震が起きて、この前胡錦濤国家主席がおいでになられました。昨年の十二月、小沢一郎党首が代表で民主党の国会議員も訪中されましたが、私もたまたま民主党の方から行かないかと言われました。副団長として胡錦濤国家主席と昨年の十二月、北京で会わせていただいたわけでございますが、先日、日本を十年ぶりに中国国家元首として訪日されて、お帰りになられてすぐでございました。大変お悔やみを申し上げるとともに、一万人以上の方が亡くなられたという報道を今聞いてきたわけでございますが、心からお悔やみ申し上げるとともに、まだ負傷された方もたくさんおられるわけでございますし、ひとつ本当に、日本国政府としてもできるだけの救援が、もし要請があればしたいというふうなことを、今日、岩城〔光英〕官房副長官もおいでございますが、その辺は本当に、いろんなことが歴史上あっても、やはり未来志向のお互いの国であると、こう思うわけでございますから、そういうことをしっかり、今日、官房副長官あるいは国務大臣もおいでございますから、お願いをしたいと思うわけでございますが。

さて、少し話が長くなりましたが、そういった中で、日本国、どんどん発展してきたわけですね。その中に今、戦後いろいろな実は地域振興の法律というのが、御存じのようにこの五十二年間あったわけでございまして、ちょっと国会図書館から資料をいただきますと、どういう法律があったかと申しますと、まず、これは産炭地域振興臨時措置法という法律が昭和三十六年。今日は中川〔義雄〕先生もおいでございますが、九州と北海道、筑豊炭田と、これは北海道の炭鉱。もう石炭から石油へという本当にエネルギー転換によりまして、御存じのように、エズラ・ヴォーゲルさんという学者がおられますけど、これは「ジャパン・アズ・ナンバーワン」を書いたハーバードの教授ですが、彼が、日本が何でこれだけうまく戦後の、アジアの中でたった一つ、百四十年前に近代化を起こして、西洋の列強の植民地にもならず、そして戦後これだけ復興してきたのかということを、アメリカの学者というのは七年に一遍、実は大臣、休みを取りまして、これがサバティカルといいまして、一年間休みを取るんですよ。その間、自由に、世界どこに行っても、研究していいんですが、日本に来まして、何で日本が高度経済成長をしたのかというその秘密を、彼は、その一つはこの石炭から石油へというエネルギー革命が実に日本はうまくいったということに実は重きを置きまして一年間研究しておられるんですね。そうしますと、世界のあらゆる先進国といいますか、イギリス、フランス、ドイツ、アメリカ等々の国ですね、石炭から石油へというエネルギー革命が日本ほどある意味でスムーズに、ドラスチックに行われなかったというんです。

御存じのように、産業革命って何で起きたかといいますと、それはもう御存じのように、鉄と石炭で起きたわけですからね。どんな国だって石炭というのは非常に国の基幹産業でございますし、あらゆる近代資本主義国において、財閥というのも大体石炭から起きてきているんですよ、日本のみならず。日本だって三井、三菱、住友、古河、これ例外なく炭鉱ということで原資蓄積をしまして、それから大きくなってきたというのが常でございまして、また労働運動の方も石炭労働者というのは極めて大きな団結心があっていますから、どの国においても石炭労働組合というのは大きな力を持っていますからね。

そういった意味で、石炭というのは非常に重要でございまして、どこの国もなかなか石炭と、石油へというそのエネルギー革命、うまくいっていないんですよ。やっぱりもう強大な、大体資本の側と申しますか、保守の側も、炭鉱業というのがございますし、労働組合でも一番、かつて強いというのは石炭労働者でございますから、なかなかここら辺に政治的に難しい、もう大臣御存じのように力学が働きまして、なかなか石炭から石油へというドラスチックな展開ができないんですよ。

ところが、日本だけ実は石炭から石油へという実にエネルギー転換が、当時の私は通商産業省の方、あるいは政治的に非常に安定していたということが基本にあったと思いますけれども、何よりも国民が、戦争が終わってもうやはり今後は軽装備、通商国家でいきたいんだと、もう戦争は懲り懲りだ、やはり豊かになりたいと、そういった願いが強くあったということも私は基盤にあると思いますけれども。本当に、エズラ・ヴォーゲルさんが、「ジャパン・アズ・ナンバーワン」の著者がこれをきちっと分析していますよ。

その結果、今日は通産省の出身の方もおられますが、実に旧産炭地、これはもう本当に疲弊したんですよ。それから、もう北海道の今、夕張市が財政再建で有名になっておりますけれども。そのために、石炭六法という法律作りまして、そして大体四十年続いたんです。四兆円のお金を入れまして、財政支出四兆円、石炭六法を作りまして産炭地域振興事業団という事業団をつくったんですよ。それで、石炭鉱害復旧事業団という二つの事業団をつくりまして、今でいえばびっくりするような話ですけれども。そして、石炭特別会計、特別会計でいろいろもめていますけれども、石炭特別会計という会計をつくりまして、大体毎年一千三百億円ぐらい、私が国会議員にならせていただいたときもございましたが、そういう産炭地域振興法がこの地域振興関係法の最初だという、少し説明が長くなりましたが、この法律があります。

それから、工業再配置促進法、高度技術工業集積地域開発促進法、いわゆるテクノポリス法ですね。それから、地域産業の高度化に寄与する特定事業の集積の促進に関する法律、これは頭脳立地と、こう言われるわけでございますけれども。それから、これは県知事さんをしておられたからよく御存じのように、過疎地域自立促進特別措置法、過疎法ですね。それから、離島振興法、半島振興法、総合保養地域整備法、リゾート法ですね、いわゆる。それから、山村振興法、特定農山村地域における農林業等の活性化のための基盤整備の促進に関する法律、それから昨年できた企業立地促進法というのがあるようでございますが、こういったいわゆるいろいろな地域立法があるわけですね。

今言いましたように、私は旧福岡四区、田川市、田川郡というのが三十八から五十まで選挙区でございました。当時、田中六助先生という大変な力のある先生と一年二か月だけ一緒に旧福岡四区で働かせていただきましたが、先生は一年二か月で亡くなられまして、後は本当に旧産炭地の田川市、田川郡、この産炭地域振興法という法律が本当に苦労させていただいて、一番最後、これ二〇〇一年に終わりましたが、最後まできちっと私は、何といいますか、実質的にこれを激変緩和措置千七百億円の、今は経済産業省の事務次官になっている方がちょうど石炭部長でして、一緒に、たまたま私が自民党の福岡県連会長ということもございまして、福岡県にとって一番大きな問題が石炭六法の後どうするかという問題でございましたから、下働きを〔八〕させていただいたという経験がございます。

そして、私は、二十五年、一九七三年から国会議員をさせていただいて、一年十か月はブランクがございましたけれども、本当に地域立法というか、地域の活性化はもう難しいなというのが私の率直な感想ですよ。

それからもう一つは、北九州市の出身でもございまして、北九州は半分が、何というんですか、選挙区でございました。そうなりますと、御存じのように、アジアで一番最初に近代溶鉱炉ができたのは我が町八幡、北九州市でございまして、鉄鋼業の発祥の地でございます。今でも新日鉄八幡製鉄がございますが、ここはもう当然、八幡に行けば鉄の城下町ですね。田川市に行けば、これはもう当然、当時三井石炭の城下町。まさに、製鉄業と石炭の城下町というところが生まれふるさと、選挙区ということもございまして、もう御存じのように、重厚長大から軽薄短小ということで、あるいは産業構造がハードからソフトへと、もろに、北九州市もかつては鉄の町、素材産業の町として栄えたわけでございますが、それがどんどんどんどん重厚長大から、産業構造が、まさにＩＴだ、あるいはソフトだと、そういうふうに転換していくと。町も産業構造の転換せねばならない。それに少し乗り遅れたところがございまして、非常に、今でも実は北九州市というのは政令指定都市でございまして、九州じゃ二番目に大きな都市でございますけれども、人口があんまり増えない。四十年ぐらい前も人口百万でしたけれど、今でも百万ちょっと切るぐらいでして。

それに比べて、一方の福岡市、私は大学は福岡の大学に行きましたけれども、これはもう管理中枢都市で、大した工場とかはないんですよ。ところが、飛行場がございまして、大体、県庁所在地がございまして、もう九州の今は首都みたいになっておりまして、すさまじい勢いで、実は私の学生時代、人口八十万ぐらいでございましたが、今は百五十万はおるんですよね。私は北九州市生まれでございますけれども、ちょっと七十キロ離れた福岡市に行きますと、これは、うらやましいと言ったらおかしいんですけれども、もう行くと、どんどん町に地下街ができたり発展したり。

それから、残念なことに、日本の大企業というのはほとんど九州に支店がございますが、昔は福岡市と北九州市にちゃんと福岡支店、北九州支店とあったんですが、今どんどんどんどんもう北九州の支店がなくなりまして営業所になりまして、全部福岡に行って、大体福岡に行くと、何とか一部上場企業の名刺で九州支店長取締役という名刺を大体もらうんですよ。それぐらい、実は九州の中では一極集中が福岡になっておりまして、そのたんびに地域の活性化というのが本当に難しいものだということを私は実感として思っているわけでございまして。

今さっき言った、たまたま十九年前、今日、石井一議員がおられますが、石井一先生が十九年前、国務大臣、国土庁長官でございまして、私がその下で政務次官をさせていただきまして、当時リゾート法を石井大臣の下で実は作らしていただいた。今さっきのリゾート法ですね。それから、土地基本法を作らしていただいたとき、一年三か月ぐらい石井大臣の下で私は政務次官をさせていただきまして、それから十七年前に実は通産政務次官をさせていただきましたから、今言った地域立法はほとんど、昔は通産省の所管かあるいは国土庁、今はもう国土交通省でございますけれども、所管でございまして、そういった意味でも法律の制定の下働きをさせていただいたこともございますし、そんなことを踏まえて今日は少し大臣に質問をさせていただきたい、こう思っています。

一点は、地域再生法ですね。これは実にきめの細かな法律改正でございますから、今度は利子の補給をするというようなことも入っている。これはもうこれで私は立派な法律で、どんどんこういう、むしろ地域に根差した、地域の自主的意欲、まずやっぱり、お上といいますか上から、東京の人が考えてメニューを地域に押し付けても、これがなかなかうまくいかないところが過去あったわけでございまして、この頭脳立地法案に例を取れば、これは日本にシリコンバレーをつくろうという話でこれ当時作ったんですよ。テクノポリスですか、テクノポリスあるいは頭脳立地ですね。

ところが、全国で二十六か所ぐらい実は指定、ある意味ではし過ぎまして、大体こういう地域立法というのは、もう大臣御存じのように、まず財政上の優遇措置、それから補助率のかさ上げとかあるいは補助金をやるとかそういった財政的措置、それから、もう御存じのように、金融上の、国がやる制度融資、低金利、長期の金は固定金利を課す。また、産炭地域振興法も非常に、来た工場には三十年で長期固定金利でお金を貸して、来たら企業に貸してやると、こういったことで、かなりの企業も来たんですけれども、そういう制度と、御存じのように。それから、金融上の措置とそれから税制上の措置ですね、固定資産税をまけてやるとか事業税を一定まけてやるとか等々と。大体、財政上それから税制上、金融上の優遇措置。

近年は非常に政府の、これは私は意見が違うんでございますけれども、まあ私に言わせれば経済財政至上主義と申しますか、経済再建、財政再建至上主義、あるいは財政再建原理主義がこの国にばっこしておりまして、これがどうも全部本当に縮こまりと申しますか、どんどん縮小均衡、縮小均衡になって、この前、福田〔康夫〕総理に予算委員会で質問させていただきましたからこれはもう繰り返しませんけれども、最近の地域立法というのはもう財政出動が余りできませんから、財政上の優遇措置というのもかなりどんどんどんどん消えていくと。その代わりとは申しませんけれども、それは当然ですが、地域のやる気といいますか、町おこし、村おこしを活性化に、そこに政府がいわゆるいろいろ地方自治体とも連携を取りつつ手を貸しましょうというような法律でございますから、私はそれでそれはそれなりに、こういった今の国の実情、それから今さっき私が言いました経済の発展の度合いを考えていくと、これはこれで立派な法律だと私は思っておりますが。

大臣御存じのように、県知事もされましたんで、限界集落ですね、限界集落の問題でございますが、いわゆるそういった地域立法ですね、経済が発展すれば国民が幸せになるはずだと、そう思ってやってきたんですね。私は、これ一面事実だと思いますよ。やはり経済が発展し、地域で雇用ということがございますから、雇用あるいは豊かさをずっと戦後追求してきたわけですから、経済が果たす役割というのは極めて大きいんですけれどもね。

同時に、戦後、極端な話、私も地域の市町村長さんから何度も当然企業誘致ということ、私も九州でございますからよく頼まれて、私も企業誘致をいろいろしたことがございますけれどもね。企業誘致、来れば、当然町の財政も豊かになりますし、市の財政も豊かになりますし、あるいはそこで雇用して、私の地域であれば、東京とか大阪に行かなくてもそこで一生なりわいが立つと。あるいは農地を持っている方であれば、奥さんは農業をして御主人はサラリーマンになって、兼業農家は日本の八五%でございますが、この農家所得とサラリーマン所得で、それが今、日本の戦後ずっと安定を、私は政治的、社会的安定を、中核を成してきたというふうに思っておりますけれども。

そんな中で、いわゆる限界集落の問題ですね。これはもう大臣御存じのように、六十五歳以上の方が五〇%以上という。冠婚葬祭もできない、地域社会がもう崩壊しているというようなことを読みまして、それがもう今全国で、中国地方で二千二百七十、中国ですね、それから九州で千九百三十五、四国では千三百五十七か所あると。こういった限界集落、今大変大きな問題になっていますけれども、こういうのがあると。

これ、沖縄県でたった十三しかないんですよ、限界集落はね。そうしますと、御存じのように、沖縄県、私も何度も行きましたけれども、沖縄県を、あそこで私も医学の研究したこともございます、何か月か泊まり込んで病気の実地調査をしたこともございますが。もう御存じのように、県民所得を考えれば、東京都の一人当たりの都民の平均所得と沖縄県の県民所得、大体二倍ですよ、東京が。沖縄県って半分なんですね。そして、沖縄県、御存じのように、もう非常に失業率の高いところでございますが、経済だけをしっかり追求してきた。

しかし、沖縄県は、今は本当に厳しい状況にございますし、あそこで沖縄立法のためにマルチメディア特区というのをさせていただいたのは実は私でございまして、今、東京の一〇四を掛けて、一〇四で出てくるのはほとんど三分の一以上が沖縄なんですね。というのは、東京から沖縄までの光ファイバーの料金を非常に安くしておりまして、それで一〇四ということで雇用が増えておりました。私がいつか行ったときも、大手の電話会社が五百人ぐらい女性を主に雇用して一〇四の交換サービスをしたというようなことを聞きましたが。

考えたら、これ、少し経済だけ優先しておけば地域が活性化するということで、多分今までの、それはもう経済の復興ということで大ごとでございますけれども、簡単な話じゃございません。

しかしながら、そういったことを考えると、一番限界集落は沖縄県にいっぱいあっていいはずだと思うんでございますけれども、沖縄県には、あに図らんや十三しかないと。むしろ中国地方には二千二百七十もある、我が九州でも千九百三十五もある、東北地方何ぼあるか、今日はもう言いませんけれども、大臣が県知事さんをしておられた東北地方でも限界集落というのは非常に多いだろうと、こう思うんですがね。

これでいわゆる、市場原理主義とは申しませんけれども、経済優位、経済だけで地域活性化というのを図ってくることが少し私は壁にぶつかっているんじゃないかということを、まあ私も二十五年間こんなことをおかげさまでさせていただきまして、そのことを痛切に思うんですよ。

地域社会が崩壊するということが、経済だけで図られなくて、やはり非常に人間の営みと申しますか、例えば都市に今御存じのように大手の全国的な規模のスーパーマーケット、スーパーが来ますと、都市が空洞化する、商店街がシャッター街になると。

そうすると、もうお年寄りで、これはフードデザートという言葉があるそうでございますが、東京工業大学の藤井〔聡〕教授に聞いた言葉でございますが、要するに大手の、大資本がある町に来まして、大手は何百億と投資をしますから、郊外に巨大な駐車場と巨大なモールといいますか、こういうのを造って、これ日本では非常に都市計画も問題があるようでございますが、大きな工場がなくなった後すぐ準工業地帯になって、そこに大きなどんどんと東京から中央資本が来て、大店舗法という法律が昔ございましたが、これも御存じのように規制緩和されまして、どんどんどんどん、規制緩和したときの通産政務次官は私でしたから、私にも責任があるんでございますが、非常にあるんでございますが。

率直に言えば、あのとき、一にアメリカの圧力、二にアメリカの圧力、三、四がなくて五にアメリカの圧力でしたよ。当時、日米貿易摩擦が、非常に日本の方が黒字でして、すさまじいアメリカから圧力が掛かってきまして、しかし中尾通産大臣と私と国会で答弁しましたけれども、そんなことは一言も言わずに、まあよく知っていますけれども、全部日本の昭和十七年以来の規制行政から、初めて小売業を振興行政にしますとか何とかかんとか一生懸命国会答弁させていただきましたけれどもね。だから、そういうことで私にも政治家としての責任はあると、こう思っていますけれどもね。

そうすると、もう高齢者のおじいちゃん、おばあちゃんは車を運転できませんから。東京の資本はまた引き揚げるんですよ、すぐ。ある一定やって余り利益が上がらないと引き揚げていっている。

例えば、福岡県の甘木市〔現・朝倉市〕で、こういう自分で非常に手作りのスーパーというか、地域の要望で商店をやっている人がいるんですよ。その人に聞いたら、大手二つとうとう町中のスーパー引き揚げたと言うんです。だから、町の中がもう全く砂漠状態みたいになっていて、昔は八百屋さんとか魚屋さんとかいろいろあったんだけれども、全部そういうのも大手のスーパーが来て倒産しちゃったと言う。その後に引き揚げちゃったもので、もう本当に砂漠みたいになりまして、それで自分が結局そのスーパーを赤字覚悟で造った、商店をね。

そうすると、地域の農家のおばあちゃんが、例えば大手のスーパーなら、大臣、朝八時までにキャベツを何十個持ってこい、それが条件なんですね。それができなければ、もうおたくは知りませんと。当然そのキャベツを朝八時まで、それは三百個なら三百個きちっと持ってきたら買ってやると言うんですね。そうしたら、それは、そうなると、どこか遠いところ、大規模な農家あるいは市場から、それはトラックで高速道路を通って、ガソリン使って炭酸ガスをまき散らかしてくるしかないですよ。

ところが、その経営者ですけれども、まあおばあちゃんですから、一畝キャベツ作っている、あと二畝キャベツ作ってくれて、できたら何も八時に納めぬでいいと、まあ十時でも十一時でも、おばあちゃん、できたときに持ってきなさいと言うと、物すごい喜ばれると言うんですよ、その時間。そうしたら、おばあちゃんも収入が、年金が減っているので、その近くのスーパーで買ってくれますからね、その地域の方が。地域の方も助かっている。そして、おじいちゃん、おばあちゃんもみんな買物に来れて、それは少々品質は、何も大手のスーパーのきちっと一定じゃないけれども、まさに地産地消なんですね。その地域で取れたキャベツを持ってきて売れるわけですし、農家をしているおばあちゃんも収入が増える、そしてうまく今いっているという話を、実はその社長さんたち、二十年来の友達ですし、今さっき言った東京工大の藤井教授もそのことには非常に、本当に大手のスーパーと行き過ぎたモータリゼーションといいますか、そのことが実は地域社会を崩壊しているんじゃないかという仮説を持った立派な新進気鋭の東京工大の教授でございますけれども。

そんなことを含めて見ると、やはり私は、今大きく、何か経済優先第一主義でどんどん来たんだけど、そこでもう振り返ってみるべき時期じゃないかなということを実は、経済って当たり前ですけど人間の幸せに奉仕するものでしょう。経済それだけが目的になって、金もうけだけが目的になると、それがどんどんどんどん逆に今はもう地域社会を壊していく、お年寄りを不安にしていくという、そのことをやっぱりきちっと、政治というのは人の幸せのためにあるんですから、私はそういうふうに感じるんですが。

少し質問が長くなりましたけど、大臣が県知事もされて、地域の一番活性化に御造詣をお持ちだと大変深く私は尊敬しておりますし、そういったことを含めて、たまたま今は内閣の地域の活性化の大臣になられたわけでございますけれども、やはりより総合的な取組が必要じゃないかという質問でございますけれども、どうぞ御答弁を。

○国務大臣（増田寛也君） 今先生の方から、地域立法に携わられました経緯も含めていろいろ過去の歴史の御披瀝がございました。

確かに、戦後大変疲弊した国土を復興させると、そして一億国民を養っていくためにやはりまず産業を振興させるということで、急速にそうした施策を集中すると。これは、時代時代の要請に合うものとして必然性があったんだろうというふうに思うわけでございますが、だんだんだんだんに、やはり国がいろいろメニューをそろえて、そしてそれに合った形で地域を整えていくというのはやっぱり一定の限界感が来ていると。

そして、先ほどお話ございましたテクノ法あるいは頭脳立地、頭脳十六業種、いろいろ工夫をされて、財政、金融それから税制と、そういった措置をそろえたり、それからあとリゾート、それから拠点法といったような様々な法律がございましたんですが、どうしても各地域似たような顔つきになってきてしまったものを、もっともっと地域の個性、特色を出すべきではないか。

そういうことで、今途中で先生の方からもお話ございましたが、やはり地域のやる気をもっともっと引き起こすような形で、必ずしも財政主導に携わらずとも、もっともっと地域の創意工夫といったものを生かすべきではないかと。大きく流れがそういう方向に変わってきているんだろうというふうに思うんですが、その中で、私も地方の自治体の首長をやっていた経験からでもあるんですが、ある時期やはり大変急激に、これはグローバリズムの大変大きな影響でもあろうかと思いますけれども、非常に過度に産業集積、それで巨大な産業資本などが地域に進出をしてきて、一挙に中心部が空洞化をすると、そういった現象が進んできたんではないかというふうにも思っております。

そして、一方で、郊外の方あるいは中山間を見渡すと、限界集落が非常に数多く展開をしてきてしまったと。九州それから中国・四国地方の数ございましたが、東北も本当に負けず劣らず数多くの限界集落が出てきていると。そして、そこでは単に高齢化が二分の一以上ということだけではなくて、まさに先生おっしゃったように、冠婚葬祭という集落で最も基本的な機能も維持するのが非常に難しくなってきてしまっていると。これに何らかの手だてをやはり講じていかなければ、少なくとも政治の責任を果たせないんではないかと私も強くそういうふうに思うわけでございます。

そして、そのためにも数々の今まで地域立法が行われてきて、これもそれぞれの政治の決断で実施をされてきたものだろうと思うんですが、そういう中でどうしても軸足が産業、企業の振興ということがやはり主眼だったかと思うんですが、そこから更にきめ細かく地域を見て、そこに暮らしている人たちの、生活者だとかそれからコミュニティーの機能、これはどういう役割を果たしているかということは集落集落によってもいろいろ違うんですが、やっぱりその人たちが長年の知恵によって生み出してきたコミュニティーの機能をいま一度、これは大変難しいことかもしれませんが、いま一度コミュニティーの機能を発揮させるような、そういうことを今後考えていかなければ今の中山間の現状というのはなかなか良くならないんではないかと。

そして、そのためにも、地域の自治体がきめ細かく、今、後段で先生からお話ございましたように、本当に地産地消で、地域の人たちがロットは小さいけれども丹念に作られたものを地域で、道の駅始めいろいろな産直場で販売できるようなことをきめ細かく展開していくですとか、地域のやる気を引き起こすような温かい施策を展開をしていく。そして、やはりそのためにも、各自治体がちょっとした支援をするためには交付税などをきっちりとそういったところに目を行き届かせる必要がありますが、そういったことも考えていかなければならないと思いますし、それから何よりも地域の高齢者の皆さん方の足を確保したりということで、やるべきことは今山ほどあるんではないかというふうに思っております。

昨年の十一月に地方再生戦略ということをそういう思いで取りまとめをしましたんですが、やはり年々歳々そうした中山間の状況というのは加速度的に今進んできているんではないかと、こういうふうにも思っておりますし、その中で、しかし、地方の元気が日本の力というふうに私申し上げておりますが、やっぱり地域地域が良くなっていくと、そこに暮らしていらっしゃる高齢者の皆さん方、それは本当に我々自身が間もなくそういった年齢層に達するという中で必ず守っていかなければならない地域、多元的な機能を発揮する地域でありますので、少し長くなりましたけれども、そういう地域にきめ細かく配慮すると。

そして、地域のやはりいろいろな創意工夫をできるだけきめ細かく後押しを行政がしていくという意味で応援していく、一番地域のことを知っている地域の皆さん方の創意工夫を後押しをしていくと、そういうことでそうした地域を守り、そして維持していく、そういう施策を展開していかなければならないと、基本的に今、少し長く申し上げましたけれども、そういう思いで今大臣の職を担当しているところでございます。

○自見庄三郎君　地域社会、コミュニティーと今大臣何度も言われましたね。私も実はそこが今のやっぱり社会の混迷のポイントじゃないかというふうに思っておりまして、今も限界集落の話をいたしましたが、例えば、日本というのは大臣御存じのように、もう二千年近く前、この前上野の博物館に行きましたら、薬師寺の日光・月光両菩薩というのを私見てきましたよ。これも千二百年前にあんな、仏教伝来、百五十年のときにもうあんなにすばらしい仏像を作ったんですね、我が日本人は。そして、今さっき言いましたように、そういうすばらしい美意識を持っていますし、今年は源氏物語が書かれて千年だと思いますけれども、ああいう世界で最も立派な小説を、紫式部という天才だったんだろうと思いますけれども、すばらしい物語を作ったのは日本人なんですよ。

私は時々申し上げるんですけれども、日本人というのは、まあ十二月二十四日何しますか。大体クリスマスでしょう。メリークリスマス、ハッピー、そうでしょう。大体クリスマスプレゼントを、私の子供のころなんかは靴下を置いていましたよ。朝起きたらやっぱりあれに何か入っておったらうれしいですよ。サンタクロース本当に煙突から来るのかなと。しかし同時に、どうもあれは親らしいということをだんだん年取って、子供も大きくなりまして気が付いてくるとだんだんびりびりっとした喜びがなくなるんですけど、まあ十二月二十四日はメリークリスマスですよ。中川先生なんかも多分昔は札幌ですっかりメリークリスマスで飲んで回ったんじゃないかと、こう思うんですけどね。大体そういう時期ですね。

それから、十二月の三十一日になると日本人ってどうですか。大体普通の日本人は紅白歌合戦見た後、あのお寺の鐘がゴーンと鳴るのを聞くんですよ、百八つ、煩悩だといってね、ああもう今年も終わりだなと。

で、何しますか、一月一日になったら。委員長、どうします、大体お宮参りでしょう。茨城県にもいろいろ有名な神社がありますね。パンパンとやって、去年はいろいろあったけど、一年、今年はいいことあるよといって、みんな大体。一月一日にお寺に行く人はいないね、余り。一月一日はやっぱり神社に行きますよ。たった一週間で仏教、神道、キリスト教、全部入っているんですよ。

私は、西洋人からしたら、日本人は宗教的な、何というか統一性がないというか、ということを言う人もいますけど、私はむしろそうでなくて、日本人というのは実に強靭な胃袋を持っていますね。たった一週間の間に、キリスト教徒も仏教徒も神道もみんな、食ってしまうといったら悪いけど、それをそしゃくしてしまう、それが私はやっぱり日本文化の非常に弾力的でいいところだと思いますよ、私は率直に言って。ですから、逆に言うと、たったわずか十五年間で明治維新ができたんですね。あるいは、心は日本人であっても、もうぱっと近代資本主義国家でもある意味でできたんです。しかし、やっぱり日本人としての精神、魂は忘れないと。

私は子供のころに思っていましたよ。大人は大体昼間会社で働いてくるでしょう、工場で働いてくるでしょう、夜になったら大体、まあ中川先生たちや私のおやじぐらいの時代は夜になったら大体みんな着物着て、ぴっと帯締めて、奥さんの御飯食べながら一杯飲んでいましたよ。昼間は西洋人といったら悪いけど、夜は日本人と。それが日本の社会で実に何も不思議でなくて、びしっと応用力といいますか、強靭な胃袋でやっぱり日本人ってそれをそしゃくしてきたんですよ、ある意味で。ですから、ハンチントンが言う第八の文明だと。日本はまた世界の中で独特な文化をつくっていると。何も狭量なのぼせ上がった文化論を言う気はありませんけど、やっぱりそこは大事に私はしていくだと思いますよ。

今大事なのはそのコミュニティー、地域社会、日本人と日本人のつながり、これは実に源氏物語以来、人間関係、実にもう非常に微細なことがありまして、私もしばらくアメリカの大学の先生していましたけど、ずっと日本の方が立派な国ですよ。ある意味で過ごしにくい。それはもう人間関係が実に繊細で、まあ言わなくても分かることがあるだろう、黙って座ればぴたりと当たるじゃないけど、日本人ってやっぱり共通の文化、価値観が日本人の中に住んでいますよ。

極端な話、私は言うんですけれども、大体昔の企業というのは、今は成果主義だとか何とかお互い競争させるけれども、大体会社の課長さんというのは、どうですか、先生、何か結婚式にといったら課長さんが大体仲人ですよ。うちの子供が何か病気になったときとかいったら、大体課長に頼みに行ったら、いや、どこかおれが頼んでやるとか言って、私なんか医者ですけど、国会議員を二十三年させていただいていればよくそんな人が頼まれましたよ、うちの会社の部下が何か病気だといって、自見さん、どこかいいところ紹介してくれぬかとかね。昔の、ある意味で、だから役所でもそうですよ。この自治省でも通産省でも何とか、それこそ産炭地域振興課の課長さんというのは、まあ産炭地域振興村の村長さんだったな、何か丸抱えだよ、はっきり言えば。逆にそういう文化のときの方がある意味で日本の企業って強かったんじゃないですか、私に言わせれば。もう本当にどっぷり日本的な企業であったときの方がむしろアメリカのタイムズスクエアまで買いに行ったような勢いがあってね。

それから、少し停滞の十五年間。日本人が自信をなくした、透明さが足りない、コンプライアンスが足らないとか何とかかんとか難しい片仮名の言葉がいっぱい来ますけれども、それで何か自信なくして、コンプライアンスが何とかだかんとかだ、成果主義だ何とかかんとかといって、何かたちまち日本がG

DPで一九九六年は世界一、だあっと十八番目ですよ。

私は、そのポイントは、日本の文化が何かということを踏まえて、日本の文化に合った会社経営であり、日本の文化に合った私はやっぱりグローバリゼーションであり、日本の文化に合った地域活性化でないと、結局私は、日本人とは、空洞化して国籍が不明になって、何かもう分からないようになって、なおかつ不安になって、本当にそういう社会になるんじゃないかという、今そういう過程じゃないかというふうに率直に言って大臣、私は思いますよ。

だから、やはり今のコミュニティーという話言われましたね。地域でも人間関係、コミュニティー、人間らしい、日本人らしい人間と人間とのつながり、いたわり、助け合い、どうもどんどんどんグローバリゼーションとかいって無批判に受け入れてきてそれをなくしつつあるんじゃないかと。むしろ、それでグローバリゼーション積極的に、時代の流れだから、それは何も私は一切拒否してという話じゃないんですよ、それを日本型にきちっとそしゃくしてこの日本国の中に受け入れてこないと、過去かつて日本人は皆そうしたんですよ。ですから、そのことが私は政治家として非常に必要じゃないかと、こう思うのでございます。

そういった中で、例えば、今農村地帯に行きますと耕作地の放棄、さあもう減反で、あれ見ると私は本当に胸が痛いですよ。中川先生もそんな顔をしている。農業問題一生懸命やっておられますけど。我々でもやっぱりそうでしょう。農村に行きますと田んぼが荒れ果てて、もう減反、そして草がぼうぼう生えて、私が古いのかもしれないけど、やっぱり田んぼできちっと田を耕してやられて、我々はおばあさん、おじいさんから、米を、御飯を余したらもう罰が当たると、お百姓さんが一年間掛かって一生懸命作ったものを食って育った人間で、少々二宮金次郎的で古いのかもしれないけど、しかし、それはやっぱり日本の文化で大事なところだと思いますよ、私は。

そのことをしっかり踏まえて、やっぱり日本の国って、それは世界の中の日本ですし、グローバリゼーションでそれはもう徹底的に、ですから私は、政治家というのは変えてはいけないところは絶対、批判されても変えてはならないんですよ。そして、変えねばならないところは徹底的に変えていかねばならないというのが、やっぱり政治家の大事な私は要諦だと思いますよ。

ですから、耕作地の放棄あるいは森林、我々子供のころは森林ってきちっと大体整備していましたよ。私は魚釣りが好きだからよく山の中に行って、山川の渓流に行きましたけど、やっぱり日本の森林ってきちっとどこでも、三、四十年ぐらい前はきちっと森林ってしていましたね。ところが、もう今行ったら森林が荒れ放題、森林ありますね。あれ見ても、確かに森林というのは自由化以来最大に国際競争力を失った、何といいますか、林業は失ったって言われますし。しかし、また同時に、地球環境問題で非常に森林が持っている機能というのは世界的に再評価されつつありますけど、そういったところに向けて、やはりNPOに参加、耕作地のところを、今世界的にはもう食料が不足してくるわけでございますから、耕作放棄地とかあるいは全然管理がなっていない森林というのはたくさんあるわけですよね。もうあんなの見たら私は日本の恥じゃないかと思いまして、私自身非常に良心が痛むんですよ、申し訳ないと思って。今まで一生懸命国土を守ってきた御先祖さんに対して申し訳ない、そう思うのでございまして。

ですから、そういったことを踏まえて、NPOとか、幅広い世間あるいは企業に社会的貢献として、何かそういった耕作放棄地あるいは森林の管理がいっていないところに企業の社会的貢献ということが今ございます。そういったことも含めて、是非そういったことを私は検討する必要があるんじゃないかと、こう思うわけでございますが、そのことについて国務大臣として、少しテーマが的を射ていないかもしれませんけれども、そういったこともきちっとやっていくことがやっぱり国土の保全、そしてやっぱり何か日本人を精神的に、私、あれ子供の精神教育にも良くないと思いますよ。田んぼが荒れて、それはもう減反で荒れておるんだから。それは経済のことは分かりますよ。しかし、やっぱりお百姓さんが一生懸命田を耕しているんだと、やっぱり一生懸命明治あるいは室町時代以来の森林を守っているんだと。それは田舎に行けば、殊に入会地なんか多いですからね、それらをやっぱりみんなで守っているんだと。その精神というのは、やっぱり日本人の中に脈々と養われてきたコミュニティーというかコミュニケーションというか、まさにそれこそが日本人として、あるいは日本国としてまさに国難に耐えてきた原点は、私はそこのコミュニティーにあると思うんですよ。

そのことについて、大臣、国の役割を含めてどう思われますか。

○国務大臣（増田寛也君）　やはり何事もその地域に住んでおられる、あるいは暮らしている方々のためのものでなければならないと思いますので、今お話にございましたように、まさにそこに住んでおられる方、あるいは広く言えば、日本人が日本人の今までの暮らしに合ったような形で様々な施策が講じられていかなければならない。やっぱりそこに先人の皆さん方が果たしてきた偉大なる知恵というものもあると思いますし、そういう中でいろいろな新しいことも受容していかなければならないというふうに思うわけです。

やはり、そこに暮らしている皆さん方が今やや自信を失いかけて、そして誇りも失われんとしているときに、やはり私は誇りを大事にして、そして地域を大事にしていくと。やがてそれが自信にもつながってくるだろうと思いますので、そういったような地域への誇りとか自信を呼び起こすようなことにつながるようなことを今後も考えていかなければならないと思うんですが、そのためにも、やはり今そこに暮らしておられる皆さん方、本当に高齢化が進んでいる中で、その皆さん方だけの力でそういったことをやり遂げるというのはなかなか難しいところもございますので、今先生お話ございましたとおり、ＮＰＯの人たちですとか、あるいは、まさに企業が社会からいろいろと応援してきてもらっている、そして一方で社会にコストを負担してもらっていることに対して、社会貢献という形で企業がそういった地域の今後に向けて何がしかの貢献をしていくということは今後当然あってしかるべきだろうと思いますし、それが頻繁に広範に行われるということになれば、またそれは日本の社会の良さにつながってくるのではないか。

今まで、先ほど入会地のお話がございましたが、コミュニティー、まさに地域地域の集落でみんなで助け合って維持してきた地域をもっと広く、今風の言葉で言えばＮＰＯですとか、あるいは企業の社会貢献といったような形で、さらに、地域の人たちだけでない、そういう広い社会のつながりの中で地域を生かしていく、自信を取り戻していくということが当然あってしかるべきであろうというふうに思います。

ＮＰＯへの寄附税制が今回変えられて、寄附をしやすくなったですとか、あるいはそういった地域のＮＰＯの人たち、あるいは企業の人たちも含めて、いわゆる地域の担い手がそうした活動に参加しやすいような、そういう施策も今回の地方再生戦略の中に入れているわけでございまして、そういった、いわゆる耕作放棄地のお話もございましたけれども、今の農業という、その生産性という観点からいうと、放棄されているところが一方で国土の保全という意味では非常に大きな機能を果たしていると。かつては、まきを日常生活で使っておりましたので、里山などもそういった形でいろんな意味では手が入っていましたが、今はそういうことがなかなか行われなくなっているということに対して、今森林保全活動ということでＮＰＯの人たちがいろいろ山に入るような動きが少しずつ出てまいりましたが、そういったＮＰＯとか企業のそうした活動を支援するようなことが今回地方再生戦略の中に入っていますが、もっと広範にそしてダイナミックに行われるようなことを今後も考えていきたいと。そして、地域の担い手と、それから実際に地域に住んでおられる高齢者の皆さん方が共に連携して地域を守るような取組につなげていければと、このように考えております。

○自見庄三郎君　いろいろなことを大臣御答弁されたわけですけれども、田が持っている水を保持する能力、私も石井大臣の下で国土庁の政務次官一年三か月させていただきまして、日本が明治以来造ったダムにたまっている全貯水量よりも田畑にたまる水の量の方が多いんですね。ですから、あれがもう御存じのように、急峻な日本は温帯ということで雨が多いですから、あれはもう田んぼがなければ、だあっと川が雨が降ったら全部一気に流れて大洪水になるんですよ。ですから、雨が降ったとき、よく新幹線でも乗られて見たら、全部田んぼに水がたまっているでしょう。あれも段々畑にもたまっていますから、あの保水能力だけで、まさにあれがもう物すごく日本の御存じのように洪水を防止しておりますし、そういった農業といいますか水田が持つ多面的機能。

そして、やっぱり緑の森林を見れば、だれでもあれは人間、今ごろは医学的にも証明されていますけれども、ほっと安心するんですね。森林浴なんといって、非常に森林から、ホルモンが出ますから、ある種の。ですから、森林浴というのは、皆さん方だって何かいらいらしたときに森林なんか見たらほっとするでしょう。

そういう機能もございますし、やっぱり人間というのは、当たり前ですけど、生物の一つなんですね。

地球という惑星における生物のワン・オブ・ゼムなんですよ。ですから、当然、動物系というのがございますし、それをいたずらに、率直に言って六十五億の人間が今その系を乱していると私はもう心配しておりまして、三つほど例を挙げれば、人間というのは、前頭葉の連合野というところでいろいろ物を考えたり科学したりするんですよ。特にここに爬虫類脳というのがありまして、ここに本能がありまして、動物はみんなここが人間と、この辺にある菱脳だとか間脳だとかそういったところが、延髄だというような部分、共通でございまして、ここには本能、食欲、性欲、集団欲というのがございますが、ここで、連合野で物を考えたり、あるいはいろんな欲望を逆に抑えたりする。それで、実は人間というのは、言葉をつくり、文化をつくってやってきたんですけどね。

どうも、私は、極端な話、ここ二、三百年、前頭葉の合理主義というか理性万能主義が、あるいは、私も科学者の末席でございましたが、科学万能が、何というか地球を、まさに西洋科学というのは、ある意味で、私はそこの総本山のような大学の先生もしていましたけど、世界中の何というか、自然を征服すると、これが西洋人というのは自然を征服しようと。だから、逆にその極みが原子爆弾なんですね。あれ原子力エネルギーで、すごいエネルギーですけれども、これを核弾頭に使用したらもう人類なんて崩壊しちゃうんですよ。

二つ目が、私は地球環境問題だと思いますよ。この百年間あるいは二百年間、特に百年間どんどん産業革命を起こしたわけですね。工業化しよう、中央集権化して、どんどん工業化して、それが発展だ、繁栄だと、こう思って、確かにそれは一面非常に生活を豊かにしたし、抗生物質の発明によってたくさんの人間を、命を救えるといういい面もありましたけど、同時に、どんどん石炭と石油燃やして、まさに炭酸ガスの濃度が上がって地球の温度が上がる、地球温暖化、異常気象だと。まさか百年前の人間は、こんな産業が発達したら地球が病気になるなんてだれも思わなかったと思いますよ。だけど、今は大体もう地球温暖化という、これは大ごとなことだと、このまま行けば五・八度地球の温度が上がって、八十八センチ海水が、もう北極、南極の氷は解けますし、それで異常気象になれば東京でも今度はマラリアなんか発生しますから、そういうことになって、非常に今もうその予兆がいろいろ世界の気候予報で表れていますし、まさに私、地球温暖化の問題。

それからもう一つ、この前大田大臣にも申し上げましたけど、サブプライムローン、これも御存じのように、コンピューターのお化けなんですよ、あれ、金融工学の。あれはもうつくった人以外はほとんど分からないんですよ。物すごいあれ、ポートフォリオといいまして、もう御存じのように、どうしたら一番もうけるかというすさまじい微分、確率の計算の塊のようなものなんです。

私もアメリカにいましたけど、MITという大学がボストンにありましたが、あそこの一番優秀な人がかつてはNASAに行ったんですよ。NASAに行って月ロケットを造っていた。それがもうクリントンの時代に、たしかNASAはしばらく財政支出が要るってやめましたね。その優秀な人たちがみんなウォール街に行って何しているのかって聞いたら、自見さん、彼らみんな金融工学の商品つくるよって言うんですよ。もうそれは僕は金融界のいろんな人にも日米聞きましたけど、自見さん、我々はさっぱり分からぬと言う。

変な話だけど、富士銀行ってありまして、あそこのトップの方が言いましたよ。デリバティブという商品、アメリカが開発したやつ、一番富士銀行で優秀なやつを二年やったというんです、勉強しに、どういう構造になっているかと。結局さっぱり分からないってことだったんです。それくらい金融工学商品の言うなればあれもう極致のようなものが今のサブプライムローンですよ。

しかし、ごく単純に考えたら、アメリカの中古の住宅がずっと上がり続けるということはないんですよ、ごく一番単純に考えたら。それを、すごい金融商品つくって、全部分散化して証券化して、それをうちの商品にはそれは三・七％入っていますよ、うちの商品には二・七％入っていますよ。そしてその金融工学の商品も、多分あれ、頭取といえども何も分かっていませんよ。だから、そういう商品を売ればもうかると。しかし、いずれあれ、無限に上がることはないんですから、大臣。だから、どんとやっぱりいつか来ますよ。

まさに私は、今のサブプライムローンでアメリカの企業、大手の金融企業、何兆円って損していますけど、あれも私は一種の近代合理主義の、核兵器、それから地球温暖化、今はサブプライムローン、人間が科学というのを発見して、もうそれをコントロールできなくなって、結局全体の秩序が、地球そのものが病気になると。あるいはもう世界の経済がむちゃくちゃになって、今はそのお金が御存じのように、世界の金余りですから、穀物市場だ、原油市場などに行って、どんどん原油が上がって、もう日本人の生活だって大変脅かしつつある。それは関係ないようだけど、そのアメリカのというか、あるいは国際金融資本がつくったそのサブプライムローン、もうその影響はだあっと世界の実体経済に影響があるわけですからね。

やっぱり私は、そういうことを考えたときに、人間ってその原点は何かという話で、やっぱりこれはもう不可能だと言う人もいるんですよ、人間がつくり上げたそのすさまじいマーケットなんというのは。今、日本銀行の総裁になった方がいますね、日銀の総裁、今度新たに。たまたま彼は私の高等学校の四年下で、若いころからと言ったら悪いですけれども、白川総裁といろいろお付き合いがあったんですけど、いつか、白川総裁がまだ若いころですね、こう言ったことがあるんですよ。自見さん、まあちょっと名前出したんで、小泉さんはマーケットメカニズム、マーケットメカニズムと言うけど、彼もマーケットメカニズムの最前線でアメリカの国際金融のところにもいたんですよ、そのマーケットメカニズムの怖さを知らぬと言うんですね。こう言いましたよ。国際金融市場、マーケットというのは、あれは自見さん、サバンナで草食動物がおるでしょう、ぎゃっとライオンが襲いかかるでしょう。で、がっと引きちぎって倒して、ぎゃっと食ってしまう、あんなものがマーケットメカニズムだと言うんですよ。それはもう到底日本人には、少し理念的には合わぬかもしれぬけど、それが自見さん、マーケットメカニズムというものの本質ですと言っているんです。

だから、マーケットメカニズムってそんな恐ろしいという、もうそれはすさまじい。やっぱりそれはそうでしょう、彼らは遊牧民族ですし、ある意味で肉食動物だからね。あるいは農耕民族だからおとなしい、そんなことは言いませんけれども。すさまじいということですよ、マーケットメカニズムの最前線。

ディーラーに聞いてごらんなさい。二十分先しか世界がないと言うからね。二十分で反応、判断していかないとディーリングというのはうまくいかないんですよ。だから二十分以上先はもう世界じゃないと言うんですよ。大体、あれ、十年ぐらいしたら廃人みたいになりますよ。やっていけないですよ、もうもたない、神経の方がね。二十分先が分からない、二十分までが宇宙なんです、世界なんです。それくらいもう売ったり買ったり、売ったり買ったりしているけどね。

そんなこと等、白川総裁が若いころ言ったことを今紹介しましたけど、そんなのがすさまじくそのサブプライムローンであるわけですよね。

そんなことを考えると、やはり私はきちっと、こんなことはもう無理だと言うかもしれないけど、やはりＧ８とかＧ７の国で、原子力兵器、核兵器は少しは軍縮で何とかうまく、米ソの冷戦構造が終わったから、もう全部人類が死ぬということはなくなったのかもしれないけど、やはり今さっき言ったように、地球温暖化、京都議定書、今度は次にＣＯＰ15が開かれるんですか。それから今サブプライムローン、やっぱり人間が全体として英知というものが、本当に英知、知恵というものが私は試されている時代だと思っていますよ、二十一世紀は。それでうまくいかないと、それは地球も病気になっちゃって、地球が病気になったらこの中で人間は生きていけませんしね。まさにサブプライムローンは一例ですけれども、そんなことが起こり過ぎる。

でも、まさにそれ全部がもう人類を、全部の生存を脅かすぐらいに巨大なものなんですから、そこはやっぱり私は人間というのは謙虚に振り返って、その点、私は日本の文化って大したものだと思いますよ。自然を征服しますか、やっぱり自然と大体昔から共存でしょう。人間も自然の一種だと。何でも日本人というのは、これはお茶の湯だとか何とかかんとか言っても、自然を征服してやれとか考えた人、余り日本人にいませんよ。やっぱりそれは東洋人、特に日本人は自然と共生してきたんですよ、自然を征服するんじゃなくて。

その辺を、それは何かというと、全部がやっぱり調和をする、ハーモナイズする、お互いのいいところを認めてお互いに共存するということを、私は、千二百年も前、あるいは今の時代でも日本人というのは、聖徳太子は和をもって貴しとすと言われましたけれども、やっぱりそこが日本人の世界に向けて発信する文化だと思っていますよ。

また、極端な話、Ｇ８の国の中で日本以外の国は全部ギリシャ・ローマ文化の末裔でしょう。全部キリスト教徒の国でしょう。Ｇ８のほかの国は、ロシアを入れて、アメリカ、イギリス、フランス、ドイツ、全部ね。ただ一つ、ギリシャ・ローマ文化の末裔でなくて、そしてキリスト教徒の国でもない。今さっき、非常に宗教的に日本人は寛容で、ある意味で強靭な胃袋を持っているという話をしましたけれども、やはり日本こそが私はこういう混迷の時代に発信すべきだと、こう大臣、思うんですよ。日本こそが発信。

例えば、今若い人に望みがないと言う。ちょっと待ってくださいよ。いいですか。世界で一番、今さっき言ったように、短期間で発展した国は日本ですよ、もうごくごく世界で一番、工業的に。

私の生まれた北九州なんか、それはもう一時は石炭、これは公害、パブリックニューサンス、水質汚濁、大気汚染の塊だったんですよ、あそこ。水俣病が九州にもございますし、それからイタイイタイ病だとか四日市ぜんそくだとか、日本がある意味で公害のショーウインドーだったんですよ、一九六〇年代。それを、御存じのように、やっぱり日本人って大したものでしょう、大体克服したでしょう。

やっぱり、きちっと技術、住民の意識、行政、政治、それから技術、産業界の協力、それで全部きちっと地球環境といいますか、日本は公害を防止した、ある意味でただ一つの国なんですよ。日本ほど公害を、みんな百年二百年掛けて工業化してきましたからね。日本だけ戦後、もう六十年間でばあっとこうしてきたから、一番その副作用が厳しく出てきたんですよ。

しかし、それを一番逆に克服する技術を持っているのも日本なんです。それはもう車を見ても、低公害車なんて今日本が一番独壇場ですから、今だあっとシェアを伸ばしていますね。ですから、逆に日本人が一番その経験を持っていますよ。日本人が一番その技術を持っているんですよ。そうしたら、六十五億の人間の中で一億二千七百万人の日本人、どうですか、大臣、みんな日本人だったら地球のお医者さんになれますよ。青少年に夢がないと言うけれども、おまえら、待ってくれよ、みんな地球のお医者さんになってこの地球を救おうじゃないかと。六十五億の人間を一億二千五百万人の日本人だから救えるんですよ、そういう経験をしたから。経験をして、それから知識と経験と技術を持っていますから。

そんなことでも言えば、私もしばらく科学技術創造立国・情報通信調査会というのの自民党の事務総長を七、八年しましたけれども、青年がもうみんな理科離れ、夢がないと言うんですね。それで、何かいい大学に行かないといいところに就職できないよとか教育ママが言う人が多いのかもしれないけれども、それならそれを超えて、人間として、やっぱり地球のお医者さんになれるんだと、日本人なら。そうしたら私は青少年の理科離れも、いや、それなら、おれも大きくなったら地球のお医者さんになろうと、それくらいのきちっと今夢を、やっぱり政治ですから、夢と希望を与えるということも非常に政治にとっては大事ですしね。それはまさに、今さっき言ったように、日本の文化から発して、日本の置かれた戦後の歴史の中で、アジア人の中でただ一つ、自然との調和だと、そういった文化を持っている国として思い切って発信していいと思うんですよ。

少し何か大ぶろしきのような話になりましたけれども、やっぱり今本当に国民に夢と希望がないんですよ、現実可能な、あるいは実際国民に役に立つ。やっぱりそういったことをどんどんどん、今度は福田さんが洞爺湖サミットをされるという話ですけれども、それくらいびしっとやっていって世界に発信するチャンスじゃないかと私は思いますがね。

大臣、こんなことはちょっと質問に書いておりませんけれども、どう思われます。

○国務大臣（増田寛也君）　今お話ございましたとおり、やはり戦後の日本の急激な復興そして国力の増進の中で、一方で公害問題が各地域で頻発したり、様々な環境問題、騒音の問題を始めとして様々な問題が生じたわけですが、それをやはり科学技術の力そして産業界の協力、そして何よりも国民がそれを乗り越えようという大変強い意志を持って、そしてそれを乗り越えてきたわけでございますので、これは確かに、今先生からお話ございましたとおり、他のいずれの先進国でも経験をした、あるいは実績を示せ得なかった日本人の最も優れた特質の一つではないかと。

ですから、そういった優れた経験を持っている日本が、ちょうど今年七月、再来月に洞爺湖で環境問題を主たるテーマとしてサミットを議長国として開催するときに、そうした優れた経験を持っている日本が更に自信を持って、そして貴重な日本の体験を含め、今後に向けての未来志向で物事を発信していくというのは大変やはり日本にとっても重要なことであると思いますし、何よりもそのことが、世界が今温暖化問題それから急激な食料の危機の問題等に直面しているときに、世界全体にやはり貢献する大きな道ではないかというふうに思いまして今お話をるる聞いていたところであります。

そうしたことを今後担っていくのは若い青少年の皆さん方であろうと思いますので、教育の面で理科離れなどというふうに言われておりますけれども、やはりそうしたことをしっかりと教育の中で教え込んでいくということも大事だと思いますし、何よりもそうした力強い経験を持っているということを背景にして、大いに将来に自信とそれから希望を持って進んでいくように若い人たちに呼びかけるといったことも大事なことだろうというふうに思います。

今お話ございましたようなこと、我が国で今どうも自信を失いかけている中で、あるいは発信力が少し落ちているんではないかというふうにも思うわけでございますが、そうした中で、今先生からお話ございました点は、やはりこれからに向けて大変重要な視点であるなというふうに思ったところでございます。

○自見庄三郎君　もう一点、今地域おこし、村おこしといいますと、やはり古きを知りて新しきを知る、温故知新という言葉がありますよね。私は、地域のそれぞれの文化、例えば伝統工芸、ああいうものはどんどんどんどん実は廃れていくんですね。

　私も、たまたま輪島塗には非常に、私の家には大正時代から注文来ていましたので輪島塗には非常に興味あるんですが、あれ六十九工程あるんですよ、あの輪島塗の塗り物作るのに。ところが、もう今どんどんどんどん職人が減りまして、職人の給料も低いんですね。そうしますと、もう継承する人がいないんですよ。だから、御存じのように、あれプラスチックで作ったおわんと、女性の議員の方は御存じだけれども、全然機能は変わらぬから、輪島塗の良さとかほとんど認めてくれないんですね。そうすると、もう売れないんですよ。だから、売れないし、当然六十九工程も伝統的にありますと高い、漆も高い。

　そうすると、どんどんどんどんそういう価値というのが、日本からそういうことを愛好する人もいなくなるし、作る人もいなくなるし、そうするともう地域のいわゆる特性としての、ずっとそれは、今輪島塗の話をさせていただきましたが、伝統工芸といいますか、伝統的なものはたくさんありますよ、それぞれの地域に。そういうものも、やっぱりこれは商業ベースだけに任せておけば、もうそれはやっていけませんよ。それは確かに、同じプラスチックで買えば二、三百円で買えるのに、何で一万円も出して塗り物を。しかし、それはもう一つ一つの、職人が、技をたくみが掛けて、江戸時代、その前からずっと作ってきたやっぱり魂が入っているわけです。そういう価値観がもう何かどんどんどんどんこの社会から失われていく。

　そうすると、みんな安直になって、私に言わせれば後期高齢者医療、年金から天引きしようなんて考えになるんですよ、本当の話。あれ、私もよくあの世界、二十二年やりましたけど、年金から天引きするというのは、はっきり言えば厚生省の夢だったんですよ。もう私、よく知っていますよ。あれは介護保険のときに初めて年金から天引きしたんですよ。だけど、自由主義社会においては、いったんあげたものから了解を取って取るのが基本なんですね。確かに、それまでの政治家は、やっぱり安直に年金から取ることを絶対禁止してきたんですよ、我々の先輩は。それが、はっきり私はもうよく表も裏も事情を知っていますけど、初めて介護保険から年金天引きしたんですよ。

だから、今、何か後期高齢者医療を年金から天引きで、国民の激しい怒りが噴出したでしょう。あれは、ちょっとそこは、民主主義というのは、手順、手続、やっぱり相手に対する、要するに、何といいますか、信頼なんですね。お互いの信頼関係の上に立つのが自由主義社会ですから。やっぱりそれは、一遍あげて了解取っていただいて、そしてまた年金から天引きさせていただく、あるいは口座から天引きさせる、それはいいですよ。

その操作をきちっとやっていないから国民の怒りが非常に大きいというところも、私、特に非常に今、こういった新古典主義的な政策しましたから貧富の差が激しくなってきたということもありますし、国民所得もこのごろ全然伸びていないということもございますけど、そこは安直でなくて、やっぱり手順、手続、みんな人間ですから、みんな人格と尊厳を持った人間ですから、それを何かちょんともう天引き取れば簡単でいいよという、簡単という社会と違うと思うんですね、私は。それが、今言いましたように、輪島塗のおわんに価値を見付けるか、同じものであっても、やっぱりそこが文化を持った民族か、あるいはそうでない人間の私は違いだと思うんですよ。どんどんどんどん安直に流れる、何でも天引きすればいいと、楽だからということに、私はやっぱりそこに、今度の大きな制度の問題も、私自身が二十二年間ああいう医療政策実際やってきましたから、私は大変残念に思うんですが、あのことがやっぱりそういったことに続いているんじゃないかと、こう思うんですよ。

ですから、もうそのことについては回答は要りませんけど、大臣ですから、是非そういったことも考えていただいて、その地域の、何といいますか、すぐお金に換わらないからといっても非常に価値があるんだということを、やっぱりお金以上の価値があるものがあるんだと、そういうことをきちっと教育の面でも文化の面でも伝統の面でも教えていくことこそ、私は本当に、まさに憲法に言うように、崇高な理想を持ってやるという、日本人、日本として今から立国していくと焦土の中でやっぱり憲法上うったんですから、そういったことが私は大変必要じゃないかと思っています。

最後に、時間が来ましたんで、大臣、大変定住自立圏構想というのに御興味をお持ちだということでございますが、これは国務大臣としてお伺いしますが、それの今の状況といいますか、今さっき話していることと非常に関連があるんだと、こう思うわけでございますけど、定住自立圏構想の現在の検討状況及び今後の方向性について、最後に御答弁いただければ有り難いなと思っております。

○国務大臣（増田寛也君）　今お問い合わせの定住自立圏構想でありますけれども、発想の原点は、やはり大変急激な過疎化、人口減少社会が今もう既に始まっているわけでありまして、その中で、現実にはまだまだ地方圏から大都市圏といいましょうか、特に東京でありますけど、東京圏への、地方から見れば人口の流出、東京から見れば、まだまだ東京圏にいろんな高いビル等も立ち並んで、ますます多くの人口を引き付けるような、そして国際金融拠点などというようなことで、一方でさらにまた商業的な機能も強化されつつあると。

しかし、一方で、中山間地域、地方の中核的な都市においても、今後更に更に過疎化が進展していく中で、そういった人口の流出をそれぞれの地方で食い止める、あるいは一方、逆に、今団塊の世代が大分リタイアをし始めていますけれども、そういう人たちは、やはりそういった地方圏での生活に一挙に移るということでなくても、二地域にいろいろと生活の拠点を持ったり、逆の方面でのやはり交流ということも考えられるんではないか。

そういうこともあって、定住自立圏というそれぞれの圏の中で、中心市とそれから周辺の町村を含めた定住自立圏というものの中で人口をできるだけ食い止めるような、地域地域で雇用の場を確保して、そして様々な、医療ですとか、それから福祉ですとか教育の機能をその地域で持つような、そういう構想を進めていきたいということで、これは総務省の中で研究会を設置して、前の東大の総長の佐々木毅先生に座長になってもらって今検討を進めているところでございます。

間もなく、今月中にその検討の方向性をまとめたいということで今最後の取りまとめをしてございますが、そういった定住自立圏というのは、これは一つの今後生活を考えていく上でのプラットホームでありますので、そこに今、国交省さん、それから農水省さん、厚労省さんなどの方も入っていただいておりますが、これから他省庁の皆様方にも知恵を出していただいて、そういった定住自立圏構想の上に様々なやっぱり施策を集中して、地域地域で生活がきちんとできるような、そういう施策を構成していきたいと。まだ本当に入口の段階の構想でございますが、間もなく外にお示しできるような構想がまとまるところでございますので、またそれにいろいろ御意見をいただいて肉付けをしていきたいと、今こういうふうに考えているところでございます。

○自見庄三郎君　どうもありがとうございました。

(2)「人間」こそ政治の主人公――永年勤続二十五年の表彰にあたって

（第一七六回国会　参議院本会議第四号　二〇一〇年十月二十二日、国会会議録サイトより転載）

○自見庄三郎君　ただいま院議により永年勤続二十五年の表彰の栄に浴し、心からお礼を申し上げます。また、輿石東先生より身に余るお祝いの言葉をいただき、恐縮に存じます。本当にありがとうございます。

私は、衆議院と参議院の両院にわたる政治活動にかかわってきました。それにもかかわらず、通算していただいての表彰だけに感激ひとしおであります。

私は、昭和二十年、敗戦の年に生まれました。三歳のときに開業医であった父を失い、六人兄弟の末っ子として母子家庭に育ちました。我々の世代は、七〇年安保闘争による学園紛争に遭遇し、多感な学生時代を過ごした世代でもあります。

私は、昭和五十八年、三十八歳で衆議院議員として奇跡の初当選をして以来、一隅を照らすを信条としています。五年前の郵政選挙により、私は、自分の政治的信念に逆らい踏み絵を踏むことはできませんでした。刺客によって衆議院選挙で落選し、いったんは政治生命を絶たれました。落選という天が与えられた試練を前進の糧とし、一年十か月を経て、ぶれない保守を唱える国民新党に入党し、平成十九年の参議院選挙で全国比例区で当選をさせていただきました。国民新党を結党した先人、同志、支援者の方々のおかげであり、幾ら感謝してもし過ぎることはありません。

衆参両院、小、中、大の三選挙区制度を経験し、与党、野党、与党、野党、与党と貴重な経験をさせていただきました。そのことにより、与党というフィルターを通じてしか見えない日本社会の姿、人の心、野党というフィルターを通じてしか見えない日本社会の姿、人の心があると分かりました。一方にだけ偏していては、現代の日本社会と日本人の心の全体像が見えにくいと実感をいたしました。異なる視点や観点であっても、どちらもそれは現代の日本社会と日本人の心の多様性であるのだということを深く認識をいたしました。

国会議員歴二十五年に当たる本年六月、民主党、国民新党による菅連立政権の金融・郵政改革担当の国務大臣に図らずも任ぜられました。さらに、九月十七日には、菅改造内閣において再任されました。誠に感謝に堪えません。郵政担当は、平成九年、第二次橋本改造内閣において郵政大臣を務めたことに続く重責であります。

この夏、私は米国と中国を訪れました。米国では、金融の分野で一昨年のリーマン・ショックを受け、金融規制改革法、いわゆるドッド・フランク法が成立いたしております。市場を自由にし、とにかく競争にゆだねるべきだとの従来の方針を転換し、金融不安の再発防止、消費者保護等のために必要な規制を講ずべきだという法律であります。いわゆるハイリスク・ハイリターンの考え方が米国においても是正されつつありました。

一方、中国では、都市部が目覚ましい経済成長を遂げる一方、農村部との格差是正が課題とされております。中国でも郵便局ネットワークを通じ、郵便サービスに加え、貯金、保険の三事業一体のサービスを提供し、多くの農村部の方々の暮らしを支えていこうとしております。

郵便局の三事業一体やユニバーサルサービスの実現は、我が国だけではなく世界の様々な国々で重要な政策課題となっております。守るべき価値は守る、国民、利用者の視線に立った郵政改革の実現に努めてまいらねばならないと思っております。

私は四十年間医師であります。医療も政治も、人間こそが主人公でなければならないと確信をいたしております。かつての共産主義のドグマ、冷戦の崩壊後、しょうけつを極めた新自由主義の金、マーケットが主人公とする考えには決してくみすることはできません。

政治家にとっては世界観、歴史観、国家観、価値観が大切だと考えております。先輩から、政治家とは鳥の目と虫の目を持つべきだとも教えていただきました。政治の世界に教科書はありません。しかし、政治の世界では手段の正しさとともに結果のいかんが問われます。このことを心に刻み、重い責任を一歩一歩、いや半歩半歩果たすために全身全霊を尽くしていくしかありません。

議員を始め多くの皆様方の御指導を切にお願いをいたします。

最後に、いま一度、至らぬ私を親身になって支えてくださった郵政関係、医療関係の後援会の方々、そして何よりも私の地元、北九州、筑豊、京築の皆様方、秘書を始め事務所のスタッフと、特に我が妻礼子、息子、我が娘にも感謝し、謝辞といたします。

ありがとうございました。（拍手）

解説

伊藤隆

経緯

自見庄三郎氏のオーラルヒストリーをやりませんか、と勧めてくださったのは、元金融庁長官の畑中龍太郎氏である。畑中氏は自見氏が菅直人内閣で金融担当郵政改革担当大臣を務めていたときの金融庁監督局長であった。私は畑中氏とは御父君、畑中富夫のオーラルヒストリー(『一商人・コンサルタントの回顧録』)を作るなど、旧知の間柄であった。早速自見氏に連絡を取り、事務所に伺って打ち合わせをして、第一回の聞き取りを行ったのは、令和元(二〇一九)年の五月三十一日である。このときは畑中氏も同席してくださった。以後、概ね一ヵ月に一回、聞き取りを続けた。奥様の礼子さん、秘書の方が同席してくださった。奥様は自見氏のお話に貴重な情報を加えてくださり、秘書の方は自見氏の質問に応じて、さまざまな情報を補足してくださった。特に、礼子さんのお話は、このオーラルヒストリーを立体的にする、貴重なものだったと言えよう。記して感謝申し上げたい。記録者はベテランの置塩文さんに依頼した。

私はそれまで、自見氏について、政治家として明確なイメージを持っていたわけではなかった。しかし、結果的に、私がこれまで手がけてきたオーラルヒストリーの中では異色のものとなり、教えられることも大変多かった。戦後、自民党が長く政権にあったのは、自見氏のような存在を活かしてきたからだということがよくわかったのである。

本文をお読みいただければわかるように、自見氏はかなり率直に話してくださっている。率直を通り越して、「あけすけ」と言ってよい箇所もある。熱心に急き込んで話されるあまり、話が飛んだりすることも多く、また、一回の分量がとてつもなく多くなることもあり、記録者の作業はなかなか困難な面があったようだ。

聞き取りは十回で終わるように計画し、令和四年六月十八日に、政治家引退までを伺って終了した。その後出版社を探し、最終的に中央公論新社にお願いすることになった。担当してくださったのは、旧知の吉田大作氏である。吉田氏を通して、中澤雄大氏が速記録を短縮し、手入れをしてくださった。その過程で令和四年八月二十四日に参議院議員会館で、政治家引退後のお話を伺った。自見氏の次女・英子さんの参議院議員二度目の当選とその後の自見氏の活動が主な内容である。私も質問をしたが、中澤氏が多くの質問をしてくださった。記録者は置塩さんの都合がつかず、やはりベテランの浅羽みちえさんにお願いした。

本オーラルヒストリーの特色

自見氏のオーラルヒストリーが異色のものとなった理由はいくつか挙げられる。

ひとつは、自見氏が生まれ育った豊前（小倉を中心とする福岡県）と山口県にまたがる一つの地域、文化圏の存在と、そこにちらばる自見氏の縁者たちの強いつながりが明らかになったことである。自見氏の親戚の多くは地主、医師、軍人、炭鉱経営者など、地域のなかで、ある程度の地位と力を持つ存在である。山口県の岸信介、佐藤栄作、そして安倍晋三らとも遠い親戚の関係にある。この親戚関係を中心とするネットワークは、政治家の地盤の構造について多くの示唆を与えるものであり、大変リアルで興味深いものであった。

もうひとつは、医師から政治家に転身したことに由来する面である。本文で何度か言及されるように、自民党で医師から衆議院議員となったのは、海部俊樹内閣で外相を務めるなどした、中山太郎以来一五年ぶりであった。父親と二人の兄に倣って、九州大学医学部、同大学院、臨床研修医、医学博士号取得、ハーバード大学公衆衛生学部の主任研究員と、一直線で医師となる道を進んでいた自見氏は、帰国後、突如政治家への転身を決意する。それは大学時代の学園紛争における反左翼運動に起因するものであり、ゆえに後年のソ連崩壊にともなう左翼凋落の際に、政治家を引退することを考えたともいう。このときは大学時代から面識のあった山崎拓に引き止められ、自見氏の政治家活動は続けられる。

自見氏の政治活動にとって大きな部分を占めることになった郵政族としての活動の一つに、郵政民営化に反対し、小泉純一郎内閣が定めたプログラムをストップさせたことが挙げられる。自見氏は、郵便という事業は、ユニバーサルサービスでなければならないと言う。そこには、医師としての平等の感覚があり、市場原理主義的な格差や差別に対する反発があるのだ。自見氏は介護保険や健康保険法の改正など多くの医療政策に関わっているが、それらと郵政民営化の見直しとには共通するものがあると考えられるのである。

さらに、政治の中のさまざまな人間関係が浮かび上がっている点がある。その人間関係から、自民党という政党の持つ性質、派閥の実像、派閥の中の競争、そして政治の中のお金の役割などが明らかになる。特に田中派の構造については、本文で何度も言及されており、田中派が他の派閥とは性質が異なっていることがよくわかる。また、党のトップとしてある政策をまとめるよう指令するのではなく（自見氏は後年、国民新党の党首も経験されているが）、指令を受けた側が当面まとめあげなければならない政策のためにどのように動いたらよいか、が詳しく語られている。本書中には、さまざまな政治家への厳しい評価も語られるが、そういった批判は批判として、人間付き合いは続けられているし、敵であった人とも手を握るべきときには手を握っている。それをよく表しているのが、自見氏が兄貴分として語る山崎拓が、「郵政選挙」で落選した自見氏に言う言葉だ。山崎は「直近の国政選挙で、衆議院でも参議院でもいいから、通ることだ。与党でも野党でもいい」と言って、結成されたばかりの国民新党を自見氏に紹介するのである。代議士であることがまず大事なのであって、必ずしも同じ政党に所属している必要はない。国会にいさえすれば一緒に仕事をすることができるのである。政治家の現実を示すものとして、大変面白いエピソードである。

「郵政民営化」を止める

自見氏の郵政関係の仕事の経緯をあらためて辿ってみよう。

自見氏のそれらの活動は、平成三（一九九一）年に自民党政務調査会通信部会部会長代理から部会長、逓信委員会筆頭理事に就任したことに始まっている。情報通信事業の育成政策に力を入れることになったのである。これは必ずしも自見氏が希望したことではなかったが、その後も自民党政務調査会通信部会長・衆議院逓信委員長などを務めながら、光ファイバー敷設の推進、テレビの地デジ化、またはNTTの分割民営化に際してアメリカの言いなりにならないよう、独占禁止法の改正を行って持株会社を解禁するなど、大きな仕事を次々にまとめている。

平成九年九月、自見氏は橋本龍太郎改造内閣の郵政大臣に就任した。これは中曽根派として最後の入閣であった。この二週間ほど前に、橋本内閣は行政改革会議の「中間報告」で、郵政三事業については、簡易保険事業は即民営化、郵便貯金事業は早期民営化の条件整備、郵便事業は国営事業とすることを決めていた。橋本内閣の目玉政策とも言えるこの郵政改革を、自見氏はひっくり返し（このとき自見氏は、「特定郵便局長会を全力結集させた」と言う）、同年十二月には「国営三事業の一体化」と郵政省を郵政公社とすることを柱とした「最終報告」を、民営化推進派である小泉純一郎厚生大臣を抑えて閣議決定に持ち込んでいる。自見氏が行動を共にする山崎拓は加藤紘一、小泉とともに政策集団YKKを結成しており、自見氏はYKKの事務局の一員であったため、小泉とは親しかったという。政策的に対立した小泉との複雑な関係は、非常に興味深い。「加藤の乱」の失敗によってYKKの結束が崩れた後、小泉内閣が成立し、小泉は郵政民営化関連法案を議会に提出する。これは橋本行革の「中間報告」に近い内容のものであった。平成十七年にこれが衆議院を通過したものの、参議院で否決されると、小泉は衆議院を解散するという荒技に出る。法案に反対を表明した自見氏は自民党の公認を得られず、初めて落選し、自民党から離党勧告を受ける。

平成十九年、自見氏は第一次安倍政権下で実施された参議院議員選挙に、綿貫民輔、亀井静香らが結成した国民新党から全国区で立候補して当選、早速郵政民営化のストップに向けて動き出す。自民党から民主党への政権交代の後、平成二十一年、鳩山由紀夫内閣の下で、「日本郵政株式会社、郵便貯金銀行及び郵便保険会社の株式の処分停止等に関する法律」が可決された。平成二十二年、自見氏は菅直人内閣で金融担当郵政改革担当大臣に就任、さらに野田佳彦内閣となっていた平成二十三年四月、郵政民営化法改正案（郵政民営化法等の一部を改正する等の法律）を成立させ、ここでようやく自見氏が信念とするユニバーサルサービスとしての郵便事業が担保されることになったのである。

医療・厚生関係

医師出身の議員として、医療・厚生関係の仕事も自見氏の中心的なものである。昭和五十九（一九八四）年の健康保険法改正に際しては、中曽根康弘総理に命じられ、渡辺美智雄幹事長代理を巻き込んで、羽田春兎日本医師会会長に、医療費の定額負担から定率負担への変更を説得し、内々に諒解させている。健康保険法に関しては、さらに平成八（一九九六）年の改正においても、日本医師会に被用者一割負担から二割負担を認めさせ、「21世紀の国民医療——良質な医療と皆保険制度への指針」をまとめている。後者については、橋本龍太郎総理に「よくまとまった」と感心されたという。自見氏は日本医師会の会員であるが、ここでは日本医師会の意向や利益よりも、国の財政負担や医療の持続性に重きが置かれている。

また、昭和六十三（一九八八）年に自民党の「脳死、生命倫理及び臓器移植問題に関する調査会」（会長は中山太郎）の事務局長になったのを皮切りに、脳死・臓器移植問題にも積極的に関わっている。「臨時脳死及び臓器移植調査会」への参画を経て、平成九（一九九七）年には「臓器の移植に関わる法律」（臓器移植法）の成立に漕ぎ着けている。

そのほか、平成九年の介護保険法制定（これも橋本総理の命によるという）に尽力し、老人保健施設の創設や薬害エイズ問題などにも関わっている。小泉総理や金融担当大臣・総務大臣を務めた竹中平蔵が進めた社会保障費削減政策にも異を唱え、民主党政権時に連立与党の一員として、医療費、社会保障費の増額を果たし、平成二十二年度の診療報酬改定では、一二年ぶりのプラス改定を実現した。

地元への利益誘導など

このオーラルヒストリーの特徴の一つとして、地元への利益誘導が率直に語られている点が挙げられる。新北九州空港の建設はその大きな例である。同じ福岡第四区で自民党の有力者だった田中六助が第四次空港整備五箇年計画に押し込んでいたものの、田中の急死によって運輸省（現・国土交通省）の「一県一空港」という原則が立ち塞がり、立ち消えになりそうになる。それを自見氏は、中曽根総理を動かすことによって、整備計画から漏れないように力を尽くす。新北九州空港は小泉内閣時代にも「公共事業抑制」の波に揉まれることになるが、当時、自民党予算委員会筆頭理事だった自見氏は予算を「頑張って」通す。これにより、幾度か風前の灯となっていた新北九州空港の建設は続けられ、平成十八（二〇〇六）年三月に開港するに至る。

そのほか、東九州自動車道や九州自動車道の新門司インターチェンジの新設、北九州の「学術研究都市」計画などを推進し、北九州市の環境問題にも取り組んでいる。リゾート法（総合保養地域整備法）をめぐって、福岡県がリゾート法指定地域になった（玄海レク・リゾート構想）折の、当時の石井一国土庁長官の「北九州市は下から二番目ぐらいだったけど、俺が上げてちゃんとリゾート法に指定したんだ」という発言が国会で問題となるエピソードなども興味深い。このとき、自見氏は国土政務次官であった。

自見氏は平成二年に通産政務次官になっているが、これは炭鉱を多く抱える選挙区の「石炭の後始末」をするために希望し、同期の甘利明と額賀福志郎と譲り、「談合」したものであった。自見氏は自民党石炭対策特別委員会、三井三池閉山対策本部事務局長などを経て、最後は自民党福岡県連会長として一任され、通産省（現・経産省）などと交渉を続け、平成十八年に石炭政策の幕引きを行っている。明治維新以来の日本の産業にとって、石炭は最大の基幹産業であった。これも自見氏の大きな仕事だと言えるだろう。

そのほか、有事立法（「武力攻撃事態等における国民の保護のための措置に関する法律」、いわゆる国民保護法）、東日本大震災における金融担当大臣としての特例措置の実行や戦後初のペイオフ

（日本振興銀行）など、自見氏の実績は多岐にわたる。

与党と野党

自見氏は自民党が政権を失ったとき、初めて野党となる経験をする。平成五（一九九三）年に非自民の細川護煕連立内閣が成立すると、自民党の多くのグループが脱党していく中で、翌六年「刷新の会」（会長・中山太郎）を立ち上げ、事務局長として活躍し、同年六月には自民党・社会党・新党さきがけによる村山富市連立内閣を実現し、自民党を与党に復帰させている。自見氏が村山を尊敬できる政治家として言及しているのは印象深い（他には中曽根康弘と小沢一郎が挙げられている）。

次に野党となるのは、郵政民営化に反対して自民党から離党勧告を受け、国民新党に参加してからのことである。二〇〇九年の政権交代により鳩山由紀夫内閣が成立すると、国民新党は連立与党となる。自見氏はこの二度の野党体験を貴重なものだったとして強調している。

文献

自見氏には著書『郵政省蘇る――〝民意〟が勝った行政改革』（日本テレソフト、平成十一年）があり、また後援会による小冊子「日本再起動　おかげさまで政治生活30年」（平成二十四年）、『参風』一七〇号（令和二〔二〇二〇〕年）に掲載されたインタビュー「会員登壇113　自見庄三郎先生」などがあり、これらを手がかりに質問をしたが、聞き取りが終わった後に、『東京都病院協会会報』に令和三年から二〇回にわたって連載された「私の医道」と題する回顧録のコピーを頂いた。これを読むと、今回の聞き取りでは語られなかった事柄は少なくないようだ。

そのほか、自見氏の発言として、寄稿「エイズと闘う米国の実情」(『自由民主』昭和六十二年六月号)、インタビュー記事の「臓器移植法成立について自見庄三郎氏に聞く」(『医療』平成八年九月号)、「与党地球温暖化調査団が欧州三か国を視察」(『自由民主』平成十六年十二月号)、図書『地球環境を守る――京都議定書発効を記念して』(自由民主党福岡県第十選挙区支部、平成十七年)、「自見庄三郎金融大臣に聞く――小医は病を癒し、大医は国を癒す――文明の核心は倫理、哲学、宗教」(『政界往来』平成二十三年九月号)などもある。

令和五年七月吉日

回顧録に寄せて

自見はなこ
参議院議員

まず本書の出版にあたり、日本近現代政治史の第一人者であった東京大学名誉教授の伊藤隆先生のご逝去に、謹んで哀悼の誠を捧げたい。伊藤先生の存在なくしては、父・自見庄三郎の実経験は世に出ることはなかった。ご高齢の伊藤先生が百時間近くもかけて父の長い話を丹念に聞き出し、文字に起こしてくださった。本書の完成を最期まで気にかけてくださっていたにもかかわらず、出版が伊藤先生のご存命中に間に合わず、申し訳ない想いでいっぱいである。

父は稀有な記憶力の持ち主であり、歴史の証言をするに足る貴重な人である。近現代政治史というまだ生臭さが残っている分野においては、特にそうであろう。

父は、私の記憶にある初めの時期から〝よく喋る〟父である。学者肌で、歴史も他の学問も大好きで、真理がどこにあるかを自分の耳で聞き自分の目で見て、自分の体験として得たいと、目をキラキラさせながら、心をワクワクさせながら、純粋かつ懸命に〝今〟を生きる人である。世の中の仕組みの中枢に何が存在しているのかを探求する人である。

まだ幼稚園の頃、私が父に〝飛行機はなぜ空を飛ぶことができるのか〟と質問をしたら、待ってましたとばかりに物理の揚力の話を図解しながら私にしてくれ、その後に自宅にあったお線香を焚いて、そのお線香の煙の流れを扇風機の風に乗せ、紙飛行機の翼を使って、父なりに揚力を再現してくれた。父の説明はいつも口角泡を飛ばしながら必死だ。

なぜ、風はあるのか。なぜ、地球は回っているのか。なぜ、水はあるのか。なぜ、川は流れるのか。なぜ、人は死ぬのか。なぜ、国境はあるのか。なぜ、戦争はあるのか。なぜ、日本は戦争に負けたのか。なぜ、父は医師から政治家になろうと思ったのか。こどもの頃の、私の沢山のなぜに懸命に答えてくれた。

その熱心さで、あらゆる人に話しかける父は、三十八歳の初めての選挙では、ガン撲滅を謳い、当選して三期目の選挙期間中には、世の中が認識する遥か十五年以上前からユビキタスという言葉や情報通信についての政策を小倉駅前の街頭演説会で語っていた。限られた時間しかない有権者には、父の難しい話はなかなか伝わらない。父は五十一歳で自民党衆議院議員として第一二三代郵政大臣となり、いまのＩＴ教育を当時の町村信孝文部大臣と共同で打ち出したが、時代がそれに追いつくのはまだ何年も後になってからだった。

有権者は、もっとわかりやすい話、もっと目の前の話を求めているのに、なぜそれをしないのか、と聞いたことがある。父は私に苛立ちを隠すことなく、政治家にとって国民に対して啓発や啓蒙をすることも大切な仕事だから、お父さんは難しい話をするのはやめない、と言った。父の話と違い、母の話はわかりやすく、支援者には好評だった。昭和五十年代、専業主婦型の後援会組織作りがまだ色濃く有効な時代で、母は紺色のスーツに紺色のローヒールを擦り減らしながら地元をくまなく回っていた。

毎週末にしか帰ってこない父に、連日地元回りで苦労している母。ただ、母は誰より父を理解していた。父が郵政解散選挙で落選を経験した際にも、母は懸命に父を支えた。母の父親は海軍の軍医で、空母「飛龍」の軍医長であった。口数少ない優しい祖父から、国のために、公のために生きなさいと言われ、戦後生まれの母は育った。そんな母は、母なりに考えをめぐらせて、父の主張は正しいと信じていた。市場原理主義ではなく、人間を中心にした公益的な社会のあり方について、落選後も父の話している政策を世の中に広く知ってほしいと懸命であった。

歯を食いしばって政治活動を続ける中、父は十八歳の時から慕っている山崎拓先生とのご縁を通じ、綿貫民輔先生が創設された国民新党に加わった。国会への復帰は郵政解散選挙での落選から一年十ヵ月後であった。二十年以上衆議院選挙でしか闘ったことがなく、経験したことのない参議院全国比例区という選挙。投開票日の日をまたいだ明け方六時前に全国比例区の最後の一議席にやっと父の当確が出るのを、当時医師になっていた私はかろうじて見届けた。奇跡的なことだったと思う。

その後、民主党政権へと政権交代し、父は連立与党の国民新党から金融・郵政改革担当大臣となり、改正郵政民営化法案が成立したのは、二〇一二年四月二十七日。奇しくも、郵便局の祖である前島密の命日であった。何かが導いたのかもしれない。父は、郵便局も医療と同じようなユニバーサルサービスであり、我が国の地域社会を考えた際に「残すべきものを残すこと」に政治生命をかけることとなった。変えるものを変え、守るべきものを守る。父の政治人生も数奇である。

私が知る父の摩訶《まか》不思議な話がある。父の人生の決断に影響しているのだが、本書には記載されていないので、娘として記しておきたい。

父曰く、今まで二回、頭がビリビリと痺れ、神の声なのか、腹にズドーンと響く声を聞いている。一度目は、小倉高校三年生の時、学校の柔道場の畳に皆とともに座っていた際、〝自見庄三郎、次の期末試験でお前は一番になるぞな〟という声を聞いたというもの。男性とも女性とも言えないような声だったそうだ。しかし、学校で張り出された成績は学年二番であり、神様も間違ったことを言うものだ、幻聴だったのかと思っていたら、後日一番だった友達から〝実は自見君が一番だ。僕のは先生が採点を間違っていて本当は四点低かったんだ〟と打ち明けられた。その声は本当のことを教えてくれたとわかった、しかし奇妙な体験だったと。

その声を父が二度目に聞いたのは、四十代後半のこと。母の故郷に近い佐世保ハウステンボスに家族で行った際のお正月のカウントダウンの花火の打ち上げとともに、再び聞いたという。当時、政治改革で小選挙区導入が決まり、これでは日本は良くならない、小選挙区にしたら選挙区によっては当選し続けることが容易になり、競争がなくなり、政治が民意を拾わなくなる、政治が腐敗する——。父は無力感に駆られ、国会議員を本気で辞めようと思っていたとのこと。花火の真ん中から、〝自見庄三郎、まだ政治家を続けろ。お前にはまだ使命がある〟と腹に響くような、ズドーンとした声。一度目の際に〝本当のこと〟を教えてくれたのと同じ声であり、幻聴と片付けることができなかったという。その二年後に父は橋本龍太郎内閣で郵政大臣となり、政権交代の後に十年の歳月をはさんで再び金融・郵政改革担当大臣となって、改正郵政民営化法案の成立に、結果として政治生命をかけることになった。あの声はなんであったのだろう。日本の将来を案じている時空を超えた人ならぬ意思のようなものであろうか。

最近になり、父が郵政民営化に反対票の木札を投じた本会議の古い映像を見た。短い数秒の映像に、魂からの怒りと覚悟が感じられた。果たして、いまの政治は、これほどまでに真剣に国の行く末を案じ、全身全霊をかけて、ぶつかっているだろうか。政治家にとって、大切なものは、四つあると父はよく語っている。世界観と歴史観と国家観と価値観だ。最近になってその言葉の意味の、おぼろげながら辺縁がわかるようになった。日本の隅々の地域や職業などそれぞれの生活に想いを致さなければ、小手先の政策がどんなにか空虚に響くことか。わが身を振り返れば、私自身も政治でしか守れない価値とは何かを自分に問いかけ、走りはじめていることに気づく。

政治は生き物。国民の気持ちはマグマのように政界にも雪崩《なだ》れ込み、そのマグマは時に多くのものを薙《な》ぎ倒す。父はよく、選挙では地獄の釜が開くという。人は喜びよりも憎しみと嫉妬で、より強く動く。その中で何が正しい道かは誰もわからない。時を恨み、人を恨まず。これは私なりに父の政治人生から得た教訓としている。

この文章を私が書いているのは、石破茂自由民主党総裁が誕生した直後である。私は第二次岸田第二次改造内閣において内閣府特命担当大臣を拝命し、一年一ヵ月務めて、先の十月一日の最後の閣議で任期を終え、退任することができた。緊張の連続で、退任して数日しか経っていないが、もうずいぶんと以前のことのように感じる。この一年余、私は内閣府特命担当大臣として沖縄及び北方対策、消費者及び食品安全、地方創生、アイヌ施策、国際博覧会、公正取引委員会等を担当した。私が職務を全うできたのは、支えてくれた皆のおかげである。とりわけ夫・橋本岳やこどもら、両親、久美子御義母様のサポートは言葉に尽くせないものであり、私を誰よりも近くで励ましてくれた。

私の結婚も然り、御縁は巡るもので、沖縄及び北方対策の初代担当大臣は総理大臣を終えた直後の義父・橋本龍太郎であった。当時から沖縄振興に携わった五百旗頭眞先生が亡くなる数ヵ月前に私の大臣室にお越しになり、橋本・小渕政権のように、より心の通う温かい全人格的な沖縄振興策をと私に望み、ずっしりと重たいバトンを渡された。

折しも国会では政治とカネの問題が昨年末の主要なテーマとなっている。私は年明けに派閥がなくなることなど知るよしもなく、昨年十二月二十二日に二階派を退会する決断をし、公表した。私の不器用な性分として、派閥にとどまっていれば国務大臣の職に専念できないと判断したためだった。退会にあたっては、二階派参議院会長の中曽根弘文先生が、国務大臣を全うすることが最重要だと私に説いてくれ、応援するからスッキリした気持ちで頑張るようにと励ましてくださった。悩み抜いた末にいただいた言葉に涙が止まらなかった。父は当選同期の二階俊博会長に「悪いな、娘のことで心配かけて」と電話をしてくれた。私が話した際も二階会長は「どうぞ、どうぞ。大臣頑張ってね」と優しかった。政治家は、その時々において預かっている責任の重さから選択肢が限られていくことも学んだ。

父は、中山間地の地域拠点である郵便局を守ろうと政治生命をかけて闘った。日本の国を慈しむとはどうあるべきかを背中で示してくれた。戦後日本を生き抜いた先人たちの無数の想いが、それぞれの法律の理念、政策の底に今も脈打っている。その想いは、祖国に対する無限の愛情だけではなく、時に無念も内包されている。人間社会は、今なお未熟で発展途上であり、そしてこれからもその発展のためにいかに膨大なエネルギーを必要とするか。そのために行動するには、何よりも思想・信条の自由と表現の自由が尊重される政治・社会でなくてはならない。

父は六十九歳で現職を退いた後も、毎朝新聞を全紙読んでいる。これからも父は、日本や世界の政治を憂い続けるだろう。そして、その純粋な眼《まなこ》で世の中の真理や人間の本質を探求し続けていくだろう。読者の方々にとって、本書がそうした政治家・自見庄三郎の体験を通して見た近現代政治史の躍動を感じてくださるきっかけになれば幸いである。

令和六年十月九日　衆議院が解散され〝地獄の釜が開く〟日に

略年譜

年	月	事項
一九四五（昭和20）年	11月	北九州市に生まれる
一九六四（昭和39）年	3月	福岡県立小倉高等学校卒業
一九七〇（昭和45）年	7月	九州大学医学部卒業
	10月	第50回医師国家試験合格
一九七一（昭和46）年	5月	礼子と結婚
	11月	九州大学医学部第一内科入局（のち外来医長・遺伝学研究室主任）
一九七七（昭和52）年	3月	九州大学大学院医学系研究科修了、医学博士号（公衆衛生学）取得
一九八〇（昭和55）年	7月	米ハーバード大学公衆衛生学部疫学教室主任研究員
一九八二（昭和57）年	4月	九州大学医学部非常勤講師（内科学）
	5月	衆議院議員・科学技術庁長官中川一郎秘書
一九八三（昭和58）年	1月	中川一郎逝去。その後、渡辺美智雄の門下生となる
	12月	第三七回衆議院議員選挙に自由民主党公認で立候補、初当選（福岡県第四区）
一九八六（昭和61）年	7月	第三八回衆議院議員選挙、二期目当選

一九八九（平成元）年	6月	国土政務次官（宇野宗佑内閣・第一次海部俊樹内閣）就任
一九九〇（平成2）年	2月	第三九回衆議院議員選挙、三期目当選
	12月	通商産業政務次官（第二次海部内閣）就任
一九九三（平成5）年	7月	第四〇回衆議院議員選挙、四期目当選。自民党下野
	8月	自由民主党政務調査会通信部会部会長就任
一九九四（平成6）年	3月	「刷新の会」を結成、事務局長となる
	6月	村山富市連立内閣発足、自民党与党復帰
一九九五（平成7）年	1月	衆議院逓信委員会委員長
	9月	渡辺美智雄逝去。自由民主党政務調査会副会長
一九九六（平成8）年	10月	第四一回衆議院議員選挙、五期目当選（小選挙区、福岡県第十区）
	11月	自民党副幹事長就任
一九九七（平成9）年	9月	郵政大臣（第一二三代）就任（第二次橋本龍太郎改造内閣）
一九九八（平成10）年	7月	郵政大臣退任。山崎拓の新政策集団「近未来研究会」を創設、初代事務局長となる
一九九九（平成11）年	6月	エル・サルバドル共和国大統領就任式に日本国特派大使として参列
二〇〇〇（平成12）年	6月	第四二回衆議院議員選挙、六期目当選
	7月	衆議院政治倫理の確立および公職選挙法改正に関する特別委員会委員長、自由民主党環境基本問題調査会会長に就任
二〇〇一（平成13）年	6月	自由民主党組織本部長（小泉純一郎内閣）就任
二〇〇二（平成14）年	8月	ボリビア共和国大統領就任式に日本国特派大使として参列

二〇〇三（平成15）年	11月	第四三回衆議院議員選挙、七期目当選。衆議院武力攻撃事態等への対処に関する特別委員会委員長に就任
二〇〇五（平成17）年	9月	第四四回衆議院選挙（郵政選挙）に無所属で立候補、八期目当選ならず
二〇〇七（平成19）年	7月	第二一回参議院議員選挙に国民新党公認で立候補、当選（比例代表、全国区）
二〇〇九（平成21）年	9月	鳩山由紀夫内閣（民主党・社会民主党・国民新党の三党連立）発足。国民新党幹事長に就任
二〇一〇（平成22）年	6月	菅直人内閣（連立）の内閣府特命担当大臣（金融・郵政改革担当）に就任
	9月	菅内閣第一次改造、大臣留任
	10月	議員在籍二五年の表彰を受ける
二〇一一（平成23）年	1月	菅内閣第二次改造、大臣留任
	9月	野田佳彦内閣（連立）発足、大臣再任
二〇一二（平成24）年	1月	野田内閣第一次改造、大臣留任
	4月	国民新党代表に就任。郵政民営化法改正案が成立
	6月	内閣府特命担当大臣（金融・郵政改革担当）退任
二〇一三（平成25）年	7月	参議院議員任期満了
二〇一五（平成27）年	6月	セネガル共和国大統領よりセネガル名誉領事に任命される
二〇一六（平成28）年	4月	藤田保健衛生大学医学部客員教授に就任
	5月	春の叙勲にて旭日大綬章受章
	7月	次女・自見はなこ、参議院議員選挙比例代表（全国区）に自由民主党公認

で当選

二〇二一（令和3）年	12月	自見はなこ、橋本岳衆議院議員と結婚
二〇二二（令和4）年	7月	自見はなこ、参議院議員選挙で当選（二期目）
二〇二三（令和5）年	9月	自見はなこ、岸田文雄第二次改造内閣の国際博覧会担当大臣、内閣府特命担当大臣（沖縄及び北方対策、消費者及び食品安全、地方創生、アイヌ施策）に就任

ラ・ワ行

マ 行

ヤ 行

ナ 行

ハ 行

サ 行

タ 行

カ 行

人名索引

ア行

カヴァー写真…第21回参議院議員選挙で雨中の選挙演説、
北九州市小倉北区の旦過市場前にて（二〇〇七年）
装　幀…………中央公論新社デザイン室
編集協力………中澤雄大

聞き手・編

伊藤 隆　東京大学名誉教授・政策研究大学院大学名誉教授

1932年東京生まれ。東京大学文学部国史科卒、同大学院人文科学研究科国史専攻修士課程修了。主な著書に『昭和初期政治史研究』（東京大学出版会、1969年）、『近衛新体制』（中公新書、1983年）、『日本の近代16　日本の内と外』（中央公論新社、2001年）など。政治家のオーラルヒストリーとしては、『岸信介の回想』（1981年）、『天地有情』（中曽根康弘、1996年）、『情と理――後藤田正晴回顧録』（1998年）、『回顧百年　相沢英之オーラルヒストリー』（2021年）など。2024年8月没。

自見庄三郎回顧録《じみしょうざぶろうかいころく》
――「郵政民営化《ゆうせいみんえいか》」を止《と》めた男《おとこ》

2024年11月10日　初版発行
2025年 4 月25日　再版発行

著　者　自見庄三郎《じみしょうざぶろう》
編　者　伊藤《いとう》　隆《たかし》
発行者　安 部 順 一
発行所　中央公論新社
〒100-8152　東京都千代田区大手町1-7-1
電話　販売 03-5299-1730　編集 03-5299-1740
URL https://www.chuko.co.jp/

DTP　今井明子
印　刷　TOPPANクロレ
製　本　大口製本印刷

Published by CHUOKORON-SHINSHA, INC.
Printed in Japan　ISBN978-4-12-005689-5 C0031